국제주의 전통 자료집

Ⅲ. 1917년 10월 러시아 혁명과 그 유산

알렉스 캘리니코스, 크리스 하먼 외 지음

이정구 엮음

국립중앙도서관 출판예정도서목록(CIP)

1917년 10월 러시아 혁명과 그 유산 / 지은이: 알렉스 캘리
니코스, 크리스 하먼 외 ; 엮은이: 이정구. -- 서울 : 책갈
피, 2018
    p. ;   cm. -- (국제주의 전통 자료집 ; 3)

원저자명: Alex Callinicos, Chris Harman
ISBN 978-89-7966-146-0 04300 : ₩12000
ISBN 978-89-7966-155-2 (세트) 04300

노동자 계급[勞動者階級]
사회 주의[社會主義]
러시아 혁명[--革命]
러시아(국명)[Russia]

332.64-KDC6
305.5620941-DDC23   CIP2018026143

국제주의 전통 자료집

Ⅲ. 1917년 10월 러시아 혁명과 그 유산

알렉스 캘리니코스, 크리스 하먼 외 지음

이정구 엮음

책갈피

차례

엮은이 머리말

이 자료집에 실린 글들은 노동자연대와 그 유관단체들이 발간한 신문과 잡지 등에서 일반성이 비교적 높은 글들을 추려 내어 주제별로 묶은 것이다.

자료집이 지닌 장점은 시간이 흘러도 그 진가가 사라지지 않을 좋은 글들을 선별하여 묶어 놓았다는 것인데, 이 자료집에 실린 글들도 그런 것이기를 바란다. 독자들은 이 자료집을 참고 자료나 교육 자료 등으로 유용하게 활용할 수 있을 것이다.

이 자료집은 이런 장점 외에, 독자들이 염두에 둬야 할 약점도 있다. 첫째, 자료집에 실린 글들이 발표된 때의 맥락을 설명하지 못했다. 물론 글을 읽어 보면 글이 작성된 취지를 대체로 파악하거나 짐작할 수 있을 것이다.

둘째, 많은 글들을 자료집으로 묶다 보니 용어의 통일, 맞춤법, 띄어쓰기 등에서 오류가 많을 수도 있다. 예를 들어, 예전에는 동성애자라는 표현을 많이 사용했지만 지금은 동성애자보다는 성소수자라는 용어를 쓴다. 특정 시기에 사용된 용어는 그 나름의 역사성을 지니고 있으므로 이 자료집에서는 오늘날 사용하는 용어로 일괄적으로 바꾸지 않았다. 또, 맞춤법이나 띄어쓰기도 세월이 지나면서 바뀌었다. 그래서 현재의 것으로 교정돼야 할 어구들이 많다. 그러나 바로잡지 못하고 놓친 부분이 많을 것이다. 독자들의 너그러운 양해를 부탁드린다.

셋째, 같은 주제의 글들을 모았기 때문에 여러 글의 내용이 중복되는 경우도 적지 않다. 이런 중복의 문제에 대해서는 엥겔스의 방식을 따랐다. 엥겔스는 마르크스의 초고를 모아 《자본론》 3권으로 편집하면서 이렇게 밝혔다. "반복도 주제를 다른 각도에서 파악하든지 다른 방법으로 표현한 경우에는 그 반복을 버리지 않았다."(《자본론》 3권 개역판 서문)

넷째, 혁명가들이 혹심한 탄압을 받던 시기에 작성된 글 중에서 필자를 확인하지 못해 필자를 명시하지 못한 경우가 있다. 이것은 엮은이가 의도한 것이 결코 아니라는 점을 밝혀 둔다.

그 외에도 다른 오류들이 편집 과정에서 있을 수 있는데, 이것들은 엮은이의 잘못이다.

이 자료집이 나오기까지 몇몇 동지들이 도움을 줬다. 인쇄된 문서를 타이핑해 파일로 만들어 준 박충범 동지와 책을 디자인해 준 장한빛 동지에게 감사드린다. 방대한 양의 원고를 나와 함께 검토해 준 책갈피 출판사 편집부에도 감사드린다.

2018년 7월 10일
엮은이 이정구

제1부
1905년 혁명

1905년 혁명 — 예행총연습

연 표

〈1904년〉

2월   러시아의 대일 선전포고.

11월   미몽에서 깨어난 자유주의 부르주아지, 헌법 요구 캠페인에 착수.

〈1905년〉

1월 4일   페테르부르크에 있는 푸틸로프 공장에서 4명의 조합원(이 조합은 가폰 신부의 지도를 받았다)을 해고한 데 반대한 파업 발생.

1월 4-7일   페테르부르크 전역으로 파업 확산, 14만 노동자가 파업에 참여.

1월 9일   "피의 일요일" 대학살. 러시아 전역에 걸쳐 3월 말까지 계속되는 대중파업 물결이 일다.

8월   제정 정부, 대일 강화조약 체결.

9월 19일   모스크바 식자공 파업.

10월 2일   페테르부르크 식자공 동조파업.

10월 7-13일   철도 산업으로 파업 확산. 많은 공장도 이에 동참.

10월 13일   페테르부르크 소비에트 결성. 총파업을 선포하다.

10월 16일   차르, 헌법 제정을 약속.

10월 26일   페테르부르크에 있는 알렉산드로프스키 공장 노동자들 8시간 노동제

이 글은 국제사회주의자들(IS)이 1991년에 발간한 소책자다.

	요구 투쟁 시작.
10월 28일	크론슈타트 수병 반란 진압되다.
10월 31일	8시간 노동 쟁취 투쟁, 페테르부르크 소비에트의 지침에 따라 총파업으로 발전되다.
11월 1일	소비에트, 크론슈타트의 반란 수병들을 사형집행에서 구원하기 위해 총파업을 호소하다.
11월 11일	세바스토폴의 군대반란.
11월 12일	소비에트, 8시간 노동 쟁취 투쟁 취소.
11월 14일	세바스토폴 반란 진압됨.
11월 26일	트로츠키, 페테르부르크 소비에트 의장으로 피선되다.
12월 3일	페테르부르크 소비에트 지도자들 검거되다.
12월 9일	모스크바 봉기.
12월 6일	모스크바 봉기 진압됨.

들어가는 말

파리코뮌 혁명이 일어난 이래 1905년 혁명까지 34년 동안 유럽의 왕족과 귀족은 코민이 야기한 것과 같은 보통 사람들에 대한 두려움을 알지 못하고 지내 왔다. 그 사이에, 교육받은 이상주의자 세대들은 테러리즘으로도 또는 "인민 속으로" 들어가는 방법으로도 차르 제국을 뒤흔들어 놓지 못했다. 19세기에 농민반란들이 일어났지만 아무것도 바꾸지 못했다. 그러나, 이제 지배자들이 보기에 러시아의 차르 제국은 1905년 혁명으로 말미암아 금방이라도 무너질 듯했다.

1905년에는 농민반란만 일어난 것이 아니었다. 수병들이 반란을 일으켰고, 병사들이 반란을 일으켜 장교들을 쏴 죽이고 거리를 행진했다. 투표권을 갖지 못했던 여성들은 선거 유세를 훼방 놓았고, '질서'를 회복하기 위해 파견된 병사들과 싸웠다. 폴란드(당시에 폴란드는 공식적으로 러시아 제국의 영토였다)에서는 학생들이 러시아인 교사들을 교실 밖으로 쫓아냈다.

그러나 가장 강력하게 싸웠고 정부를 가장 놀라게 만든 세력은 노동자들이었다. 노동자들은 공장에서 거리로 나와 행진하고 그들의 투쟁을 확산시키고 그것에서 교훈을 얻었다. 노동자들은 공장 단위의 파업에서 대중파업으로, 대중파업에서 총파업으로, 그리고 마침내 총파업에서 무장봉기로 나아갔다. 레온 트로츠키는 "차르의 절대주의 제국은 프롤레타리아의 발자국을 영원히 간직하고 있다"고 썼다. 그는 26세의 나이에 역사상 최초의 노동자평의회, 즉 소비에트의 지도자가 되었다.

1905년 말의 노동자 소비에트의 패배는 여러 해 동안 지속된다. 그러나 영원히 지속되지는 않았다. 1905년에 수만 명의 지지자를 획득한 볼셰비키 당의 지도자 레닌은 이렇게 썼다. "그저 기다려라. 1905년은 다시 올 것이다. 노동자들은 사태를 이런 식으로 보고 있다."

1905년은 분명 예행총연습이었다. 겨우 12년 만에 혁명이 승리했으니 말이다.

1905년 혁명의 여파는 멀리 넓게 퍼졌다. 영국의 노동대표위원회(Labour Representation Committee) ― 노동당의 전신 ― 는 국내 활동에 필요한 돈보다 더 많은 돈을 멀리 떨어진 러시아 도시들의 파업 노동자들과 과부들과 고아들에게 보냈다.

그렇게도 강한 감정들을 유발시킨 1905년 혁명은 어떤 종류의 운동이었나? 누가 그것을 어떻게 이끌었나? 이러한 질문에 대해 여기서 우리가 제시한 대답은 단순히 역사적 관심에서 나온 것이 아니라, 그러한 질문들이 오늘날 우리에게 어떤 의미를 가질 수 있는가라는 문제의식에서 나온 것이다.

1905년의 사건들

혁명을 성공으로 이끄는 모든 요소들이 있었다. 그러나 그러한 요소들이 성숙되어 있지는 않았다 — 레온 트로츠키.

1월 9일 일요일, 페테르부르크에서 수천 명의 무장하지 않은 파업 노동자들과 그들의 가족들이 개혁을 요구하는 청원장을 갖고 차르의 동궁(Winter Palace)으로 행진해 가려 하자 군대가 총을 쏘며 그들의 행진을 해산했다. 이른바 "피의 일요일"은 노동자들에게 엄청난 충격을 가해 직접적 행동에 나서게 했다. 사용자들은 차르가 매우 노골적으로 거부한 개혁들 가운데 일부를 저마다 조금씩 노동자들에게 양보해야 했다. 페테르부르크에서 멀리 떨어진 도시들까지도 차례로 혁명의 물결에 휩쓸렸고, 늦여름에야 비로소 정부 당국은 이러한 크지만 고립된 도시들을 군대를 이용해서 평정할 수 있었다.

이러한 도시들 가운데 하나인 흑해의 항구도시 오데사에서는 군대와 충돌한 파업 물결이 소규모 내전으로 발전했다. 처음으로 군대에서 심각한 반란이 일어나 전함 포툠킨 호가 잠시 노동자들 손에 넘어갔다. '학살' ─ 유태인·아르메니아인·중국인 같은 소수민족의 학살 ─ 을 전문적으로 하는 극우파 조직 '흑색단'(Black Hundreds)은 반대 쪽에 서서 활동을 전개했다. 한편 제정은 '두마'로써 야당을 매수하려 했다. 두마는 실질적인 권력을 전혀 갖지 못한 데다가 노동자들의 이익을 대표할 수 없는 것이었다. 8월에 정부는 대중의 지지를 받지 못하던, 일본과의 파멸적인 전쟁을 중단했다.

짧은 휴지기가 있었다. 모스크바 변두리 지역에서 새로 투쟁이 분출하자 완전히 예기치 않은 총파업이 일어나 철도망을 따라 전국으로 확산되었다. 차르는 민주적 정부체계를 약속해야 했다. 제정의 국가는 이제 위험한 경쟁자를 갖게 되었다. 그것은 페테르부르크 직장 대표 소비에트였다.

1905년에는, 억압당했던 러시아 생활의 모든 적대관계들이 표출되었다. 농민은 2천 개의 농장을 불사르고 곡물을 서로 나누어 가졌다. 페테르부르크 근처의 해군기지인 크론슈타트와 흑해의 세바스토폴 요새에서는 수병들이 반란을 일으켰다. 4월에서 9월 사이에 군대에서 10건의 반란이 일어났고 9월에서 12월 사이에는 84건의 반란이 일어났다. 이와 동시에, 경찰과 지방 정부의 지지를 받는 흑색단이 대량폭력의 잔치를 벌였다.

어느 편도 결정적 우세를 점하지 못했다. 11월초에 페테르부르크 소비에트는 8시간 노동을 쟁취하기 위해 직접적 행동에 나서자는 캠페인을 중단하고 파업을 조직하여 크론슈타트의 수병들을 사형에서 구해 주고 폴란드의 계엄령을 철폐시켰다. 병사 대표들이 소비에트에 참여하기 시작했다. 그러나 사용자들 — 10월파업에서는 중립적인 태도를 취했다 — 은 숨돌릴 여유가 생기자 이제 공장폐업을 조직하여 8시간 노동 쟁취 투쟁을 박살내려 했다. 페테르부르크 노동자들은 최후의 결전을 앞두고 지쳐 버렸다. 그리하여 페테르부르크 소비에트는 12월 3일에 분쇄당했다.

볼셰비키가 지도하던, 모스크바의 새로 생긴 한 소비에트는 봉기를 호소했지만, 9일 동안의 격렬한 저항 끝에 분쇄당했다. 정부는 새로운 두마의 소집을 발표했는데, 새로운 두마 의원 선거에서는 지주 한 명의 투표가 농민 15명의 투표나 노동자 45명의 투표에 해당했다. 40개의 도시에서 소비에트가 등장했고, 시베리아에서 발트해에 이르는 지역들에서 봉기가 일어났다. 그러나, 일단 결정적 중심지들이 패배했기 때문에, 군대가 다른 지역들을 차례로 손쉽게 평정할 수 있었다. 1906년 4월에 개원된 두마는 3개월 뒤에 해산되었다. 혁명의 후발대 — 보다 보수적인 노동자와 농민 — 가 아직도 전투를 벌이고 있었다. 2년이 지나서야 비로소 가장 야만적인 반혁명이 일어나 이러한 매우 강력한 운동의 흔적을 없앨 수 있었다.

노동계급의 등장

다행스럽게도 러시아에는 서구와 같은 의미의 노동계급이 없다. 따라서 우리 나라는 노동 문제가 없다. 또한, 러시아에는 노동 문제를 발생시킬 요인들 역시 전혀 없다 — 1895년 제정 재무장관 위테가 한 말.

소비에트를 세우고 제정을 폭력으로써 전복하려 했던 러시아 노동자들이 언제나 혁명적이었던 것은 아니다. '일상적' 시기에 그들은 자신들의 참담한 생활조건과 노동조건에서 무력감만을 끌어냈다. 어떤 경우에는 매우 우익적인 사상들을 끌어냈다. 러시아는 사실상 20개 피억압 민족이 갇혀 있는 거대한 정복지라 할 수 있었다. 그들은 러시아인 관료들의 지배를 받았고, 러시아인 법률에 복종했고, 러시아인 군대에 점령당했다. 러시아 정교가 국교였고 러시아어가 유일한 공식 언어였다.

차르와 그의 많은 신하들은 노골적으로 유태인에 반대했다. 25년 동안 러시아 정교회의 최고 대주교를 지낸 콘스탄친 포베도노스초프는 유태인의 3분의 1이 기독교로 개종하고, 다른 3분의 1이 이민가고, 나머지 3분의 1이 "사라질" 때만 "유태인 문제"가 해결된다고 선언했다. 트로츠키에 의하면, 어떤 경찰관리는 자신의 상사에게 "원하신다면 열 명 아니라 만 명이라도 동원해서 [유태인]학살을 조직할 수 있습니다"라고 말했다. 1903년 4월에 키쉬네프에서 저질러진 3일 동안의 학살에서 몇백 명의 유태인들이 도살당했다. 공식 조사는 내무장관의 협력이 없이는 학살이 저질러질 수 없었을 것임을 입증했다. 인종차별주의는 상층 계급의 분명한 지지를 받았고 노동자들 사이에서도 상당한 지지를 받았다.

또한, 의심할 여지없이 여성은 극도로 억눌려 있었다. 많은 여성이 러시아의 가장 크고 가장 임금이 낮은 산업인 방직공업에 종사했다. 여성 노동자들은 일하는 공장에서 자거나 비좁고 이가 득실거리고 난방이 되지 않는 나무로 지은 막사에서 잤다. 여성 노동자들은 말린 생선과 종종 썩기도 하는 소금에 절인 고기를 사용자가 운영하는 가게에서 사서 먹었다. 사용자는 자기가 주고 싶을 때 자기가 주고 싶은 만큼 월급을 지불했다. 페테르부르크에서조차 러시아 노동자의 생활은 극히 단조롭고 가난했다. 노동자 자신의 유일한 오락은 선술집과 맥주집에서 술을 먹는 일이었다. 그의 가족은 아무런 오락도 즐길 수 없었다.

많은 노동자들은 "선거로 뽑히는 놈들은 부자들인데 그들은 가난뱅이들을 불공정하게 다스리고 억압한다"고 말하면서 민주주의를 경멸했다. 그러나, 그들은 권력을 좋다고 믿었고 기회가 있을 때마다 그것을 똑같은 노동자들에 대해 행사했다. 노동자들 자신이 수동적이고 권력을 갖고 있지 못함이 이데올로기로 표현된 것인 권위 숭배 사상이 대부분의 노동자들의 의식을 지배했다. 대다수의 노동자들은 차르가 "작은 성부(聖父)"이자 절대 권력의 인간적 구현체이기 때문에 "모든 사람 위에" 서서 "부자와 가난뱅이에게 똑같이" 공평하게 대한다고 믿었다. 그들은 주변 국가들의 폭군들 때문에 자기들이 어려운 처지에 놓이게 되었다고 불평했다. 기껏해야 그들은 차르의 "못된 신하들"에게 잘못이 있다고 생각했다.

1905년 혁명에 참여한 노동자 대중 — 1905년 혁명을 시작하고 만들고 한결같이 이끈 — 에 대한 억압은 반란의 자극제가 아니라 그들을 무관심과 숙명론으로 몰아넣은 거대한 압력으로 작용했다. 노동계급의 생활은 참으로 비참했다. 그래서 노동계급은 술을 마시고 싸움을 하고 월급날에 사창가에 가는 것을 통해서 생활의 고통을 잊으려 했다. 러시아의 위대한 작가들 가운데 하나였던 고리키는

젊은 시절에 이러한 상황을 보고 절망한 나머지 자살을 기도하기도 했다.(《나의 대학》)

러시아 노동자 대중은 1905년 피의 일요일 전까지 수동적이었다. 그러나 소수의 노동자들은 그렇지 않았다. 1896년, 페테르부르크 방직공들이 최초의 대중파업을 일으켰다. 그 뒤 2년 사이에 파업 건수가 두 배로 늘어났다. 경제가 불황을 맞이하자 파업이 잠시 주춤했다. 그러나 그런 상황에서조차 수천 명의 노동자들이 학생 시위에 참여하여 경찰과 군대에 맞서 싸웠다. 1900년, 하르코프에서 총파업이 일어났고, 1901년에는 페테르부르크의 오부호프 무기공장의 파업을 제정 군대가 공장으로 쳐들어가 6명의 노동자를 죽이고 800명의 노동자를 체포함에 따라 메이데이는 저항의 상징이 되었다.

경찰 우두머리는 이렇게 썼다. "지난 3~4년 사이에 러시아의 게으른 젊은이들이 종교와 가족을 내팽개치고, 법을 지키지 않고 정부를 우습게 보는 것을 자신의 의무라고 생각하는 반쯤 깨인 지식인으로 변신했다. 다행스럽게도, 그런 젊은이들이 아직 공장 안에는 그렇게 많지 않다. 그러나 한줌밖에 안 되는 그들이 타성에 젖은 노동자들을 위협해서 자신들을 따르게 하고 있다."

불황은 모든 종류의 노동자들에게 공통의 불만을 갖게 했다. 계급 전체의 운동이 태동할 수 있는 기초가 마련되었다. 따라서 운동이 '경제적' 수준에 머물러 있을 수는 없는 노릇이었다. 왜냐하면, 계급투쟁은 언제나 정치투쟁, 즉 권력을 위한 투쟁이기 때문이다. 1902년과 1903년, 러시아 북부의 9개 현대적 철강산업 중심지에서 총파업이 일어났다. 그리하여 총파업이 일어난 산업지대들은 기존의

법과 질서의 위력에 맞서서 자유롭게 말하고 선동할 수 있는 유일한 지역들이 되었다.

그러나, 1904년, 러시아와 일본 사이에 전쟁이 터졌다. 파업 건수는 10년 만에 최저 수준으로 떨어졌다. 그해 12월에 레닌은 이러한 사정을 다음과 같이 시인했다. "우리 당은 심한 병을 앓고 있고, 그리하여 지난 1년 사이에 당의 영향력이 반으로 줄어들었다."

그러나 2~3개월 뒤에 러·일 전쟁에서 러시아가 계속 실수를 저지르고 패배에 패배를 거듭하고 있다는 것이 명확히 드러났다. 애국적 열정은 짜증으로 바뀌었다. 반전 감정이 계속 악화되는 생활조건에 대한 노동자들의 분노와 결합되었다. 왜냐하면, 가장 많은 봉급을 받는 노동자들의 임금조차 25%가량 떨어졌기 때문이다. 그들은 개혁가들이나 혁명가들에게 지도를 요청하지 않고 오히려 경찰의 지지를 받는 합법 단체 '페테르부르크 공장 노동자 회의'의 지도자인 젊은 사제 가폰 신부의 조직과 지도를 따랐다.

그러나 가폰의 조직이 성장함에 따라 노동자들은 가폰이 갈수록 많은 행동을 하리라고 기대했다. 1904년 12월 초, '페테르부르크 공장 노동자 회의'는 노동자들의 첫 번째 파업을 지지했다. 이러한 사태에 놀란 사용자들은 가폰의 추종자들 가운데 네 명을 해고했고, 페테르부르크에서 급속히 확산되어 가던 공장폐쇄를 더욱 가속시켰다. 차르에게 청원하러 가자고 제안한 사람은 바로 가폰이었다. 그리고 그는 피의 일요일에 학살이 자행되고 나서, "오늘 피의 강물이 차르와 인민을 갈라놓았다"고 선언했다.

그럼에도 불구하고, 노동자들은 그들이 오랫동안 지녔던 믿음을 하루아침에 버리지 않았다. 피의 일요일 이후 네 달 동안 러시아에서 이제껏 보아 왔던 파업들 가운데 가장 크고 가장 잘 조직된 파업을 지도하던 볼셰비키는 자신들이 너무나 고립되어 있어서 첫 번째 대중집회에서 자신들의 정치사상을 주장할 수 없다고 느꼈다. 집회가 끝난 뒤 그들은 이렇게 말했다. "사방에서 '이제 그만 해! 우리는 혁명이 아니라 평화적 투쟁을 원해. 우리의 투쟁은 경제파업이라구' 하는 외침이 들려 왔다." 볼셰비키 가운데 하나가 짧은 연설을 마치면서 "전제정을 타도하자"고 외치자 하마터면 집회가 아수라장이 될 뻔했다. 볼셰비크였던 역사가 포크로프스키는 다음과 같이 말했다.

1905년 1월, 노동자들은 차르가 훌륭한 사람이라서 그에게 탄원할 수 있다고 생각했다. 그러나 그들의 환상은 철저하게 깨졌다. 10월이 되자 노동자들은 차르에게 주먹을 들이대어 그에게서 무엇인가를 얻을 수 있다는 생각에 도달했다. 그러나 단지 주먹을 휘두른다는 생각뿐이었다. 차르에 대항해서 무기를 들어야 할 것이라는 생각은 그 다음 단계에서나 가능한 것이었다.

1905년, 러시아 노동자들은 그들의 적이 누구이며 그 적과 어떻게 싸울 것인가를 알게 되었다. 그런데 노동자들은 사전의 어떤 심경 변화나 사회주의 설교자들의 선전이 아니라 그들 자신이 투쟁하는 과정에서 이러한 인식에 도달했다.

1905년의 대중운동은 일반적으로 다른 노동자들에 비해 월급을 많이 받는 숙련 노동자들에 의해 주도되었다. 이미 1901년 초에 노동자 투쟁에 관한 어떤 보고서는 "투쟁에 참여한 사람들은 거의 전적으로 기계공업 노동자들, 즉 소위 노동귀족이었다"고 지적했다. 예컨대, 금속 노동자들은 방직 노동자들보다 시간당 두 배나 많은 임금을 받았고 그들의 하루 노동시간은 방직 노동자들의 하루 노동시간보다 무려 네 시간이나 짧았다. 1905년에 러시아에는 70만 8,000명의 방직 노동자들이 있었던 반면, 금속 노동자의 수는 25만 2,000명에 불과했다. 그러나 1905년에 금속 노동자 한 명의 평균 파업 횟수는 3.5회였던 반면, 방직 노동자 한 명의 평균 파업 횟수는 2회도 채 안 되었다. 금속 노동자들이 파업 때문에 손해 본 돈의 액수는 산업 평균 액수의 3배였다. 작은 공장보다 파업을 더 자주 벌인 대공장 노동자들이 더욱 많은 손해를 보았고, 농촌 공장보다 다섯 배나 많은 파업을 벌인 도시 공장 노동자들이 더욱 많은 손해를 보았다. 산업의 60%가 농촌에 분산되어 있었는데도 말이다.

1905년, 금속공업이 주류를 이루었던 페테르부르크에서는 방직공업의 중심지 모스크바보다 세 배나 많은 파업이 벌어졌다. 그러나 주요 봉기가 터진 곳은 모스크바였다. 1906년에는 금속 노동자들보다 방직 노동자들이 파업을 더욱 많이 벌였다. 선발대가 물러나자 후발대가 전진하고 있었던 것이다. 이것이 바로 새로운 부대를 언제나 전투에 내보내는 혁명의 동력이다. 그러나 이것은 치명적인 약점이기도 하다. 즉, 페테르부르크에서 투쟁이 퇴조하자 많은 군대가 모스크바로 이동해서 봉기를 진압할 수 있었던 것이다. 바로 노동자 투쟁전선의 이러한 불균등성이 핵심적 문제였다.

1월에서 3월 사이의 대중파업은 마침내 지배계급의 우세한 결속력과 화력 때문에 패배당하고 말았다. 그러나 10월에 투쟁이 다시 시작되자, 노동자들은 새로운 방식으로 조직하기 시작했다. 그들은 지배계급의 중앙집중화된 권력기구에 맞서 싸우기 위해 최초의 중앙집중화된 권력기구인 소비에트, 즉 노동자평의회를 만들어 냈다. 1905년에 소비에트들은 그들의 조직을 다지고 그들의 정치를 갈고 닦을 시간을 갖지 못했다. 그러한 과제들은 1917년 2월에서 10월 사이에 다시 제기되어 완수되었다. 그러나 소비에트의 탄생은 아마도 '예행총연습'의 가장 중요한 성과였을 것이다.

소비에트

9월 19일, 모스크바의 한 인쇄소 식자공들이 도급률의 조정과 구두점 식자에 대한 급료 지불을 요구하며 파업을 일으켰다. 그들의 파업은 모스크바 전체로 확산되어 다른 노동자들에게 영향을 끼치기 시작했다. 10월 2일, 페테르부르크 인쇄공들이 연대파업을 벌였다. 10월 7일, 모스크바-카잔 노선의 철도 노동자들이 지지를 표명했다. 철도들이 차례로 운행이 중단되었고, 철도에 인접한 공장들도 파업을 벌였다. 대부분의 도시에서 총파업이 선언되었다. 10월 13일에는 페테르부르크 소비에트가 첫 번째 회의를 소집하고 정치적 총파업을 선언했다.

트로츠키는 나중에 이렇게 썼다. "노동조합이 경제투쟁에서의 통일전선의 가장 초보적인 형태인 것과 마찬가지로, 소비에트는 프롤레타리아가 권력투쟁 시기에 접어드는 상황에서 통일전선의 최고 형태이다."

페테르부르크 소비에트의 첫 번째 회의에는 43명의 대표들만이 참석했다. 그러나 파업이 계속 확산됨에 따라 점점 많은 직장들이 자신들의 대표들을 소비에트에 파견했다. 금속 노동자들과 인쇄공들이 가장 먼저 대표를 파견했고 곧이어 전력 산업 노동자들이 대표를 파견했다. 10월 16일, 방직 노동자들이 파업에 동참했다. 노동자들은 이제 정치적 요구를 내놓았다. 그들은 보통선거에 의한 제헌의회, 검열 폐지 그리고 노동자들의 조직의 자유를 요구했다.

소비에트는 매우 빨리 성장했다. 트로츠키는 이렇게 설명했다. "소비에트는 파업을 확산시킴으로써 자신의 기반을 확대하고 든든히 다졌다. 파업이 벌어진 모든 공장이 대표를 선출하여 신임을 부여하고 소비에트에 파견했다." 거의 4주 뒤에 절정에 도달한 페테르부르크 소비에트는 20만 명 가량의 노동자를 대표하는 526명의 대표를 갖고 있었다.

소비에트는 기관지 〈이즈베스티야〉를 발행하여 투쟁 소식을 알리고 사용자 언론의 거짓말을 폭로했다. 인민은 소비에트를 공공 생활의 중심으로 여기기 시작했다. 트로츠키는 이렇게 썼다. "소비에트의 구내는 언제나 모든 종류의 청원자들과 기소인들로 북새통을 이루었다. 그들은 대부분 노동자들, 가정집 하인들, 점원들, 농민들, 병사들 그리고 수병들이었다."

그들은 소비에트에 와서 자기들이 여행하는 동안 철도 파업이 일어나는지를 물었다. 그들은 파업 면제 신청 서류를 냈다. 그들은 파업을 해야 하는가에 대해 자문을 구했다. 페테르부르크에 살던 라트비아인들은 라트비아의 계엄령에 반대하는 입장을 취할 것을 소비에트에 호소했다. 들것 드는 사람들의 조합은 적십자사에 반대해서 자신들을 지지해 달라고 호소했다. 당시에 적십자사는 구성원들을 꾀어서 전장에 내보내고는 봉급을 지불하지 않고 고향으로 돌려 보냈다. 농촌에서 보낸 어떤 편지에는 "페테르부르크 노동자 정부 귀하"라고 씌어 있었다.

10월 16일, 갈수록 악화되어 가는 경제 사정 때문에 위협을 느낀 차르는 헌법 제정을 약속했다. 다음날, 페테르부르크 소비에트는 차르의 민주화 공약을 비난하고 파업을 계속하기로 결의했다. 트로츠키는 〈이즈베스티야〉에 다음과 같이 썼다. "우리는 집회의 자유를 얻었다. 그러나 군대가 우리의 집회를 에워싼다. 우리는 언론의 자유를 얻었다. 그러나 검열이 계속되고 있다. … 우리는 개인적 사면을 얻었다. 그러나 감옥은 죄수들로 만원이다. … 우리는 헌법을 얻었다. 그러나 전제정이 그대로 있다. 우리는 모든 것을 얻었다. 그러나 아무것도 얻지 못했다."

그러나 대부분의 파업 참여자들은 트로츠키와 달리 생각했음이 틀림없다. 왜냐하면, 다른 지역의 노동자들이 작업장으로 돌아가고 있었기 때문이다. 페테르부르크 노동자들도 영향을 받지 않을 수 없었다. 승리의 기쁨에 들뜬 노동자들은 트로츠키의 다음과 같은 냉정한 경고를 들으려 하지 않았다. "나는 그들에게 불완전한 승리를 믿지 말라고 소리쳤다. 나는 그들에게 적은 강하고 덫이 놓여 있다고 소리쳤다. 나는 차르의 선언문을 찢어서 바람에 날려 보냈다. 그러나 그러한 정치적 경고들은 대중 의식의 표면에만 흠집을 냈을 뿐이다. 대중은 커다란 사건들이 가르치는 교훈들을 배울 필요가 있다."

소비에트는 파업을 취소할 수밖에 없었다. 그러나 소비에트는 이것을 자신이 새로 얻은 권위를 과시하는 것으로 전환시키는 데 성공했다. 즉, 페테르부르크의 20만 노동자가 완전히 똑같은 시간에 작업장으로 돌아갔던 것이다.

8시간 노동 쟁취 투쟁은 새로 등장한 파업운동의 다음 목표였다. 몇 개의 주요 금속공장에서 노동자들은 매일 8시간이 지나면 일손을 놓기 시작했다. 그리고 소비에트에서 그들의 대표들은 자신들의 행동을 다른 도시에 확산시키자고 제안하여 다수의 지지를 얻었다. 사용자들이 공장폐쇄로 맞받아치자 극히 고통스러운 압력이 노동자들의 8시간 노동 쟁취 운동에 가해지기 시작했다.

소비에트에서는 격렬한 논쟁이 벌어졌다. 러시아에서 가장 커다란 공장이자 1월 반격의 진원지였던 푸틸로프 제철소 대표들은 패배를 인정하자고 말했다. 트로츠키의 기억에 의하면, 어떤 방직 노동자가 나와서 그들의 의견에 반대하는 의견을 내놓았다고 한다. "맥스웰 공장에서 파견된 중년의 여성 방직 노동자가 일어나서 말했다. 그녀는 착하고 순진해 보였다. 그녀는 늦가을인데도 면으로 만든 색이 바랜 원피스를 입고 있었다. 어찌나 흥분했는지 옷깃을 만지는 그녀의 손이 심하게 떨고 있었다. 그녀의 목소리는 잊을 수 없을 만큼 낭랑했다. 그녀는 푸틸로프 공장 대표들을 향해 이렇게 소리쳤다. "여러분은 부인들을 부드러운 침대에서 잠자고 기름진 음식을 먹는 일에 젖어 있게 했습니다. 그래서 당신들은 실직을 당할지도 모른다는 두려움에 빠져 있는 것입니다. 그러나 우리는 두렵지 않아요. 우리는 죽을 준비가 되어 있어요. 하지만 우리는 8시간 노동을 쟁취할 거예요. 우리는 끝까지 싸우겠어요. 승리 아니면 죽음이 있을 뿐이에요. 8시간 노동이여 영원하라!"

그러나 분위기는 바뀌기 시작하고 있었다. 4시간 뒤, 금속 노동자가 3분의 2를 차지하는 페테르부르크 소비에트 대표들은 압도 다수의 지지를 얻어 파업을 그만두기로 결정했다. 많은 곳에서 그러한 결정은 당국의 후원을 받는 흑색단이 조직한 일련의 학살을 낳았다. 톰스크에서는 1천 명이 넘는 사람들이 극장에 갇혀 현지 교구 주교와 총독이 보는 앞에서 불에 타서 죽었다.

그러나 페테르부르크에서는 전투적인 노동자들이 순찰대를 조직하고, 작업대 위에서 허리칼을 만들기 시작했다. 트로츠키는 어떤 소비에트 총회를 다음과 같이 묘사했다. "총회에 참석한 대표들은 저마다 연단에 올라가 자기가 갖고 있는 무기를 머리 위로 치켜들고, 숱하게 자행되는 학살을 진압해 달라는 자기를 뽑아 준 사람들의 애타는 소원을 말했다." 그래서 페테르부르크에서는 학살이 일어나지 않았다.

소비에트는 바로 그렇게 활동했다. 솔선수범해서 소비에트를 이끌던 전투적 노동자들은 소비에트를 이용하여 자기들 힘만으로 동원할 수 있는 것보다 훨씬 더 많은 노동자들을 동원했다. 이것은 서로 다른 산업부문의 노동자들 사이의 이전의 우연적인 관계를 의식적이고 조직적인 관계로 바꾸었다. 철도 노동자와 인쇄 노동자 그리고 금속 노동자들이 '10월파업'을 페테르부르크로 가져왔다. 소비에트는 그것을 총파업으로 발전시켰다. 전투적 공장들은 학살에 대항하는 투쟁을 조직했다. 소비에트는 인종주의자들에 공공연히 반대하는 입장을 취했다. 소비에트는 노동자들의 선제 행동을 일반화시켰다.

노동자들 사이에서 공동전선 — 기존 권력에 대항하는 **정치적 전선** — 이 적극적으로 이루어질 수 있는 가능성이 소비에트의 활력소였다. 10월 이전이었다면 소비에트가 생겨날 수 없었을 것이다. 1905년 초에 소비에트와 흡사한 파업위원회들이 있었다. 그러나 페테르부르크 소비에트는 최초로 노동자 권력의 형태로 발전한 것이었다. 그리고 봉기 뒤까지 남아 있을 수 있었던 소비에트는 하나도 없었다. 왜냐하면, 소비에트는 제정을 타도하고 그것을 대체하는 투쟁과 너무나도 밀접히 연결되어 있었기 때문이다.

소비에트는 보다 전투적인 노동자들이 투쟁에서 다수의 노동자들을 지도할 수 있는 능력을 발전시켰고 또 그것에 의존했다. 다수의 노동자가 투쟁할 태세가 되어 있었는지의 여부는 실천에서 검증되어야 하는 것이었다. 1905년에 노동자 대중의 선제 행동은 가장 열정적인 혁명가들조차 놀라게 했다. 그러나, 수많은 노동자들 — 전투적 노동자들을 포함하여 — 이 자기들이 맞부닥치고 있었던 것을 시종일관 과소평가했다. 경험을 통해 교훈을 얻기 위해서는 시간이 필요했다. 그러나 그러기에는 시간이 너무 짧았다.

트로츠키는 학살이 시작되었는데도 소비에트 대표들이 "진지하다기보다는 오히려 가벼운 마음으로" 자신들의 무기들을 소비에트에 가져왔다고 말했다. 그리고 그는 이렇게 덧붙였다. "소비에트 대표들은 적에 대항하려는 자신들의 의지만으로도 문제를 해결할 수 있다고 믿는 듯했다. 대부분의 대표들은 그것이 사활적인 투쟁이라는 사실을 깨닫지 못하는 듯했다." 소비에트의 최후가 다가오자, 소비에트 대표들은 자신들의 권총이 포위 군대의 수중에 들어가지 못하게 하려고 권총을 박살내야 했다. "구부러진 쇠를 쟁강쟁강 맞부딪힐 때 나는 소리가, 적을 타도하려면 보다 강력하고 철저한 노력이 필요하다는 것을 처음으로 완전히 깨달은 어느 프롤레타리아의 이를 가는 소리로 들렸다."

볼셰비키와 멘셰비키

혁명적 시기에 이론적 논쟁은 서로 다른 계급들의 직접적 행동에 의해서 해결된다 — 레닌.

상당히 많은 노동자들이 지역 사회주의자 단체들의 연합체에서 1898년에 당으로 발전한 '러시아사회민주노동당'(RSDLP)에 관한 얘기를 들었다. 사회민주노동당이 불과 5년 뒤에 분열했다는 사실을 아는 사람은 매우 적었고, 분열한 이유를 아는 사람은 거의 없었다.

지도자들조차 혼동되어 있었다. 나중에 우익으로 변신한 "러시아 마르크스주의의 아버지" 플레하노프는 분열 당시 레닌을 지지했다. 미래의 1917년 10월 봉기의 조직자 트로츠키는 반대편을 지지했다.

볼셰비키와 멘셰비키로의 분열은 1905년 혁명이 터지기 겨우 14개월 전에 일어났다. 사회민주노동당의 수많은 지방 조직들은 확실하게 분열하기보다는 어느 한 분파의 지배를 받아들이면서 1905년 내내 통합된 채로 남아 있었다. 그러나 혁명적 봉기가 터지자 양편의 차이들이 더욱 분명하게 드러났다.

볼셰비키와 멘셰비키는 러시아에 혁명이 필요하다는 점에 모두 동의했다. 그들은 러시아혁명을 일백 년 이상 앞서 프랑스에서 일어난 것과 같은 **자본주의적**, 즉 "부르주아" 혁명일 것으로 생각했다. 그들은 자본주의만이 광대하고 후진적인 러시아 제국을 산업화시켜, 권력을 위해 투쟁할 수 있고 사회주의적 변화를 가져올 수 있는 다수의 노동계급을 창출할 수 있다고 생각했다.

멘셰비키는 자신들의 임무가 부르주아지와 그 정치적 대표들인 '자유주의자들', 즉 '입헌민주당' — 줄임말로 카데츠 — 을 설득하여 혁명을 지도하도록 강제할 수 있는 압력을 창출하는 것이라고 생각했다. 광범한 기반을 가진 서구식 노동운동의 발전에 가장 유리하고 완전한 의회민주주의를 저버리지 않게 하기 위해서 새 정권에 압력을 너무 적게 가해서도 안 된다. 그러나, 무엇보다도, "부르주아 계급이 … 혁명에 놀라 뒷걸음질치지 않도록," 압력을 너무 많이 가해서도 안 된다.

당시에는 멘셰비키의 신문이었던 〈이스크라〉는 이렇게 말했다. "대중의 동궁 행진을 조직한 … [가폰] 사제를 따라 나선 러시아혁명이 차르 군대와의 최후 전투에서 만약 한 장군이 최초로 대중을 지도한다거나 한 정부관리가 차르 지배가 공식적으로 끝났음을 최초로 선언함으로써 더욱 풍부해진다면 우리는 매우 기뻐할 것이다."

그러나, 프랑스혁명에서 진보적 역할을 했던 프랑스 부르주아지와는 달리, 러시아 부르주아지는 대지주 지배계급과 충돌하게 되자마자 현대적 산업 노동계급에 의한 아래로부터의 투쟁과 맞부닥쳤다. 러시아 부르주아지는 위로부터의 양보를 얻기 위해 아래로부터의 지지를 필요로 했다. 부르주아지는 권력을 장악하기 위해 민주주의를 지지하는 듯한 제스처를 취해야 했다. 그러나 부르주아지는 그 경제적 이해관계 때문에 노동계급 조직들에 대해 위협을 느꼈고 그리하여 기존 질서에 귀의했다. 부르주아지는 노동자들을 통제할 수 없을 때 그들의 도전으로부터 보호를 받기 위해 군주정을 필요로 했다.

그리하여 레닌은 "부르주아지가 실제로 제정과 싸우는 한에서만" 부르주아지를 지지하라고 말하면서, "노동자의 독립적 힘만이 부르주아지가 정말 잘하게 할 수 있는 방책"이라고 덧붙였다. 그는 자유주의자들은 개량주의자들이고 — 그것도 그들 자신의 협소한 계급적 이익이 허용하는 범위 안에서만 — 멘셰비키는 자유주의자들의 손에서 놀아나고 있다고 비판했다.

"간단히 말해서, 카데츠의 전술은 다음과 같이 정식화될 수 있다. 카데츠가 혁명적 인민의 지지를 확보하려면 … 첫째, 혁명적 인민이 독립성을 가져서는 안 되고, 둘째, 혁명적 인민이 자신의 적을 박살내고 최종 승리를 얻어서도 안 된다." 레닌은 멘셰비키의 전략이 이 두 조건들을 받아들였기 때문에 그러한 전략이 자유주의자들에게 실질적인 압력을 가할 수 없다고 지적했다.

레닌은 노동계급이 "자신의 의지의 박약함을 보여줌으로써, … 즉 인민과 함께 혁명을 철저히 수행하는 과제를 떠맡는 것, 권력을 장악하여 민주주의 독재를 수립하는 것을 두려워한다고 겉으로 드러냄으로써" 부르주아지의 의지에 압력을 가할 수 있다는 생각을 비웃었다.

부르주아지의 반대를 무릅쓰고라도 오직 노동자들만이 모든 피억압 민중, 특히 엄청나게 많은 농민을 지도하여 봉건제의 족쇄를 부술 수 있다고 레닌은 말했다. 그러나 노동자들이 그렇게 하려면 권력을 장악하여 구지배계급 세력의 반격에 맞서야만 할 것이다.

그런데 이것은 **부르주아 혁명**이어야 할까? 1917년까지 레닌은 이러한 이론적 문제를 완전히 일시적인 계급지배 형태, 즉 "프롤레타리아와 농민의 민주주의 독재"를 제안함으로써 해결했다. 레닌에 따르자면, 사회민주당은 의회제 정권으로의 이행을 보장하기 위해 "임시혁명정부"에서 지도적 역할을 해야 한다. 이러한 매우 비정상적인 부르주아 혁명에서 노동자들은 결정적인 역할을 해야 할 것이고, 그것을 통해 노동자들은 사회주의를 위한 직접적 투쟁을 시작할 수 있는 강력한 위치를 차지할 것이다.

이러한 전략에 기초하여 볼셰비키는 보다 선진적인 노동자들을 하나로 묶고 권력장악을 지도할 수 있는 철의 규율을 가진 중앙집중화된 당을 건설하는 일에 착수했다.

1905년에 대중투쟁의 파고가 높아지자 멘셰비키는 갈수록 모순된 입장에 놓이게 되었다. 노동자들의 운동이 그들을 왼쪽으로 끌어당겼다. 그러나 그와 동시에 멘셰비키는 정부와 타협하려 하는 자유주의 부르주아지와 보조를 맞추려 애썼다. 그 결과, 멘셰비키는 극도의 정치적 혼란에 빠졌다. 자신의 노동자 조직원들의 입장을 존중하여 멘셰비키는 봉기의 필요성을 인정하기 시작했으나, 자유주의자들을 공격하지 않기 위해 아무것도 하지 않았다. 그들은 "봉기의 시기를 미리 정할 수 없으며 … 인위적으로 준비할 수도 없으며 … [봉기란] 저절로 이루어진다"고 말함으로써 자신들의 입장을 정당화했다.

볼셰비키와 멘셰비키 사이의 근본적 차이를 보여주는 매우 좋은 사례는, 피의 일요일의 학살 이후 매우 중요한 문제였던 노동자들의 무장에 대한 멘셰비키의 태도였다. 레닌은 혁명이 도래하면 무기를 구하고 분배하고 봉기 계획을 위한 조직을 건설하여 그 조직을 실제로 사용해야 하는데, 그때 경찰·감옥 등에 대한 공격이 급선무가 된다고 생각했다.

지도적인 자유주의자 스트루베조차 감히 무장투쟁을 깡그리 무시하려 들지 않았다. 그러나 그는 실질적 준비의 중요성을 과소평가했다. "봉기, 즉 기술적 의미의 혁명에 관하여 말하자면, 민주주의 강령을 옹호하는 대중적 선전만이 전면적 무장봉기를 위한 사회심리적 조건[원문 그대로!]을 창출할 수 있다."

〈이스크라〉 역시 볼셰비키의 방법이 너무 "기술적"이라고 보았다. "지하 조직들이 하나의 중요한 무기로써, 즉 전제정을 공격하고 이를 위해 무장하는 것이 매우 필요하다는 느낌으로써 인민을 무장시키지 못한다면, 지하 조직들의 모든 노력은 도로아미타불이 될 것이다. 우리는 대중이 반란을 일으키기 위해 스스로 무장해야 한다는 선전을 대중 속에서 집중적으로 해야 한다." 멘셰비키의 입장은, 말하자면 무장봉기의 필요성을 선전하는 것으로 족하다는 것이었다.

레닌은 이러한 주장을 통렬히 비난했다. 그는 다음과 같이 응수했다. "무장하는 것이 매우 필요하다는 느낌으로써 인민을 무장시키는 것은 언제 어디서나 사회민주주의자들의 변함없는 공통의 의무이다. 그러나 러시아의 [현재]상황은 … 일상의 활동조건과 다르다. 따라서 지금까지 무장하라는 선동 전단을 전혀 내지 않고 오히려 언제나 노동자들을 무장하는 것이 필요하다는 느낌으로써 무장시켜 왔던 혁명적 사회민주주의자들은 혁명적 노동자들의 선제 행동을 따라 '무장하라!'는 구호를 지금 내놓았다. '무장하라!'는 구호가 마침내 나왔는데도 〈이스크라〉는 중요한 것은 무장이 아니라 무장의 긴급한 필요성[선전]이라는 주장을 늘어놓고 있다." 요컨대, 레닌의 입장은 무장의 필요성을 인식시키는 것은 혁명적 사회주의자들이 언제 어디서나 그래야 하는 임무일 뿐, 이제는 그것을 넘어서 무장하라는 슬로건을 당장 제시해야 한다는 것이었다. 그의 의견은 가장 전투적인 노동자들 사이에서 상당한 지지를 얻었다.

1905년 10월에 파업이 이제 막 터지기 시작했을 때조차, "총포상을 습격하고 가능한 곳에서는 어디에서든지 경찰과 군대한테서 무기를 몰수함으로써" 다른 노동자들에게 결정적 공격을 준비시킬 수 있는 무장특공대의 조직을 페테르부르크 인쇄공들은 호소했다.

10월 이전에조차, 멘셰비키의 일부 평당원들은 그들의 지도자들의 왼쪽에 있었다. 예컨대, 예카테리노슬라프의 멘셰비키 단체는 흑색단에 저항하기 위해 볼셰비키 및 다른 사회주의자들과 손잡고 무장조직을 만들었다.

한편 자유주의자들의 압력이 거세졌다. 소집될 예정이던 두마가 여러 달 동안의 대중투쟁을 겪은 뒤에 완전히 별 볼 일 없어졌기 때문에 급진적 자유주의자들은 두마에 참여하기를 주저했다. 그러나 이내 그들은 그런 것을 걱정하지 않는 온건 다수파에 합류했다.

볼셰비키는 이것을 노동자들이 부르주아지로부터 독립적으로 행동할 수 있는 능력에 대한 중대한 검증의 기회로 보았다. 나중에 레닌은 어떤 카데츠 당원과의 대화를 다시 떠올렸다. 레닌에 따르자면, 자기와 얘기를 나눈 카데츠 당원이 볼셰비키와 카데츠의 상황을 사자에게 던져진 두 명의 노예들에 비유했다고 한다.

그 당원은 이렇게 물었다. "지금이 어떤 주장을 하기에 합당한 시기인가? 우리가 공동의 적에 대항하여 단결하면 안 되는 것인가?" 레닌은 다음과 같이 대답했다. "그러나 두 명의 노예들 가운데 하나가 무기를 들고 사자를 공격하자고 제안하는 반면, 다른 노예가 사자와 싸우는 도중에 사자 목에 걸린 '헌법'이라는 팻말을 보고 '나는 우익과 좌익 모두의 폭력에 반대해. 나는 의회주의 정당의 당원이고 합헌적 방식을 지지해'라고 소리치기 시작하면 어떻게 할 것인가?"

볼셰비키는 자유주의자들이 혁명을 배신했다고 비난했다. 그들은 두마에 대한 '적극적' 보이콧 전술을 채택했다. '적극적' 보이콧 전술은 선거 운동을 봉기의 선동에 이용하는 것을 뜻하는 것이었다. 그러나 레닌은 다음과 같은 단서를 달았다. "미래에도 두마에 기초한 모든 투쟁을 부정하는 것은 우스꽝스러운 짓일 것이다. 봉기할 수 있는 조건들이 존재하지 않을 때, 우리는 의회뿐 아니라 희화화된 의회조차 봉기가 전혀 불가능한 시기 내내 우리의 모든 선동의 중심적 공간이 될 수도 있다는 것을 알고 있다."

멘셰비키의 〈이스크라〉는 "선거 선동은 언제나 혁명적 봉기로 바뀔 수도 있다"는 것을 인정하면서도 카데츠와 협정을 맺겠다는 생각을 버리지 않고 있었으므로 두 극단 사이에서 갈팡질팡했다. 과거에 멘셰비키는 일체의 다른 정당에 대한 지지에 대해 엄격한 조건들을 부과했다. 그러한 조건들에는, 제정과 사용자들에 대한 모든 노동자 투쟁의 적극적 지지, 무장투쟁 참여 그리고 "선거권을 제한하는 군주정의 헌법을 받아들임으로써 인민의 권리들을 축소시키려 하는 모든 정당과 단체에 대한 공공연한 반대 행동"이 포함되어 있었다. 이제 〈이스크라〉는 카데츠가 두마 안에서 보통선거권을 위해 투쟁하겠다고 약속하는 한, 카데츠를 지지해야 한다는 주장을 실었다.

레닌은 봉기가 임박해 있는 상황이라면 두마는 정부가 "무자비한 무력탄압을 계획해 놓고 있다"는 사실로부터 사람들의 관심을 다른 데로 돌릴 수 있는 제스처에 지나지 않는다고 말했다. 만약 두마가 핵심적으로 중요한 것이라면 예측할 수 있는 미래까지 봉기는 불가능하다. 〈이스크라〉는 서로 다른 방향으로 달려가는 두 마리 말을 모두 잡으려 하고 있었다. 트로츠키가 제휴하고 있던 페테르부르크의 멘셰비키 조직은 볼셰비키와 비슷한 입장을 취하여 두마에 반대했다.

결국, 두마는 거의 아무 일도 하지 못하다가 결국 10월파업에 휩쓸려 밀려나게 되었다. 노동자들은 예기치 않게 커다란 규모로 자신들의 '적극적 보이콧'을 실행에 옮긴 것이다. 모든 것이 좌선회했다. 자유주의자들은 갑자기 노동자와 총파업에 대해 번지르르한 빈말을 늘어 놓으며 정부와 일정한 거리를 유지하려 했다. 레닌의 말을 빌면, 카데츠는 "이른바 두마라는 맛있는 얼음과자를 보고 군침을 흘리면서도 갈수록 자주 왼쪽을 힐끔힐끔 쳐다보았다."

소비에트의 지도로 권력투쟁이 벌어지는 동안, 멘셰비키 좌파가 전면에 나섰고, 그리하여 사회민주당의 양대 분파인 볼셰비키와 멘셰비키 사이의 거리가 좁혀졌다. 레닌은 나중에 이렇게 술회했다. "과거의 견해 대립이 무장봉기 문제를 놓고 의견 일치로 바뀌었다. 볼셰비키와 멘셰비키는 소비에트에서 적극적으로 활동했다. … 혁명적 파고(波高)의 고양은 의견의 불일치를 옆으로 밀어 제껴 버렸고, 그리하여 사회민주주의자들이 전투적 전술을 채택하게 했다. 또한, 그것은 두마 문제를 뒤에 제쳐두고 봉기를 일정에 올렸다. … 멘셰비키는 볼셰비키와 함께 총파업과 봉기를 호소했다. … 혁명적 상황 자체가 정치적 구호들을 제시했다. 세부사항들에 관해서만 논쟁이 벌어졌다."

10월과 12월 사이에 트로츠키와 그의 신문 〈나찰로〉는 대부분의 문제들에 대해 볼셰비키와 견해를 같이했다. 멘셰비즘의 무정형성 — 지배적인 분위기에 기꺼이 순응하려는 태도 — 만이 트로츠키가 멘셰비키와 결별해야 할 필요성을 명확히 이해하지 못한 이유를 설명해 줄 수 있다.

자유주의자들은 이내 노동자들이 너무 멀리 나아가고 있다고 느끼기 시작했다. 10월파업 동안에 임금을 반액 또는 심지어 전액을 지급했던 페테르부르크의 사용자들은 이제 72개 공장에서 10만의 노동자를 쫓아내고 8시간 노동 쟁취 투쟁을 박살내려 했다. 모스크바 봉기가 분쇄되자마자 카데츠는 노동자 투쟁을 공격하기 시작했다. 또한, 그때 카데츠는 "두마라는 얼음과자"의 많은 부분을 받았다. 부르주아지가 차르보다 혁명적 노동자들을 훨씬 더 두려워한다는 것이 입증된 셈이었다.

레닌은 그러한 "타협자들"이 수행한 역할을 신랄하게 비난했다.

투쟁이 불붙을 때 '타협자'는 비겁하게 숨을 곳을 찾는다. 혁명적 인민이 승리할 때(10월 17일) '타협자'는 숨어 있던 곳에서 슬그머니 기어 나와 으스대면서 목이 쉴 때까지 '그것은 "영광스러운" 정치파업이었어!' 하고 외쳐대고 다닌다. 그러나 승리가 반혁명으로 바뀌면, 타협자는 위선적 훈계들을 늘어놓으면서 패배한 사람들에게 점잖게 충고하기 시작한다. 그들에게 성공한 파업은 '영광스러운' 것이었다. 패배한 파업은 미친 짓거리였고, 범죄이며 어리석고 무정부주의적인 것이었다. 패배한 봉기는 바보짓이었고, 분노에 들끓는 분자들의 폭동이었으며, 야만적이고 어리석은 짓이었다.

멘셰비키는 카데츠의 뒤를 따랐다. 멘셰비크인 라린(Larin)은 "멘셰비키는 10월과 12월 사이에 볼셰비키처럼 행동함으로써 잘못을 저질렀다"고 술회했다. 패배는 권력투쟁에 대해 멘셰비키가 오래 전부터 가지고 있던 편견들이 되살아나게 했고, 부르주아지의 '사명'에 대한 그들의 믿음을 다시 강화시켰다. 그들은 12월 봉기를 "절망의 산물"로, 그리고 그 패배를 "처음부터 예정되어 있었던 결과"로 보았다. "무기를 들지 말았어야 했다"는 플레하노프의 평가는 그들이 투지가 없었음을 압축적으로 보여주는 것이었다.

하지만 그것은 단지 투지의 문제가 아니었다. 거의 50만의 노동자들이 10월파업에 참여했다. 12월 운동에는 훨씬 더 적은 수의 노동자들이 참여했을 수도 있다. 실제로 멘셰비키는 1905년 혁명 과정에서 가장 혁명적이었던 소수의 노동자들과의 관계를 부인하고 있었던 것이다. 레닌은 1907년의 투쟁 퇴조기에 이렇게 말했다. "혁명적임을 자인하는 소수의 운동을 지지하는 않는 것은 실제로 모든 혁명적 투쟁 방법들을 거부한다는 것을 뜻하는 것이다. 왜냐하면, 1905년 내내 혁명운동에 참여한 사람들은 **혁명적임을 자인하는 혁명적 소수**였다는 점이 절대적으로 논의의 여지가 없는 사실이기 때문이다. 싸우고 있었던 대중은 소수 — 그럼에도 불구하고 그들은 소수파에 속하는 대중이었다 — 였기 때문에 자신들의 투쟁에서 완전한 성공을 거두지 못했다. 그러나 러시아의 해방운동이 실제로 거둔 성공, 즉 그것이 획득한 모든 성과들은 완전히 그리고 **예외 없이** 오로지 소수 대중의 이러한 투쟁의 결과였다."

그러나 볼셰비키가 오류 — 때로 심각한 오류 — 를 저지르지 않았다고 생각해서는 안 된다. 1905년 내내 볼셰비키는 경제적 문제들을 둘러싼 파업을 "비정치적"인 것이라고 무시하는 경향을 강하게 보였고, 그리하여 투쟁의 동력이 '순전히' 경제적인 투쟁과 '순전히' 정치적인 투쟁 사이에 가로놓인 벽을 허물고 있음을 보지 못했다.

예컨대, 9월에 볼셰비키 오데사 위원회는 모두 노동조합의 협소함을 강조하고 이 문제를 놓고 멘셰비키의 입장에 반대하는 "정력적인 투쟁"을 촉구했다. 레닌은 이렇게 회답했다. "우리는 초연한 태도를 취하지 말아야 하고, 참여하고 영향을 미치기 위해 노력해야 하며 … 그리고 즉시 사회민주주의적 참여, 사회민주주의적 지도의 전통을 만들어야 한다."

볼셰비키는, 멘셰비즘의 진정한 입장을 식별하기 어려운 혼동된 상황에서 멘셰비키 편에 가담한 진지한 혁명적 노동자들에 대해 종종 종파적 태도를 취했다. 소비에트에 대해서 볼셰비키는 더욱 어리석은 태도를 취해 처음에는 소비에트를 반당적 음모라고 비난하고, 자신들의 강령을 소비에트에 강요하려 했다. 볼셰비크 조직가 크라시코프(Krasikov)는 소비에트를 "멘셰비키의 이 새로운 술책"이라고 부른 한편, 많은 볼셰비키가 단지 "소비에트의 본질을 그 내부로부터 폭로하기" 위해서만 소비에트 참여를 찬성했다.

이러한 상황을 변화시키는 데는 레닌의 역할이 결정적이었다. 레닌은 "직접적 대중투쟁의 기관"으로서 소비에트의 중요성을 금새 깨달았다. 그는 1905년 이전의 투쟁 침체로 인해 강화된 고립의 산물인 자기 당의 보수주의는 새로운 세력, 특히 새로이 혁명화된 젊은 노동자들에 의해서만 극복될 수 있음을 알았다. 그는 이런 노동자들을 당에 가입시켜 책임 있는 지위에 앉히기 위해 투쟁했다. 바로 이런 방식을 통해서, 고참들로 이루어진 조직의 무사안일주의와 관료적 습성들이 새로이 투쟁에 참여한 노동자들의 활동과 열정과 성급함에 의해 서서히 그러나 확실히 제거되었다.

볼셰비키는 1905년의 투쟁에서 선봉에 선 노동자들한테서 교훈을 배우고 그것을 일반화시켰던 반면에 멘셰비키는 그들로부터 후퇴했다. 볼셰비키는 일단 그 일이 진행되면 덜 적극적인 노동자들도 끌어들일 수 있다고 믿었다. 멘셰비키는 뒤에서 머뭇거리고 자신감이 적은 노동자들을 자신들의 준거집단으로 삼았다. 이처럼 멘셰비키의 행동은 혁명의 동력이 부르주아지라는 그들의 생각에 더욱 잘 들어맞는 것이었다.

그리하여 멘셰비키는 본질적으로 수동적인 견해를 갖게 되었고, 이것은 서로 다른 두 계급 사이에서 양다리를 걸치려는 시도에 의해 강화되었다. 멘셰비키는 사태의 흐름에 휩쓸려 다녔고, 그리하여 활동의 최우선 순위를 결정할 수도 없었으며, 노동자들을 조직할 수 있는 명확한 지침 구호들을 내놓을 수도 없었다. 레닌은 멘셰비키의 사고방식을 이렇게 묘사했다. "두마가 있으면 우리[멘셰비키]는 두마를 지지할 것이다. 파업과 봉기가 일어나면 우리는 파업과 봉기를 지지할 것이다. … 그들[역시 멘셰비키를 뜻함]은 프롤레타리아와 전체 인민에게 어느 것이 운동의 **주된** 형태인지를 말해 주지 않는다."

볼셰비키와 멘셰비키의 견해 차이는 혁명적 민주주의의 방책들에 대한 상이한 이해에서 비롯한 것이 아니라 — 둘 다 그러한 방책들이 부르주아적(즉, 자본주의적) 한계를 벗어나지 않을 것이라는 생각에 동의했다 — 누가 혁명을 **지도**할 것인가에 대한 견해 차이에서 비롯한 것이었다. 멘셰비키는 부르주아지의 지도에 대해 애매하게 말했고 실천에서는 부르주아지의 지도를 찾았다. 볼셰비키는 독립적 노동자 운동이 지도해야 한다고 주장했다.

혁명의 지도 세력 문제에 대해 트로츠키는 볼셰비키의 견해에 동의했다. 그러나 그는 한 가지 문제를 지적했다. 만약 노동자들이 혁명을 지도한다면, 그들이 부르주아적 질서를 건드리지 않는 요구들에 머물러야 한다는 것은 생각할 수 없는 일이라는 것이다. 그들은 자기들 자신의 계급적 요구를 제기할 것이다. 트로츠키는 "프롤레타리아의 정치적 지배는 프롤레타리아의 경제적 예속과 양립할 수 없다"
고 말했다. 따라서 노동자들은 사회주의적 길로 나아갈 수밖에 없
을 것이다. 러시아 노동계급의 숫적 열세와 그들이 통제하는 경제의
원시적 수준은 더 발전된 자본주의 국가들에서의 혁명의 도움으로
극복될 수 있을 것이다.

트로츠키가 영구혁명 이론으로써 발전시킨 이러한 시각은 볼셰비
키와 멘셰비키의 견해 모두로부터 똑같이 동떨어져 있는 것으로 보인
다. 그러나 이것은 형식적 의미에서만 그럴 뿐이다. 1917년 4월에 볼
셰비키는 결국 트로츠키의 생각에 이르게 된다. 반면에 멘셰비키는
그것에 격렬하게 반대하게 된다. 왜냐하면, 볼셰비키는 1905~17년
사이에 노동계급의 적극적 부분에 기초를 둔 당을 건설했기 때문이
다. 결국, 바로 이 소수에 의해 강력하게 표현된 계급의 이익이 볼셰
비키 자신의 부적절한 강령보다 더 강력하다는 것이 입증되었다. 그
리하여 볼셰비키는 그런 부적절한 강령을 폐기하고 자신들의 사상
을 당의 활력소인 그러한 노동자들과 일치시켜야 했다.

결론

1905년 혁명은 이제 86년 전의 과거지사가 되었다. 1905년 혁명은
오늘날 우리가 직면하고 있는 상황과는 매우 다른 상황에서 일어났
다. 그러나 우리는 당시의 사건들과 투쟁들에서 많은 것을 배울 수
가 있다.

첫째, 지배계급 일반은 헌법과 민주적 자유들이 자신들의 이익에 어긋나지 않을 때만 그것을 채택한다. 수많은 역사적 사건들이 보여주었듯이, 1905년은 지배계급이 자신들의 중요한 이익이 위협당한다면 무력을 사용할 것이고, 이러한 상황에서 국가기구가 중립적 태도를 취하지 않을 것이며, 인종주의자들 같은 사회의 쓰레기들을 부추기고 무장시키는 것이 자신들의 권력을 유지하는 데 필요하다고 판명된다면 지배계급은 그렇게 할 것이라는 점을 보여주었다.

둘째, 1905년 혁명은 일반 노동자들이 투쟁의 주도권을 잡을 수 있는 아주 커다란 잠재력을 갖고 있음을 보여준다. 러시아 노동계급은 사심 없는 연대 행동에서 출발해서 최고의 조직 형태, 즉 소비에트(노동자평의회)를 창출하는 방향으로 나아갔다.

셋째, 1905년 혁명은 제정의 국가기구가 이러한 계급권력에 직면하자 전면 마비되게 된다는 것을 보여주었다. 오데사, 크론슈타트 그리고 세바스토폴의 수병반란은 노동자 운동이 강하고 아주 단호할 경우에는 군대조차 혁명의 영향에서 벗어나지 못한다는 것을 보여주었다.

마지막으로, 우리는, 노동자 운동이 갖고 있는 그 엄청난 잠재력에도 불구하고 혁명적 시기에조차 노동자 투쟁이 매우 불균등하게 발전한다는 점을 배워야 한다. 명확한 혁명적 정치가 없을 경우에는, 가장 커다란 혁명적 분출조차 혼란을 면치 못해 패배할 수 있다. 1905년에 러시아 노동계급은, 심지어 소비에트에서 가장 선진적이었던 노동자들조차 경험이 없어서 엉뚱한 방향으로 이끌리는 경향이 있었다. 반면에 혁명적 사회주의 사상은 아직 군대에서 충분한 영향력을 발휘하지 못하고 있었다.

그 뒤, 12년 동안 볼셰비즘은 정치적으로 가장 선진적인 소수의 노동자들의 생활 속에 유기적인 뿌리를 내렸다. 볼셰비키는 모든 곳에 있었고, 공장생활의 가장 사소한 문제들에서 "높은 수준의 정치"가 필요한 커다란 문제들에 이르기까지 모든 문제에 대해 논쟁하고 투쟁했다. 그들은 사회주의와 자유가 노동자들 자신에 의해서만 획득될 수 있다는 인식에 기초하여 평당원이 이끌어 가는 당을 건설하는 일을 자신들의 임무로 삼았다.

오늘날 우리는 바로 이러한 전통에 서 있다. 세계적으로 스탈린주의가 붕괴하고 나서 "계급투쟁을 포기하자"는 목소리가 높아지고 있고, 볼셰비즘조차 부정당하고 있는 지금의 현실은 혁명적 사회주의자들에게 볼셰비즘의 전통을 수호하고 계속 발전시켜 나갈 것을 요구하고 있다. 그리고 지금은 그러기에 가장 좋은 때이다.

제2부
10월혁명과 그 이후

러시아 혁명 90주년 특집 ①
1917년 러시아 혁명 —
다른 세계의 가능성을 보여 주다

1917년 러시아 혁명으로 급진적인 새 사회가 시작됐다. 노동자들이 생산을 통제하고, 토지가 경작자들에게 분배되고, 영토 합병 없는 [전쟁 종결과 함께] 즉시 평화가 실현되고, 식민지 주민들에게 자결권이 보장됐다.

이런 조처들은 1917년 11월 7일(당시 러시아에서 사용되던 달력으로는 10월이었고, 이 때문에 10월혁명으로 알려지게 된다) 러시아의 수도 페트로그라드(오늘날의 상트페테르부르크)를 장악한 노동자들·병사들·수병들이 단 몇 시간 만에 취한 조처들이었다.

그런 조처들은 오늘날 우리가 누리는 권리들을 보더라도 거대한 전진이었다. 새로운 소비에트 헌법은 여성에게 완전하고 동등한 투

크리스 뱀버리. 〈맞불〉 64호, 2007년 11월 7일. https://wspaper.org/article/4731.

표권을 보장했다. 영국은 1928년에야 그렇게 했고, 스위스 여성들은 1971년까지 기다려야 했는데 말이다.

동성애와 낙태가 합법화됐고, 배우자 일방의 요청만으로 이혼이 가능해졌다. 영국인 대다수가 그런 이혼의 권리를 누릴 수 있게 된 것은 1969년이었고 낙태와 동성애는 1967년에야 합법화됐다.

교회와 국가는 분리됐지만 — 새 국가는 특정 종교를 우대하지 않았다 — 종교의 자유가 보장됐다. 소비에트 러시아 남동부 대부분 지역에서, 자기 결정의 원칙에 따라, 무슬림 학교들이 자유롭게 설립·운영됐다.

민주주의

오늘날 우리는 매우 제한적인 형태의 정치적 민주주의를 누리고 있다. 우리는 대체로 14~15년에 한 번씩 국회의원들을 선출할 수 있지만 정부가 하는 일 — 예컨대, 우리를 전쟁으로 끌어들이는 일 따위 — 을 통제할 수 없다.

기업은 노동자를 수천 명씩 해고하고, 금리는 요동치고, 집값은 대다수 사람들이 감당할 수 없을 만큼 치솟는다. 이 모든 일은 기업의 이사회나 본사에서 소수가 멋대로 결정한다.

노동자들이 자신이 만든 제품이나 자신이 제공하는 서비스를 스스로 통제할 수 있다는 생각은 진지한 토론거리조차 못된다.

이와 대조적으로, 소비에트 민주주의는 공장·농촌·지역사회의 대중 집회에서 선출된 대표자들로 이루어진 평의회를 바탕으로 하고 있었다. 그들은 자신을 선출해 준 사람들을 제대로 대변하지 못하면 언제라도 소환될 수 있었다.

페트로그라드에서는 1917년 6월과 10월에 1만 5천 명 이상이 공장위원회 선거와 소비에트 선거에 참여했다.

러시아 노동자들은 1905년에 혁명으로 분출한 대중 파업을 조직하기 위해 처음으로 소비에트를 건설했다. 1917년 2월 러시아에서 다시 혁명이 터졌을 때, 노동자들은 자연스럽게 소비에트를 재건했다.

식품 가격에 항의하는 여성들의 투쟁이 촉발한 2월 혁명으로 당시 러시아의 지배자였던 차르[황제]가 쫓겨났다. 그 뒤 8개월 동안 자유주의 정당과 중도좌파 정당 들의 연립정부가 러시아를 통치하면서 서구의 의회민주주의를 모방하려 했다.

처음에 소비에트에서 득세한 사람들은 의회민주주의 지지자들이었다. 어쨌거나 의회민주주의조차도 당시 러시아에서는 거대한 진보처럼 보였기 때문이다. 그러나 이 정당들은 가장 중대한 정치 문제, 즉 러시아의 제1차세계대전 참전 문제를 전혀 해결하지 못했다.

페트로그라드의 평범한 노동자들은 급진적 해결책을 요구했다. 1917년 여름 내내 페트로그라드의 각 공장위원회 선거에서 볼셰비키가 잇달아 승리했고, 처음에는 장교들이 득세했던 병사 소비에트를 포함해 여러 소비에트에서도 볼셰비키가 다수파가 됐다.

1917년 2월에 1만 명이었던 볼셰비키 당원 수가 10월에는 25만 명으로 급증했다.

10월혁명에 대한 가장 큰 거짓말은 레닌과 볼셰비키가 어느 날 밤 슬그머니 기어 나와 러시아 대중 몰래 권력을 찬탈했다는 것이다.

두 차례 혁명의 핵심이었고 유럽에서 가장 급진적이고 혁신적이었던 러시아 노동계급이 누군가가 자신들 몰래 권력을 찬탈하도록 내버려 뒀을까 하는 의문을 제기하지 않을 수 없다.

급진화

사실, 1917년 2월부터 10월까지 정치적 급진화 과정이 있었다. 처음에 노동자들은 입헌 민주주의를 약속한 정당들이 평화를 가져다 주고, 토지를 농민들에게 분배하고, 경제적 혼란을 해결해 주기를 기대했다. 그 정당들은 모두 그 시험을 통과하지 못했다.

이미 1917년 7월에 페트로그라드의 노동계급은 반란을 일으켰다. 그러나 볼셰비키는 그 반란에 반대했다. 왜냐하면 다른 곳의 노동자와 농민 들이 아직 그런 결론에 이르지 못했기 때문이었다.

8월에 군사 쿠데타가 일어나 혁명을 파괴하려 했다. 공식 정부는 벌벌 떨었다. 볼셰비키가 이끄는 노동자들이 앞장서서 군사 쿠데타를 물리쳤다.

10월쯤 정부는 자신이 러시아를 통치한다고 큰소리쳤지만 사실은 대중의 지지를 거의 또는 전혀 받지 못했다. 옛 소수 특권층은 정부를 경멸했고 복수를 원했다. 러시아 대중은 빵·토지·평화를 원했다. 볼셰비키는 빵·토지·평화를 약속하면서, 이를 성취하기 위해서는 "모든 권력을 소비에트로" 집중시켜야 한다고 주장했다.

볼셰비키 당은 대중의 압력을 받으며 행동했을 뿐 아니라 자신의 전략에 대한 대중의 지지를 얻으려고 노력했다. 그것은 끊임없는 쌍방향 과정이었다.

그 말은 볼셰비키 당이 자신의 오랜 정책들 가운데 일부를 버렸다는 뜻이다. 예컨대, 볼셰비키는 토지 국유화 요구를 폐기하고 토지를 농민들에게 분배했다. 볼셰비키는 또, [당장] 혁명을 일으킬 필요성이나 독일과 평화조약을 체결하는 문제 등을 둘러싸고 엄청난, 흔히 공개적인 논쟁을 벌였다.

10월 혁명은 결코 독재정권을 만들어내지 않았다. 오히려 대중이 새 사회의 의사결정 과정에 참여하는 것이야말로 10월혁명의 토대였다. 오늘날 우리는 그런 대중적 참여를 단지 상상만 할 수 있을 뿐이다.

러시아 혁명 90주년 특집 ②
혁명을 지키기 위한 투쟁

러시아 혁명은 탄생 첫날부터 공격에 직면했다. 혁명이 성공한 지 겨우 이틀 만에 반혁명 군대가 페트로그라드로 진격했다.

페트로그라드에서 [소비에트의] 권력 장악을 막으려다 체포된 뒤 혁명에 맞서 무기를 들지 않겠다고 약속하고 풀려났던 사관생도들이 반혁명 군대에 가세했다.

급박하게 조직된 민병대 부대들이 도시 방어를 준비하는 동안 소비에트는 남녀 노동자들을 파견해 진격해오는 병사들을 만나 혁명에 맞서 싸우지 않도록 설득하게 했다.

노동자 민병대는 반란을 진압했고 그 사이 도시로 진격해오던 반혁명 군대는 와해되기 시작했다.

1918년 1월 1일부터 레닌 암살 기도들이 잇달아 일어났다. 얼마 안 있어 다른 볼셰비키 지도자들이 암살됐다. 혁명이 일어난 지 몇

<맞불> 64호, 2007년 11월 7일. https://wspaper.org/article/4732.

주 만에 서방 강대국들의 재정 지원을 받은 전직 장교와 장군들이 서부 러시아와 우크라이나에서 반혁명 군대들을 조직했다.

서로 전쟁을 벌이던 서방 강대국들은 혁명에 대한 증오에서만큼은 한마음이었다. 볼셰비키는 전쟁중에 병합한 영토를 하나도 포기하지 않겠다던 독일과 평화 협상을 개시했다.

협상이 결렬되자 레닌이 평화조약 승인의 필요성을 둘러싼 격렬한 논쟁에서 승리하기 전까지, 독일은 러시아의 가장 중요한 산업과 농업 지대들 중 일부로 더욱 깊숙이 진출했다.

적위대

그러는 동안 영국과 프랑스 군대는 페트로그라드 북쪽의 아르한 겔스크를 장악해 반혁명 군대를 조직하기 시작했다. 그들은 혁명 파괴를 목표로 한, 12개가 넘는 다양한 국가들의 개입에서 선발대 구실을 했다.

1918년을 지나면서 경제난이 심해졌다. 점점 더 많은 페트로그라드 노동자들이 반혁명에 맞서 싸우는 적위대에 보내지거나 물자부족 심화에 직면해 경제 붕괴를 막는 데 투입됐다.

그러나 커다란 희망이 하나 있었다. [러시아] 혁명의 전체 기초는 [러시아] 혁명이 더 광범한 유럽 혁명의 서곡이 되리라는 것이었다. 특히 러시아 노동자들은 유럽에서 가장 강력한 경제일 뿐 아니라 가장 강력한 노동계급이 존재하는 독일에 기대를 걸었다.

1918년 11월 7일 페트로그라드는 대규모 행사와 시위 들로 혁명 1주년을 경축했다. 독일 수병들이 반란을 일으켰고 그 때문에 사실상 제1차세계대전이 끝났다는 소식이 날아들었다.

독일 수병들은 소비에트를 건설했고 이것은 공장과 도시로 확대됐다. 독일 황제는 망명했고 권력은 거리에 있었다.

2년 동안 혁명이 유럽을 뒤흔들었다. 그리고 레닌과 볼셰비키는 그러한 혁명의 성공에 기대를 걸었다. 그들이 러시아 [혁명]을 유럽 전체를 삼킬 불길의 첫 불꽃으로 본 것은 옳았다. 유럽 혁명의 실패는 그들 탓이 아니었다.

다른 유럽 국가들에서 볼셰비키 같은 당, 즉 조직돼 있고 기층 수준에서 [혁명을] 이끌 수 있는 당이 없었기 때문에 기존의 사회민주주의 정당들과 노동조합 지도자들이 혁명적 기회를 유실시킬 수 있었다.

러시아 혁명 90주년 특집 ③
혁명의 국제적 파장

국제주의는 원칙과 실천적 필요 모두에서 러시아 혁명의 핵심이었다. 볼셰비키는 혁명이 살아남기 위해서는 확산돼야만 한다고 믿었다.

노동자들은 제1차세계대전이라는 학살극에 치를 떨고 있었다. 전 세계에서 경제적 혼란이 발생했다. [러시아] 혁명은 수많은 사람들이 급진적 변화를 위해 싸우도록 고무했다.

1917년 이후 2년 동안 유럽 전역에서 격변이 일어났다. 1918년에 독일 제국은 붕괴했고 "인민위원들"이 새 정부를 구성했다. 이탈리아에서는 1919~20년 동안 '붉은 2년'이라고 알려진 투쟁 물결이 있었다.

[독일] 바이에른과 헝가리에서는 반란이 일어나 잠시 동안 소비에

에스미 추나라. 〈맞불〉 64호, 2007년 11월 7일. https://wspaper.org/article/4733.

트가 수립됐다. 1918년에 스페인 발렌시아의 파업노동자들은 거리 이름을 "레닌"과 "10월혁명"으로 바꿨다. 영국에서는 1919년에 소요와 파업 들이 분출했다. 프랑스와 영국 군대에서 반란이 일어났다.

지배계급은 공포에 떨었다. 1919년 3월에 작성한 비밀 전언에서 영국 총리 로이드조지는 프랑스 총리에게 이렇게 경고했다. "유럽 전체가 혁명의 기운으로 가득하다."

1917년에 전 세계의 3분의 2가 식민 지배를 받고 있었다. 혁명은 식민 지배에 맞서 싸우는 사람들에게 엄청난 영감을 줬다.

볼셰비키는 가장 먼저 민족해방 투쟁의 중요성을 깨닫고 식민 통치에 저항하는 사람들을 국제 운동의 필수불가결한 일부로 여긴 세력 중 하나였다.

새로운 혁명 국가는 영국의 지배에서 독립을 획득하기 전에 이미 새 아일랜드 공화국을 인정한 첫 국가였다.

볼셰비키는 "러시아 인민의 평등과 주권"뿐 아니라 과거에 [러시아] 제국에 예속됐던 국가들이 독립할 권리도 선포했다.

이러한 조처들로 혁명 이후 몇 년 동안 러시아에서 독립한 5개의 국가와 약 17개의 [소비에트] 연방 내 자치 지역들이 생겨났다.

혁명의 여파로 민족해방운동 내에 급진적 경향이 등장하는 한편 전 세계에서 새로운 공산당들이 형성됐다. 1920~21년에 터키·이집트·인도·인도네시아·중국에서 새로운 공산당이 창립했다.

중국 노동자들 수만 명과 [소비에트] 연방 내 무슬림 국가 출신 노동자들 25만 명 가량이 혁명 수호를 도우려고 적군에 가담했다.

볼셰비키의 국제주의는 국제적 운동을 건설하고 [그 운동 참가자와]

토론하는 것을 뜻했고 그 결과 제3인터내셔널[코민테른]이 건설됐다.

내전이 한창이던 1920년 볼셰비키는 아제르바이잔의 바쿠에서 극동인민대회를 열었고 여기에는 유럽은 물론 아시아와 중동 전역의 국가들에서 온, 2천 명이 넘는 대표단이 참가했다.

영국은 이란 대표단을 태운 선박을 공격했다. 그러나 영국 전함들은 터키 대표단이 총회에 도착하는 것을 막는 데는 실패했다.

소비에트의 초기는 틀림없이 오늘날 전쟁과 신자유주의에 맞선 국제적 운동에 영감으로 남을 것이다.

러시아 혁명 90주년 특집 ④
혁명은 비극으로 끝날 수밖에 없는가?

[수정주의 역사학자들에 따르면] 혁명은 나쁜 일이다. 적어도 사회 혁명은 그렇다. 혁명이 최상층의 정치적 변화에 한정된다면 그건 괜찮다. 변하는 것은 단지 케이크 위에 얹힌 크림일 뿐이니까 말이다. 언젠가 프랑스 혁명가 바뵈프가 말했듯이, 그런 혁명은 한 무리의 도적들을 다른 무리로 바꿀 뿐이다.

진짜 문제는 '약탈' 과정 전체를 위협하는 혁명이다. 그런 혁명에서는 누가 사회와 자원을 통제할 것인지가 중요한 문제로 부각된다.

어느 역사가의 표현을 빌리자면, 바로 이 때 혁명이 '납치'된다. 다른 사람의 표현을 빌리자면, 혁명은 자제력을 잃고 스스로 몰락한다. 또 다른 사람의 표현으로는, 혁명이 자식들을 집어삼키기 시작하는 것이다.

———

마이크 헤인즈. 〈맞불〉 65호, 2007년 11월 14일. https://wspaper.org/article/4763. 마이크 헤인즈는 울버햄튼 대학교 역사학 교수이며, 《러시아: 계급과 권력 1917~2000》(Bookmarks) 등 러시아에 관한 여러 권의 책을 저술했다.

이것은 사회 최상층부에 있는 사람들에게 대단히 위안이 되는 이론이다. '너희들은 우리만큼 강해질 수도, 부유해질 수도 없다. 우리가 너희들의 운명을 좌우하지만, 괜히 평지풍파를 일으키지 말아라. 결국 손해를 보는 건 너희일 것이다. 우리의 힘과 부를 봐라. 우리가 너희를 지배하기 때문에 우리 모두 자유를 누리는 것이다. 그러니 너희들이 열심히 일해서 우리를 더 부유하고 강하게 하는 것이 가장 나은 일이다.'

이것은 보수주의자들과 보수주의 역사학자들이 오랫동안 주장해온 해묵은 얘기다. 그러나 한때 진보적이었던 역사학자들이 지난 20~30년 동안 이런 주장을 다시 반복했다. 그들은 러시아 혁명의 실패가 "필연적"이었다고 말한다.

수정주의

그들은 이렇게 주장한다. '모든 혁명은 실패한다. 그리고 러시아 혁명은 그 중에서도 최악의 실패였다.' 이른바 이런 수정주의자들은 때때로 새로운 미사여구를 동원해 자신의 주장을 포장한다. 그러나 결국 그들은 극단적 사상·과대망상·군중심리·권력을 잡은 정신병자 등의 위협에 관한 뻔한 주장을 되풀이한다.

메시지는 단순하다. '세상이 달라질 수 있다는 말을 믿지 말라. 인내심을 가지고 점진적 개혁에 만족하라.'

진실은 사뭇 다르다. 혁명은 분명 혼란스럽다. 그러나 또한 혁명은 창조적이다.

1917년 말 혼돈 속의 러시아에서 〈가디언〉 기자 모건 필립 프라이스는 이렇게 말했다. "도시·마을·병사들의 주둔지에 혁명 평의회들이 존재하지 않았다면, 혼란이 오십 배는 더 심각했을 것이다. … 물론 영국과 그 동맹국들의 지배계급, 이곳[러시아] 부르주아지의 입장에서는 자신이 살아남으려면 러시아 혁명으로 연결된 모든 운동들을 비난하는 것이 당연하다."

여기에는 수정주의 역사관을 반박하는 강력한 메시지가 담겨 있다. 진정한 혁명에서 사회는 양극화한다. 사람들은 시험대에 오르고 어느 한쪽 편에 서게 된다. 이런 일이 어떻게 전개되느냐가 다음에 일어날 일에 영향을 미친다.

러시아 혁명은 당시까지 가장 참혹한 전쟁의 와중에 일어났다. 러시아 혁명은 그런 전쟁을 끝내고, 그것을 초래한 사회를 타도하려는 시도였다. 그러나 전쟁을 초래한 러시아 안팎의 세력들은 혁명을 파괴하기 위해 서로 협력했다. 러시아 혁명은 자신의 내적 논리가 아니라 개입과 내전에 의해 '일탈'했던 것이다.

러시아의 구질서 세력이 특권을 되찾으려 했다면, 러시아 밖에서는 혁명의 성공을 두려워했다. 레닌은 '모든 요리사가 [사회를] 운영할 수 있다'고 말했다. 그러나 반혁명은 언제나 특권을 고수하고 아래로부터의 도전을 분쇄하려 한다. 1917년 러시아에서는 유혈 사태가 거의 없었다. 희생자가 늘어난 것은 1918~1921년 동안이었다.

이미 제1차세계대전에서 수백 만의 목숨을 희생시킨 각국 정부들은 러시아에서 반혁명을 지원하는 데 흔쾌히 응했다. 상황이 절망적이었기 때문에 절박한 조처들이 불가피했다. 그런데도 오늘날 역사가들은 모든 책임을 혁명가들에게 떠넘기는 데 열을 올린다.

그러면 스탈린을 낳은 [혁명의] 퇴보가 1917년부터 필연적이었다고 주장하기가 쉬울 것이다. [그러나] 그것은 사실이 아니다. 스탈린은 혁명의 [국제적] 확산이 실패하고, 외국이 지원한 '내전'으로 러시아 사회와 혁명을 일군 대중이 와해되면서 생긴 공백 덕분에 권력을 장악할 수 있었다.

레닌과 스탈린의 연속성을 강조하는 보수적 견해가 거의 20년 동안 득세했다. 올랜도 파이지스(Orlando Figes)가 러시아 혁명에 대해 쓴《민중의 비극》같은 책들은 혁명에 대한 비관주의를 유포했다. 이런 비관주의는 학교 교과서에 반영됐고 미래의 고분고분한 노동자들을 만들어내는 데 일조하고 있다.

한동안, 그러니까 1990년대에 마치 역사가 끝난 것처럼 보였던 잠시 동안, 이런 비관주의가 옳은 것처럼 보였을 수 있다. 미적지근한 시대는 뜨거운 사건들에 대한 미적지근한 얘기를 요구했다.

도전

그러나 러시아 혁명 90주년을 맞는 올해는 상황이 다르다. 신자유주의가 자신의 약속을 실현하는 데 실패하면서, 한때 급진주의자였던 사람들[수정주의 역사학자들]의 자기만족은 새로운 세대의 도전을 받고 있다.

불평등은 커지고 계층이동은 감소하고 전쟁은 끝날 기미가 보이지 않는다. 새로운 시대에 옛 논쟁이 재연되고 있는데, 그것은 최근의 상황 변화 때문이다.

1917년과 마찬가지로 우리는 전쟁의 포연 즉 이라크 속에서 자유주의자들과 그들의 신념을 평가하고 있다. 그들의 현실주의가 우리를 이 수렁에 빠뜨렸다. 우리는 또한 강대국들이 자기 이익에 따라 세계를 재편하려 할 때 얼마나 쉽게, 거의 아무렇지도 않게 재앙을 불러올 수 있는지를 확인하고 있다.

1917년에 대중에게 영감을 준 것은 다른 세계의 가능성이었다. 그들이 성공하지 못한 것은 그들의 비극이자 우리의 비극이다. 그러나 가장 큰 비극은 우리가 그런 시도를 하지 말아야 한다고 믿는 것이다. 왜냐하면 혁명이 아닌 다른 대안이 평화나 안정을 뜻하지 않기 때문이다.

오늘날 강대국들의 충돌은 격화하고 있고 부자는 더 부자가 되는 반면 빈민은 그저 자기 처지를 운명으로 받아들여야 한다. 다른 세계는 절실히 필요하다. 다른 세계는 가능하며, 올바른 역사적 평가는 우리가 그것을 쟁취하는 것을 도울 수 있다.

러시아 혁명 90주년 ⑤
노동계급을 이끈 정당

1905년 러시아 [혁명]에서 1989년 베를린 장벽 붕괴까지 20세기는 혁명의 시대였다. 그러나 노동계급이 권력 장악에 성공한 혁명은 1917년 러시아 혁명뿐이었다. 1917년 [러시아] 혁명은 무엇이 달랐는가?

카를 마르크스는 자본주의 사회에서는 자생적 저항이 반드시 나타난다고 주장했다. 소수 특권층은 정치·경제 권력을 모두 소유·통제하고 터무니없이 부유하게 사는 반면 압도 다수의 평범한 사람들은 쥐꼬리만 한 수입을 위해 장시간 노동에 시달려야 하는 사회 체제에는 긴장이 있을 수밖에 없다.

그러나 자생적 투쟁이 아무리 고무적일지라도 그런 투쟁만으로는 승리할 수 없다는 것이 역사의 교훈이다.

노동자 혁명이 성공하려면 사회주의 조직도 필요하다. 자생성과

─────

주디스 오어. 〈맞불〉 65호, 2007년 11월 14일. https://wspaper.org/article/4764.

조직은 서로 대립하지 않는다. 둘 다 혁명의 성공에 필수적인 요소들이다.

러시아에는 볼셰비키라는 혁명정당이 있었기에 노동자·병사·농민들의 용감한 투쟁이 권력 장악으로 이어질 수 있었다.

레온 트로츠키가 썼듯이, 당은 계급투쟁이라는 증기를 밀어올리는 피스톤이다. 피스톤만으로는 힘을 낼 수 없지만, [피스톤에 의해] 압축되지 않은 증기는 사방으로 흩어져 힘을 잃고 말 것이다.

볼셰비키의 [사회적] 기반은 러시아의 가장 전투적인 사회 계층, 즉 노동자·병사·농민이었다. 볼셰비키는 노동계급과 분리돼 있지 않았다.

그들은 동료 노동자들과 함께 투쟁했고, 패배와 승리를 함께했고, 그렇게 투쟁을 이끄는 과정에서 동료 노동자들의 존경을 받을 수 있었다.

그러나 볼셰비키는 단지 최상의 활동가가 되는 데서 그치지 않았다. 그들은 전단·신문·소책자·서적 등을 발행해서 사회주의 사상을 전파하고, 반제국주의 투쟁에서 여성의 권리까지 온갖 문제에 대해 노동자들을 교육했다.

오늘날 [일방적] 명령을 거부하고 그 부당성을 따지는 사람을 가리키는 말로 널리 쓰이는 "볼시"(bolshy)라는 단어도 이 용감한 혁명가들에서 유래한 것이다.

볼셰비키 형태의 정당 조직을 가장 유명한 볼셰비키 지도자 이름을 따서 흔히 "레닌주의" 정당이라고 부른다.

독재적 지도부가 일방으로 명령하면 모든 회원은 기계적·맹목적으로 복종하는 것이 레닌주의 정당의 특징이라고 말하는 사람들도 있는데, 이는 잘못된 생각이다.

이런 생각은 [영국] 노동당 같은 정당에 더 잘 맞는다. 오늘날 노동당에는 당원들이 지도부의 조처나 견해에 도전할 수 있는 메커니즘이 없다.

노동당은 스스로 "광범한 교회"[영국 국교회 가운데 로마 가톨릭 전통을 강조하는 고(高)교회파나 반(反)로마 복음주의 성향의 저교회파와 달리 자유주의 신학 경향을 지닌 중도 교파(광교회파)를 빗댄 말]라고 자랑한다. 그러나 이 말은 노동당이 기업주와 노동자, 흑인과 인종차별주의자, 동성애자와 동성애 혐오자를 모두 당원으로 받아들인다는 뜻이다.

혁명정당은 인종차별에 대해 단 하나의 견해만을 갖고 있다. 간단히 말해, 인종차별주의자들을 환영하지 않는다는 것이다.

혁명정당은 "광범한 교회"가 아니다. 혁명정당은 정치 의식이 가장 뛰어나고 가장 전투적인 노동계급 활동가들의 조직이다. 레닌은 이런 조직을 전위 정당이라고 불렀다.

볼셰비키 당은 대단히 민주적이었다. 레닌은 자신의 견해를 당원들에게 강요하지 않았다.

소수파

몇 번이나 볼셰비키 지도부 내에서 소수파가 된 레닌은 지도부와 일반 당원들 사이에서 논쟁을 벌여 동지들이 자신을 지지하게 만들어야 했다.

그러나 모든 상황에서 레닌이 항상 해답을 갖고 있었던 것은 아니다. 그는 노동자들의 경험을 귀담아 들었다. 지도자로서 레닌의 강점은 계급에게 배워 정책을 바꿀 수 있는 그의 능력과 자세였다.

예컨대, 1905년 혁명 때 노동자들은 처음으로 노동자 평의회(소비에트)를 건설했다. 소비에트는 레닌이 발명한 것은 아니었지만, 레닌은 그것이 얼마나 중요한 도구인지를 깨달았다.

그는 소비에트가 노동자·농민이 사회를 조직하는 대안적 민주주의 기구가 될 수 있음을 예견했고, 1917년에 소비에트 권력을 지지했다.

레닌주의 조직의 핵심 특징 가운데 하나는 민주적 중앙집중주의라는 당내 민주주의이다.

당 기구들과 당원 전체의 토론을 거쳐 일정한 행동 방침이 결정되면 모든 당원은 예외없이 그 결정에 따라야 한다.

이것은 주류 정당들의 모습과 사뭇 다르다. 국회의원들은 |4~|5년에 한 번씩 선출되고, 심지어 그들이 특정 쟁점에서 자신을 선출한 유권자 다수의 견해와 어긋나게 표결하더라도 다음 총선 전까지 그들을 소환할 수 없다.

그러나 노동조합원들에게는 민주적 중앙집중주의가 아주 익숙할 것이다. 표결을 통해 다수가 파업을 하기로 결정했으면, 파업에 반대표를 던진 조합원을 포함해 모든 조합원들이 파업을 지지해야 한다. 그러지 않으면, 노동계급이 가진 단 하나의 진정한 힘 ― 집단적 힘 ― 을 잃어버릴 것이다.

볼셰비키는 어떻게 싸워야 승리할 수 있는지를 그들의 행동으로 거듭거듭 입증함으로써 노동자·농민을 대거 당원으로 가입시킬 수 있었다.

당시 한 노동자는 이렇게 말했다. "볼셰비키는 항상 '우리가 아니라 삶 자체가 여러분을 설득시킬 것입니다' 하고 말했다."

세계 전역의 수많은 사람들이 여전히 전쟁·기아·착취에 시달리고 있다. 버마에서 베네수엘라까지, 체제에 저항하는 투쟁이 분출함에 따라 노동자들에게 어떤 종류의 정당이 필요한가 하는 문제가 그 어느 때보다 중요해지고 있다.

오늘날 혁명가들은 노동조합과 지역사회에서 적극적으로 일상 활동을 벌이고 있다. 우리는 아주 사소한 항의에서 거대한 파업까지 모든 투쟁에 참여하고 있다.

우리는 항상 [운동과 투쟁을] 전진시킬 실천적·구체적 방안을 내놓을 수 있기를 바란다. 우리는 또, 모든 저항 행동과 더 광범한 사회주의 이상 — 평범한 대중이 자신의 삶을 통제할 수 있는 사회 — 을 서로 연결시킨다.

혁명가들은 더 나은 세계를 위해 투쟁하고자 하는 사람들을 모두 지도하려고 애쓴다.

왜냐하면 미국인 기자 존 리드가 1917년에 러시아의 엄청난 투쟁을 보며 말했듯이, "노동자 대중은 위대한 꿈을 꿀 수 있을 뿐 아니라 그 꿈을 실현시킬 능력도 갖고 있기" 때문이다.

10월 혁명을 옹호하며

1. 들어가는 말

현재 세계 노동자 운동은 서서히 상승기의 길목에 접어들고 있다. 특히 서유럽에서는 오랜 침체기를 끝내고 이제 투쟁이 새롭게 되살아나고 있다. 부르주아 언론의 짤막한 보도를 통해서도 노동자들의 파업과 경찰에 격렬하게 맞서는 노동자와 학생 들의 시위 소식을 자주 접할 수 있다. 그 규모 또한 올해 벌어졌던 독일, 프랑스, 이탈리아 노동자들의 총파업에서 볼 수 있듯이, 체제에 맞설 수 있는 노동자들의 저력을 보여주고 있다.

지금이 뚜렷한 상승기라고는 할 수 없지만, 90년대 들어서면서 세계 지배자들이 공언했던 '신세계 질서'와 '평화'의 시대가 아님은 분명하다. 오히려 레닌이 말했던 "혁명과 전쟁의 시대"에 우리는 살

이 글은 《사회주의 평론》 1호(1995년 1~2월)에 실린 것이다.

고 있다.

하지만 지배자들의 위기가 곧바로 사회주의자들의 기회로 연결되는 것은 아니다. 남아프리카 공화국에서 인종주의 지배자들에 맞선 노동자들의 투쟁이 아프리카민족회의(ANC) 정부 수립이라는 성과를 낳았지만, 여전히 노동자들의 생활 조건은 나아지지 않았다. 억압과 착취를 근본으로 해결하기 위해서는 아래로부터 분출되는 노동자들의 투쟁과 혁명적 사회주의 정치가 만나야 한다. 하지만 여전히 그 자리를 온갖 개량주의 정치가 대신하고 있다.

지배자들은 이전부터 노동자들이 레닌주의와 스탈린주의를 동일하게 여기도록 조작해 왔다. 그들은 혁명은 필연적으로 스탈린주의 체제와 같은 관료적이고 억압적이며, 인민의 생활 수준이 극도로 궁핍한 비효율적인 체제를 낳을 수밖에 없다고 믿도록 온갖 악선동을 해왔다.

동유럽 민주주의 혁명 이후 지배자들의 주장은 더욱 힘을 얻게 되었다. 게다가 스탈린주의 체제를 모종의 사회주의 사회로 생각했던 좌익들이 구소련의 몰락 이후 사회주의 혁명으로부터 등을 돌리면서 이러한 과정은 가속화되었다. 오른쪽으로 이동한 좌익들은 어떠한 형태든 혁명이 더 이상 대안이 될 수 없음을 주장하기 위해 러시아 혁명에 대한 지배자들의 왜곡과 공격에 가담해 왔다.

지금은 해체되고 없는 영국 공산당 서기장 니나 템플(Nina Temple)은 이렇게 말했다. "여러분이 혁명 이후 러시아를 관찰한다면 처음부터 일이 잘못되었다는 것을 알게 될 것이다."* 또한 널리 알

---

* 'A Shade Less Red', *Daily Mail*, 1990년 2월 8일자.

려져 있는 마르크스주의 역사가 에릭 홉스봄(Eric Hobsbawm)은 "1914년에서 제2차대전 전후에 이르기까지 약 반 세기 동안 세계는 격변의 시기를 통과하면서 갖가지 종류의 기형적인 결과들을 낳았는데, 아마도 그 중에서 러시아 혁명이 가장 오랫동안 존속한 것이었을 것이다."하고 주장했다. 그는 러시아 혁명을 하지 말았어야 했다고 얘기하고 있는 것이다.

레닌은 제1차세계대전을 배경으로 한 제국주의 지배체제의 위기를 사회주의 혁명의 호기로 전환하기 위해 카우츠키 같은 제2인터내셔널의 지도자들에 맞서야 했다. 제2인터내셔널의 지도자들은 제국주의 전쟁에 대한 그들의 태도에서 폭로되었듯이, 기본적으로 자본주의 체제가 유지되기를 바라는 세력이었다. 레닌에 대비되는 제2인터내셔널의 사회민주주의자들은 체제 자체를 공격하는 방향으로 노동자 운동을 이끌려 하지 않았다. 결국 그들은 지배자들의 손을 들어주었을 뿐이다.

현재 오른쪽으로 이동한 좌익들이 러시아 혁명과 레닌주의를 온갖 측면에서 해체하고 왜곡하는 것은, 사실 체제 내적 개량 그 자체를 궁극적인 대안으로 삼는 자신들의 정치를 은폐하려는 술책에 지나지 않는다. 러시아 혁명에 대해 어떤 태도를 취하는가 하는 문제는 그 사람이 자본주의와 스탈린주의를 지지하고 '개혁' 자본주의를 지향하는가, 아니면 고전 마르크스주의 전통의 진정한 사회주의를 지지

---

* 'Waking From History's Great Dream', *Independent on Sunday*, 1990년 2월 4일자.

66 제2부 10월혁명과 그 이후

하는가를 판가름하는 잣대가 되었다.

따라서 사회주의자들이 러시아 혁명과 레닌주의를 방어하는 것은 사회주의 운동의 과거 유산을 지키는 것일 뿐만 아니라, 오늘날 노동자 혁명의 가능성을 적극 주장하는 것이다.

2. 사회주의 혁명으로서 러시아 혁명

러시아 혁명에 대한 왜곡은 러시아 혁명이 쿠데타에 불과했다는 우익의 주장에서부터 볼셰비키가 러시아의 후진적인 조건을 무시하고 모험을 한 결과 기형적인 결과를 낳았다는 좌익의 주장에 이르기까지 다양한 형태로 존재해 왔다.

게다가 좌익들이 동유럽 스탈린주의 체제의 몰락 이후 혁명이 더 이상 현실적 대안이 될 수 없다는 입장으로 대거 몰려 가면서 러시아 혁명 자체까지 문제 삼는 주장들이 쏟아져 나왔다.

그러나 이들은 모두 러시아 혁명을 이끌었던 레닌의 볼셰비즘과 스탈린주의 사이에는 건널 수 없는 '루비콘 강'이 놓여 있음을 간과했다. 이들은 스탈린주의 체제의 모순점들에 맞춰 러시아 혁명을 재단하려고 했다.

남한에서도 러시아 혁명을 인민민주주의 혁명(PDR)이나 부르주아 혁명이라고 주장하는 사람들이 있다.

이런 주장들은 공통적으로 모두 혁명 와중에 러시아에서 일어났던 중요한 사실들에 대해 눈을 감는다. 마르크스가 사회주의의 핵심으로 천명했던 '노동계급의 자기해방' 과정으로서 인류 최초로 노동자들이 권력을 장악하고 스스로의 힘으로 사회를 운영해 나갔던 짧지만 소중했던 기억들 말이다.

따라서 문구에 집착해 러시아 혁명을 왜곡하는 사람들에게는 러시아 혁명의 실제 진행과정 자체가 가장 힘 있는 반박이 될 것이다.

때 이른 혁명?

러시아 혁명에 대한 왜곡 가운데 대표적인 것 하나가 바로 러시아 혁명은 후진적인 러시아의 조건을 무시함으로써 생겨난 '조산아'에 지나지 않는다는 주장이다.

로빈 블랙번은 제2인터내셔널의 지도부가 마르크스를 교조적으로 해석하면서 후진국에서 사회주의 혁명의 가능성을 부정했던 것과 마찬가지로 자본주의가 가장 발달한 선진국에서만 사회주의 건설이 가능하다고 주장한다. "고전적 마르크스주의의 관점에서 본다면 거대하고 후진적인 한 나라에서 '사회주의를 건설'하기 위해 시도한 것은 완전한 망상"[*]이라는 것이다.

마르크스는 "세계시장에서 이루어지는 경쟁이 자본주의적 생산의 기초이며 필수적 요소"[**]라고 썼다. 또한 "세계시장을 창출하는 경향

---

[*] 로빈 블랙번, '동구권 몰락 이후의 사회주의', 《몰락 이후》, 창작과 비평, p.151.(영어 원문을 대조하여 일부 구절을 문맥에 맞게 다시 번역했다.)

[**] 카를 마르크스, 《자본론》, 비봉출판사, 제3권, p.127.

은 자본의 개념 그 자체에 직접 주어져 있다.'"는 점에서 자본주의 세계체제의 출현으로 "프롤레타리아 혁명은 국제적 규모에서만 승리할 수 있다.'""고 주장했다.

마르크스가 강조한 것은 선진국에서만 혁명이 가능하다는 것이 아니라, 국제적 규모로만 사회주의 혁명의 승리가 가능하다는 것이었다.

왜냐하면 세계혁명 없이는 박탈과 **결핍**이 일반화할 뿐이고, **궁핍** 상태에서는 생활필수품을 차지하기 위한 투쟁이 다시 시작되며, 모든 더러운 일들이 필연적으로 부활하기 때문이다. … 경험적으로 공산주의는 지배적 인민들의 '동시적인' 행동으로서만 가능하며, 이는 생산력의 보편적 발전과 이들을 결합하는 세계적 상호 교류를 전제로 한다.'""

마르크스의 이러한 주장을 '세계 동시다발 혁명이 아니면 혁명은 필연적으로 패배할 것'이라는 식으로 황당하게 이해해서는 안 된다. 마르크스와 엥겔스가 활동했던 1848년 혁명은 마르크스의 주장이 현실로 나타나는 과정이었다. 1848년 혁명은 프랑스와 독일, 오스트리아 등의 유럽 여러 나라로 봉기가 꼬리를 물고 확산돼 나가는 과정이었다.

———

* K Marx, *Grundrisse*, p.408.

** 알렉스 캘리니코스, 《마르크스의 혁명적 사상》, 책갈피, p.226에서 재인용.

*** 카를 마르크스, 《독일 이데올로기 I》, 두레, pp.76~77.

이러한 사실은 1917년 러시아 혁명에서도 마찬가지로 적용된다. 러시아 혁명은 러시아뿐만 아니라 유럽 전역에 혁명의 불길이 뜨겁게 타오르고 있는 한가운데 놓여 있었다.

1918년 당시 유럽의 최강국이었던 독일 제국은 노동자들의 봉기로 붕괴되고 말았다. 실질적인 권력을 소유하고 있던 레테(노동자·병사 평의회)에서 다수를 차지한 사회민주당(SPD)은 독립사회민주당과 인민위원협의회를 구성해서 권력을 장악했다. 그들은 러시아의 케렌스키 임시정부에 지나지 않았다. 노동자 계급을 권력 장악으로 이끄는 게 아니라, '공화주의' 가면을 뒤집어 쓰고 혁명을 자본가 권력을 재편하고 유지하는 데 이용하는 것이 그들의 목표였다.

독일 노동자 계급을 권력 장악으로 나아가게 지도할 수 있는 유일한 당은 로자 룩셈부르크와 카를 리프크네히트의 독일 공산당이었다. 그러나 안타깝게도 독일 공산당은 계급에 뿌리박지 못한 상태였다. 결국 1919년에 독일 공산당이 주도한 스파르타쿠스 봉기가 사회민주당에 의해 유혈진압되면서 독일 노동계급의 혁명은 좌절되고 만다.*

중부 유럽에서는 1918년말에 혁명적 봉기들이 일어나 오스트리아-헝가리 제국이 붕괴하고, 헝가리에서 소비에트 공화국이 들어섰다. 아일랜드에서는 1917년 러시아 혁명보다 먼저 이스터 봉기가 있었고, 불가리아와 바바리아에서도 소비에트 공화국이 수립되었다. 영국과

---

* 독일 혁명에 대해 자세히 알고 싶은 사람은 던컨 핼러스, 《우리가 알아야 할 코민테른의 역사》, 책갈피, 3~4장을 보시오.

벨기에 등 거의 모든 나라들에서도 평화를 요구하는 반전시위와 대중파업들이 줄을 이었다.

빅토르 세르주는 이 당시 유럽의 혁명적 분위기를 적고 있는 글에서, "유럽 전체가 운동 속에 있었다. 비밀리에 혹은 공개적인 소비에트가 곳곳에서, 심지어는 연합국 군대에서도 나타났다."고 쓰고 있다.

트로츠키는 일찍이 1906년에 "자본주의 세계체제의 발전으로 사회주의 혁명의 물질적 조건이 충분히 성숙돼 있음"을 간파해냈다. 도시에서의 대공업 발전과는 달리 여전히 인구의 압도 다수가 농민이었던 후진 자본주의 국가 러시아에서 사회주의 혁명이 승리할 수 있는 물질적 조건은 독일 같은 선진 국가에서 노동자 혁명이 일어나는 데 있었다.

1917년에 레닌과 볼셰비키는 이러한 전망을 전폭적으로 받아들였다.

> 우리는 언제나 국제 혁명에 승부를 걸어 왔고 이것은 무조건 옳았다. 언제나 우리는 사회주의 혁명 같은 일을 한 나라에서 성취할 수 없다는 사실을 … 역설해 왔다.**

———

* V Serge, *Year One Of the Russian Revolution*(런던, 1937), p.144.

** 구속 국제사회주의자들(IS) 후원회 편저, 《러시아 사회주의 혁명과 국가자본주의 반혁명(1917~28)》, p.13에서 재인용.

1919년 3월에 레닌은 다시 이렇게 말했다. "절대 진리는 독일 혁명 없이는 우리가 멸망할 것이라는 것이다."*

심지어 카우츠키조차도 1904년에 쓴 글에서 레닌과 트로츠키의 주장을 뒷받침하는 얘기를 했다.

> 독일 혁명은 서유럽에서 프롤레타리아의 정치적 지배를 낳을 것이며, 동 유럽 프롤레타리아를 위해 발전의 단계들을 압축시키고, 독일의 본보기 를 모방함으로써 인위적으로 사회주의 제도들을 세울 수 있는 가능성들 을 창출할 것이다. 사회 전체로는 발전의 어떠한 단계도 건너뛸 수 없다. 그러나 사회의 구성부분들이 보다 선진적인 나라들을 모방함으로써 지 체된 발전을 촉진하고, 심지어는 이를 통해 발전의 선두에 나설 수도 있 다.**

또한 그는 10월 혁명 이후 볼셰비키를 비난하는 연설을 하면서도 볼셰비키의 세계혁명에 대한 분석의 위력을 부분적으로는 인정하지 않을 수 없었다.

> 유럽 혁명을 기대했다는 이유로 볼셰비키를 지나치게 비난해서는 안 된 다. 이 점에서는 다른 사회주의자들도 마찬가지였으며, 우리는 확실히 계 급투쟁을 첨예하게 만들고 너무나 많은 놀라운 일들이 발생할 수 있는

---

* 같은 책, p.13에서 재인용.
** 레온 트로츠키, 《영구혁명 및 평가와 전망》, 신평론, p.108에서 재인용.

조건들에 접근해 가고 있다. 그리고 만약 볼셰비키가 지금까지 혁명을 기대하는 오류를 범했다면, 베벨과 마르크스와 엥겔스도 마찬가지의 망상을 품었지 않았던가? 이 점을 부정할 수는 없다.*

러시아 혁명이 세계혁명으로부터 원조를 받을 수 있으리라는 레닌과 트로츠키의 생각은 그들에 대한 비판자들이 왜곡하고 있는 것처럼 결코 근거 없는 낙관이 아니었다.

결여됐던 것은 혁명을 위한 객관적 조건이 아니었다. 결정적으로 부족했던 것은 명확한 정치적 전망을 갖춘 지도부와 이러한 운동을 권력 장악으로까지 이끌 수 있는 충분히 훈련된 중핵을 갖춘 조직이었다. 이것이 독일 혁명처럼 실패한 혁명들과 러시아 혁명 사이의 결정적인 차이였다.

이러한 약점을 극복하기 위해서 볼셰비키는 제3인터내셔널을 조직하고 각 나라 혁명들을 지도하려 애썼다. 이 가운데 실패하도록 미리 예정돼 있는 것은 하나도 없었다.

러시아 혁명이 '조산아'였다는 주장은 혁명을 일국적인 관점에서만 이해함으로써 혁명을 유산시키려 했던 러시아의 멘셰비키처럼 개량주의를 옹호하는 데 지나지 않는다.

그런 의미에서 독일 혁명의 경험은 혁명적 정치조직이 개량주의에 맞서 노동계급 다수를 획득해 내지 못한다면, 반혁명으로 노동계급 운동이 피의 대가를 치를 수밖에 없음을 보여준 예였다. 반혁명을

───

* K Kautsky, *The Dictatorship of the Proletariat*(미시간 대학, 1964), p.64.

진두지휘했던 독일 사회민주당 지도부조차 당시 자본주의 세계체제 하에서 최강대국 중 하나였던 독일이 사회주의를 이루기에는 물질적 조건이 미성숙했다고 주장하지는 않았다. 그렇지만 카우츠키는 선진 독일의 혁명을 자본주의적 민주주의의 이름으로 격렬하게 반대했다.

조건의 미성숙을 얘기하는 좌익들은 제2인터내셔널의 기회주의자들과 마찬가지로 혁명의 가능성 자체에 반대하고자 하는 것이고, 어떠한 조건에서든 — 독일과 같은 선진국에서 이미 노동자·병사 소비에트 권력이 존재함으로써 사회주의 혁명의 모든 조건이 갖추어져 있는 상황에서조차 — 자본주의 개량을 위해 노동자 혁명을 희생시켜야 함을 말하고 있는 것이다.

볼셰비키 혁명이 쿠데타였나?

러시아 혁명을 소수 볼셰비키의 음모로 진행된 쿠데타로 매도하는 것은 우익이 가장 즐겨 애용해 온 메뉴이다. 우익은 혁명을 소수의 음모로 덧칠함으로써 혁명과 민주주의를 대립시키려 한다.

좌익 가운데 이러한 우익의 주장에 명시적으로 동조하는 사람은 거의 없다. 그러나 10월 혁명이 대중 봉기였음을 인정하면서도 제헌의회 해산이나 내전 과정에서의 적색 테러를 부각시킴으로써 볼셰비키의 과도함을 얘기하는 경우는 흔하다. 이러한 주장은 볼셰비키가 맞서야 했던 반혁명의 위협을 과소평가하는 것이다.

10월 혁명은 아래로부터 대중의 어떠한 움직임도 없는 상태에서, 대중적인 지지를 받지 못하는 볼셰비키가 노동자 계급의 의지와는 무관하게 권력을 장악한 게 아니었다. 1917년 2월에서 10월로 가는 과정은 대중이 임시정부를 구성하고 있던 입헌민주주의자(카데츠)와 사회혁명당(SR), 멘셰비키로부터 등을 돌림으로써 볼셰비키가 소비에트 내에서 다수를 차지하게 되는 과정이기도 했다.

2월 혁명 직후 러시아 노동계급의 다수는 카데츠가 지배하는 임시정부를 지원하는 멘셰비키와 사회혁명당을 지지하고 있었다. 그러나 임시정부는 노동자와 농민 들이 요구하는 빵, 평화, 토지 중 그 어느 것도 해결할 능력도 의사도 없었다.

경제·정치적 위기가 계속되는 가운데 "러시아는 최후의 피 한방울까지 [전쟁에 나가] 싸워야 한다."고 주장하는 카데츠의 임시정부는 점점 더 대중의 분노의 표적이 되어갔다. 결국 대중 투쟁이 카데츠의 지도자 밀류코프를 정부 수반의 자리에서 몰아냈다. 이후에 러시아 부르주아지는 자신들의 지배를 연장시키기 위해서 사회혁명당이나 멘셰비키와 같은 '온건한' 사회주의자들에 점점 더 의존하게 되었다. 사회혁명당과 멘셰비키는 임시정부에 기꺼이 참여했다. 그들은 러시아혁명은 부르주아 혁명에 머물러야 하고 부르주아지만이 혁명을 이끌지도세력이라고 생각하고 있었기 때문이다.

새로 정부의 수반이 된 케렌스키는 밀류코프와 마찬가지로 노동자들에게 전쟁을 강요했다. 또한 농민들이 이미 지주의 토지를 몰수하는 자생적인 행동에 나서고 있었지만, 사회혁명당과 멘셰비키는 이러한 행동을 선뜻 지지하지 않았다. 멘셰비키는 공장에 대한 노동자 통제가 볼셰비키의 슬로건이 되기도 전에 이미 아래로부터 노동자들의 행동으로 실현되고 있었는데도 이에 단호히 반대했다.

‘온건’ 사회주의자들의 연립정부에도 시련이 닥쳤다. 경제적 상황의 악화 속에서 러시아의 군사적 패배는 노동자와 병사 들의 분노를 들 끓게 만들었다. 노동자와 병사 들의 분노는 봉기 직전의 상태, 레닌의 표현을 빌리면 “혁명보다는 덜하지만, 시위보다는 더한” 상태로까지 끓어 올랐다.

그러나 7월에 닥친 위기는 볼셰비키에 대한 대중의 지지를 직접적으로 높여주지는 않았다. 혁명의 파도는 임시정부의 성벽을 강타했지만, 아직 그것을 함락시킬 만큼은 못 되었다.

볼셰비키의 기회는 오히려 부르주아지 진영 내의 움직임과 관련이 있었다. 노동자와 농민 들이 임시정부에 대해 불만을 높여가고 있던 것만큼이나 부르주아지 역시 임시정부의 무능력에 대해 참을성을 잃어가고 있었다. 그들은 임시정부까지 포함한 노동자 혁명을 일거에 박살내 버릴 수 있는 군사 쿠데타에 점점 더 매력을 느끼게 되었다.

볼셰비키는 혁명을 방어하기 위해 임시정부를 방어할 것을 대중에게 호소했다. 볼셰비키가 앞장서 코르닐로프 쿠데타의 분쇄를 조직한 것은 소비에트 내에서 볼셰비키가 압도적 다수를 차지하는 결과를 낳았다. 9월 9일에 볼셰비키는 페트로그라드 소비에트에서 다수파로 되었고, 트로츠키가 의장으로 선출되었다.

8월의 코르닐로프 쿠데타 분쇄와 10월 혁명까지의 기간은 볼셰비키가 소비에트 내에서 자신에 대한 지지를 확대해 나가면서 대중에게 임시정부라는 이미 기울어가고 있는 난파선으로부터 권력을 제거하고 노동자들이 권력을 장악할 수 있음을 확신시켜 나가는 과정이었다.

10월이 되자 레닌은 무장봉기를 위한 실질적인 군사적 준비를 할 것을 요구했다. 이것에 대해 멘셰비키는 물론이고 볼셰비키 내에서조차 레닌이 쿠데타를 계획하고 있다는 공격이 쏟아졌다. 레닌에게 자코뱅주의자, 무정부주의자, 음모가라는 비난이 쏟아졌다. 레닌은 무장봉기가 당의 쿠데타가 아니라 대중 혁명의 최고 행위임을 강조함으로써 맞섰다. 10월 혁명 직전에 배포된 《마르크스주의와 무장봉기》에서 레닌은 이렇게 적고 있다.

만약 특정 계급의 당이 그것을 조직하지 않는다면, 만약 그 조직자가 정치적 계기 일반과 특수한 국제적 상황을 분석하지 않는다면, 만약 그 당이 입증된 객관적인 사실들로 인민 대다수의 동조를 획득하지 못했다면, 혁명적 사건들의 발전으로 프티 부르주아지의 회유적 환상이 실천적으로 논박되지 못했다면, 그 권위가 인정된 혹은 실천 속에서 그 같은 권위를 보인 소비에트 유형의 혁명 투쟁 기관들이 획득되지 못했다면, 만약 (전시일 때) 군대 내에서 전체 인민의 의지에 반해 불의의 전쟁을 끌고가는 정부에 저항하는 감정이 무르익지 않았다면, 만약 봉기의 슬로건들 — '모든 권력을 소비에트로', '토지를 농민에게', '모든 교전국들에 민주적 평화를 즉시 제안하라' 등의 — 이 널리 받아들여지지 않았다면, 만약 선진 노동자들이 대중의 절망적인 상황과 지주들과 그들을 옹호하는 정부에 저항하는 농민운동이나 봉기에서 진지하게 입증되는 지방의 지지를 확신하지 못한다면, 만약 그 나라의 경제적 상황이 평화적이고 의회를 통한 방법으로 위기가 우호적으로 해결되리라는 진지한 희망이 가능하다면, 군사적

음모는 블랑키주의에 지나지 않을 것이다.[*]

7월에 볼셰비키가 상대적으로 우위를 점하고 있던 페트로그라드 소비에트에서 봉기 움직임이 있었을 때, 레닌은 위에서 말한 조건들이 존재하지 않았기 때문에 전력을 다해 봉기를 막았다. 독일 혁명의 경우, 혁명의 지도자들은 이러한 평가를 하지 못함으로써 자신의 생명을 대가로 지불해야 했다.

멘셰비키인 수하노프조차도 레닌이 옳음을 인정하지 않을 수 없었다.

당의 뒤에 인민의 압도적 다수가 따르고 있었으며, 당이 이미 사실상 모든 실질적 권력과 권위를 장악하고 있었음에도, 이를 전국적인 반란이 아니라 군사적인 음모라고 말하는 것은 분명히 터무니없다. 볼셰비키의 적이 이렇게 말했던 것은 악의에 찬 어거지지만, 레닌의 '친구들'(지노비예프와 카메네프)이 이렇게 말했던 것은 당황으로 인한 일탈일 것이다. 여기에서 레닌이 옳았다.[**]

10월 혁명에서 맞닥뜨렸던 것은 부르주아 민주주의냐 소비에트 민주주의냐가 아니라는 점을 인식하는 것이 중요하다. 이중권력 상황

---

[*] Lenin, *Collected Works*, Vol. 26, p.212.

[**] N N Sukhanov, *The Russian Revolution 1917, a Personal Record*(프린스턴 대학 출판부, 1984), p.576.

에서 소비에트가 권력을 잡도록 볼셰비키가 지도하지 않았다면, 부르주아지는 폭력적으로 소비에트를 분쇄하고 파시즘 체제가 그 자리를 대신했을 것이다.

터무니없는 왜곡

러시아 혁명의 과정을 조금만 진지하게 살펴본 사람이라면, 자신의 정치의 구색을 맞추기 위해 10월 혁명을 인민민주주의 혁명(PDR)이나 부르주아 혁명이라고 주장하는 것이 얼마나 터무니없는지 알 수 있을 것이다.

PDR이라는 주장은 볼셰비키 정권이 폈던 정책에서 주된 근거를 찾고 있다. 사실 국유화나 계획 경제로 사회주의냐 아니냐를 따진다면 러시아 혁명이 사회주의 혁명으로 보이지 않는 것이 당연할지도 모르겠다.

볼셰비키는 애초에 농업에서 국유화·집산화 강령을 지지했다. 그러나 10월 혁명에서 볼셰비키가 내세운 농업 강령은 이전 자신들의 입장이 아닌 사회혁명당의 입장과 유사했다. 그들은 토지를 농민에게 분배하는 정책을 채택했다.

또한 러시아가 고립돼 있는 상황에서 불가피한 타협으로 자본주의적 요소들을 활용했다. '일인 경영체제'나 자본주의 체제 하에서 단련된 고급인력들을 최소한 중립적인 입장으로 협조할 수 있도록 만들기 위해 임금의 차별적 지급을 유인(incentive)으로 활용했던 것, 생산에서 테일러주의를 활용할 필요성을 레닌이 강조했던 것은 그 자체만으로 본다면 사회주의 혁명의 이상에 배치된다.

그러나 이러한 정책들을 채택할 때 레닌은 '후퇴'임을 솔직히 인정했다. 후진적인 러시아에서 혁명이 고립된 조건에서 서유럽의 프롤레타리아 혁명으로부터 구원의 손길이 올 때까지 어쩔 수 없는 불가피한 후퇴와 타협임을 강조했던 것이다.

그리고 다른 무엇보다 이러한 정책이 채택될 수 있었던 기반은 국가권력이 노동자 계급의 수중에 있었다는 점이었다.

러시아 혁명을 PDR로 만들고 싶어하는 주장은 이 점에서 결정적으로 오류를 범하고 있다. 그들은 상황 때문에 볼셰비키가 불가피한 정책으로 채택한 것을 격상시켜 자신들의 전략 ― 계급 동맹을 추구하는 ― 을 합리화하는 근거로 끌어다 대고 있는 것이다.

그러나 위에서 살펴보았듯이, 10월 혁명으로 러시아에 노동자 권력이 수립되기까지의 과정은 계급 동맹을 추구하는 세력들로부터 노동자 권력을 옹호하는 볼셰비키로 노동자들의 지지가 옮겨가는 과정이기도 했다. 또한 노동자 권력에 반대하는 멘셰비키 등의 개량주의 세력에 맞서 볼셰비키가 혁명을 반혁명으로부터 지켜내는 과정이었기에, 러시아 혁명을 PDR로 왜곡함으로써 자신들의 계급 동맹 전략을 합리화시키려는 주장을 뒷받침할 수 있는 근거가 러시아 혁명에는 결코 존재하지 않는다.

러시아 혁명을 부르주아 혁명이라고 하는 주장은 대다수 사람들에게 생소하게 들릴 것이다. 이러한 주장을 펴는 사람들은 PDR을 주장하는 사람들이 끌어다 대는 근거들을 동일하게 채택하고 있다. 볼셰비키가 권력 장악 이후에 폈던 정책들이 부르주아적 과제에 지나지 않았다는 것이다.

물론 러시아 혁명에 부르주아적 과제가 결합돼 있던 것은 사실이다. 볼셰비키가 이행기 강령으로 내세웠던 '빵, 토지, 평화' 그 자체는 전혀 사회주의적이지 않은 민주주의적 요구에 지나지 않았다. 10월 혁명으로 현실에서 검증받을 수 있었던 트로츠키의 '영구혁명론'도 후진국의 혁명이 민주주의적 과제에서 사회주의 혁명으로 성장·전화해 나감을 얘기했고, 그러한 성장·전화에 선진국의 혁명이 필수적임을 얘기하지 않았던가.

부르주아 혁명을 주장하는 사람들은 러시아 혁명이 고립된 상황에서 불가피한 타협으로 채택한 정책들을 이유로 러시아 혁명을 '국가자본주의 혁명'이라고 주장함으로써 러시아에서 사회주의 혁명이 존재하지 않았던 듯이 얘기한다. 그러한 주장은 레닌주의가 스탈린주의를 낳았음을, 10월 혁명 자체에 스탈린주의 반혁명이 낳은 관료적 국가자본주의 체제의 씨앗이 잉태되어 있었음을 주장하고자 하는 것이다.

이러한 주장이 혁명을 얼마나 기계적·숙명론적으로 이해하고 있는지는 '러시아 혁명이 일국 혁명이었기 때문에 결국 부르주아 혁명일 수밖에 없었다'는 식의 주장들에서 잘 드러나고 있다.

러시아 혁명이 일어났던 17년에서 20년대 중반까지 유럽 전역이 혁명으로 들끓고 있었다는 사실을 모르지 않는다면, 이들은 혁명에서 최고의 주관적·의식적 요소인 혁명 정당의 역할을 전혀 이해하지 못하고 있다고밖에 볼 수 없다. 아무리 객관적인 여건이 충분히 성숙돼 있더라도 볼셰비키와 같은 혁명 정당의 지도력이 결합되지 않으면 혁명이 좌절될 수밖에 없다.

그런데도 이들은 러시아 혁명의 고립을 결과적으로만 보고 서유럽의 모든 노동자 혁명과 봉기들을 완전히 없었던 것으로 돌리고 러시아 혁명을 '일국 혁명'이라고 단죄하고 있는 것이다.

이러한 주장에서 졸지에 레닌은 '일국 사회주의'의 창시자로 왜곡된다. '레닌이 러시아 단독으로도 사회주의 혁명을 시작할 수 있다고 생각했다'는 점을 들어 레닌이 결국은 스탈린의 일국 사회주의로 가는 길을 닦아 놓았다고 주장하는 것이다.

이들은 자본주의 체제가 세계체제로 이루어져 있다는 것을 마치각 국가별 차이가 완전히 없는 것으로 착각하고 있다. 그러면서 트로츠키가 마치 '동시다발 혁명론자'인 양 왜곡하고 있다. 그러나 트로츠키야말로 자신의 영구혁명론의 중심 개념으로 자본주의의 불균등·결합 발전을 얘기하지 않았던가.

자본주의 체제 자체가 점점 더 국제화됨으로써 위기는 전 세계적인 규모로 진행되기에 여러 나라에서 거의 동시에 혁명적 격변이 일어나리라는 점은 일반적인 의미에서는 맞다. 그러나 혁명은 객관적인 조건의 성숙만으로 가능하지 않다. 한 나라의 노동자 운동이 지니고 있는 계급투쟁의 경험과 의식, 자신감이 다르고 무엇보다 노동자 계급의식의 최고 구현 형태인 혁명 정당이 빠져 있다면 혁명은 좌초할 수밖에 없는 것이다.

러시아 혁명은 부르주아 혁명이라고 주장하는 사람들은 혁명이 일국이라는 조건에서 출발해 세계 혁명으로 확대되는 과정 속에서만 완성될 수 있음을 이해하지 못하고 공상에 불과한 '동시다발 혁명'을 주장하고 있는 것이다.

3. 레닌주의가 과연 일당 독재와 획일적 당조직을 낳았나?

레닌주의를 스탈린주의와 동일시하는 견해 중 하나는 '전체주의적 레닌주의'라는 우익의 주장이다. '전체주의적 레닌주의'의 근거로 볼셰비키당이 다른 사회주의자들을 배제한 일당 지배 체제를 구축했다는 점과 레닌의 당조직 개념이 획일적으로 통제되는 비민주적인 당을 낳을 수밖에 없다는 점을 들곤 한다.

소위 '일당 독재' 체제는 어떻게 해서 형성되었나?

먼저 볼셰비키당이 일당 독재 체제를 구축했다는 비난에 대해 살펴 보자.

이러한 주장은 볼셰비키와 멘셰비키나 사회혁명당 사이의 적대적인 관계가 2월에서 10월 혁명 이전까지의 시기 동안 첨예화됐던 과정들을 무시할 때만이 가능하다. 이미 앞에서 살펴보았듯이, 멘셰비키와 사회혁명당은 노동자 권력 수립에 반대하고 부르주아지의 권력 유지를 지지했다.

볼셰비키가 무장봉기를 실행에 옮기고 국가권력이 소비에트에 있음을 공표하자마자, 멘셰비키와 사회혁명당은 이를 인정하기를 거부하고 전(全) 러시아 소비에트 대회를 탈퇴했으며 대부분이 다시는 돌아오지 않았다.

볼셰비키에 대한 이들 '온건' 사회주의자들 — 이들은 사회주의 정책에서는 온건했지만 볼셰비키에 대한 증오에서는 결코 온건하지 않았다 — 의 반대는 더욱 노골화되어서 공공연히 반혁명 편에 서는 데까지 나갔다. 사회혁명당 중앙위원회는 러시아 혁명 직후에 볼셰비키에 대한 무장행동을 결의하기까지 했다. 이들은 자신들에게 반혁명 계획을 실행에 옮길 무장력이 없음을 깨닫자, 차르 체제의 파수병 역할을 했던 사관생도들에게 협조를 요청했다. 이것이 혁명 직후 페트로그라드의 정적을 뒤흔들었던 사관생도들의 봉기의 배경이었다.

이러한 상황에서도 볼셰비키 지도부의 다수는 소비에트에 참가하고 있는 모든 정당을 포괄하는 — 부르주아지의 대표단까지 포함하는 것을 뜻했다 — 연립정권의 수립을 요구하는 철도노조의 요구를 진지하게 검토하려고 했다. 레닌이 4월 테제를 발표했을 당시나 10월에 무장봉기 준비를 요구했을 때 반대파에 섰던 볼셰비키 내 온건파인 지노비예프, 카메네프를 포함한 다수가 연립정부의 구성을 당내에서 강력하게 주장했다.

그러나 이러한 요구는 새롭게 탄생한 소비에트 체제에 대한 도전을 수용하는 것이었다. 레닌은 자신과 트로츠키를 연립정부에서 배제해야 한다는 멘셰비키와 사회혁명당의 주장을 받아들일 수 없었다. 그는 연립정부 구성을 위한 협상의 중지를 요구했다. 그러나 그의 제안은 부결되었다. 몇 차례에 걸친 투표 끝에 레닌의 제안은 한 표 차로 가까스로 통과될 수 있었다.

레닌이 '온건' 사회주의자들과의 연립정부 구성에 반대했지만, 좌파 사회혁명당을 정부에 끌어들이려 노력했다는 점은 그가 권력 독점을 전혀 의도하지 않았음을 보여준다. 그러나 좌파 사회혁명당과의 연립정부 구성 역시 독일과의 굴욕적인 강화 조약인 브레스트-리토프스크 조약 체결 이후 좌파 사회혁명당이 연립정부를 떠나면서 파기

된다.

좌파 사회혁명당은 브레스트-리토프스크 조약을 무효화시키고 독일과의 전쟁을 다시 촉진하기 위해 독일 대사를 저격하는 것을 시작으로, 자신들의 전통적인 방식인 테러로 되돌아갔다. 1918년 6월과 7월에 볼셰비키의 지도적 당원인 볼로다르스키와 우리츠키를 살해한 후에 그들은 레닌에 대한 저격을 시도했다.

이후 사회혁명당은 내란의 시작을 가져온 반혁명의 선구자 역할을 하게 된다. 그럼에도 불구하고 볼셰비키는 사회혁명당의 일부가 볼셰비키 정부와의 화해를 주장하다 받아들여지지 않자 분리해 나온 '화해파'에 대해서는 사회혁명당을 재합법화시킴으로써 수용하는 태도를 취했다.

사회혁명당에 대한 볼셰비키의 단호한 태도는 우익들의 주장과는 달리 레닌주의에 내재해 있는 폭력성이 아니라, 10월 혁명 이후 사회혁명당 스스로가 공공연히 폭력을 동원하여 혁명 정부를 전복하려 했기 때문에 타당한 조치였을 뿐이다.

한편 멘셰비키는 소비에트 권력이 수립된 이후 보잘것없는 지위로 몰락하게 됐다. 멘셰비키 내의 우파는 '반볼셰비키 세력 범투쟁연합(Fighting Alliances of All Anti-Bolshevik Forces)'에 참여하면서 공공연히 볼셰비키에 대한 적대행위를 일삼았고, 마르토프를 주축으로 한 좌파는 애매한 중립 태도를 표방했다. 멘셰비키는 전 러시아 소비에트 대회에 참여하여 러시아에 대한 연합군의 간섭을 공식적으로 비난하는가 하면, 기회 있을 때마다 볼셰비키 정부의 정책을 격렬히 반대하고 제헌의회에 대한 충성을 맹세하는 식의 모호한 태도를 취했다.

멘셰비키는 탄압과 재합법화의 과정을 겪기는 했지만, 20~21년 겨울까지는 본격적으로 탄압당하지 않고 그럭저럭 명맥을 이어갈 수 있었다. 볼셰비키 정부가 본격적으로 멘셰비키를 탄압하게 된 데는 크론슈타트 반란 직전인 21년 2월 페트로그라드에서 있었던 시위와 대대적인 파업에서 멘셰비키가 중심적인 역할을 했다는 데 부분적인 원인이 있었다.

다른 무엇보다 사회혁명당과 멘셰비키의 볼셰비키 정부에 대한 반대가 볼셰비키 정부의 강경한 대응을 가져왔던 이유는 제국주의 군대의 침략과 내전, 크론슈타트 반란에서 절정에 달한 정치·경제적 위기 상황으로 어떠한 형태의 정치적 반대에 대해서도 여유있게 대처할 수 없는 상황으로 러시아 혁명이 내몰렸기 때문이다.

레닌의 당은 획일적 조직체였나?

러시아에서 소비에트 민주주의가 말살되는 과정을 레닌주의 당 개념의 획일적 성격에서 비롯하는 것으로 왜곡하는 주장 역시 흔히 접할 수 있는 주장이다. 좌익은 자신들이 신봉했던 스탈린주의 체제가 몰락한 뒤 그 원인을 이러저러하게 찾아내지 않으면 안 되었고, 그러한 필요와 맞물려 '획일적 레닌주의 당조직'이 원죄설(原罪說)의 한 부분을 차지하게 된 것이다.

로빈 블랙번은 레닌의 당조직 개념을 근거로 레닌과 트로츠키가 "빈번히 당독재를 무자비하게 행사함으로써 스탈린을 위한 기반을 어느 정도 마련해 놓았다는 비난을 모면할 수 있다는 것은 아니다."' 하고 주장한다.

레닌의 당이 획일적 기구였다는 주장의 근거로 《무엇을 할 것인가?》만큼 자주 언급되는 것도 없을 것이다. 《무엇을 할 것인가?》에서 레닌이 규율과 조직을 강조한 것이 획일적으로 통제되는 당을 요구한 것으로 왜곡되고 있다.

그러나 《무엇을 할 것인가?》는 1900년대 들어서 경제선동이 광범위하게 일어나고 있는 상황에서 쓰여진 저작이다. 레닌은 투쟁에 헌신적으로 참여하려는 의욕 속에서 활발하게 생성되고 있던 각 지역의 마르크스주의 서클들을 하나로 묶어 세우기 위한 작업을 촉구했던 것이다. 지독한 전제정에 맞서기에는 열정만이 아닌 투쟁들을 체제에 대한 공격으로 나아가게 할 사회주의 정치와 그러한 정치를 담은 신문, 계급의식이 투철한 '직업적' 혁명가의 조직이 필요함을 레닌은 역설했던 것이다.

레닌의 주장이 때로 한쪽 측면을 지나치게 강조하기도 했던 것은 사실이다. 사회주의가 '외부로부터만' 노동자들에게 주어질 수 있다거나, 노동자들이 자생적으로는 '노동조합적 정치의식'밖에 획득할 수 없다는 레닌의 주장은 당의 필요성을 강조하기 위하여 당과 계급을 극단적으로 분리시켰던 맥락에서 이해해야 한다."

훗날 레닌은 1905년 혁명을 겪으면서 노동자들은 '자생적으로' 사

---

* 로빈 블랙번, 앞의 책, p.174.
** T Cliff, *Lenin*, Vol. I, p.81.

회주의자라고 주장하고 당의 문호를 개방해야 함을 역설했다. 레닌의 《무엇을 할 것인가?》를 근거로 레닌의 당 개념이 전체주의적이라고 얘기하는 것은 타당하지 않다.

불법 상황에서 활동하기 위한 규율과 높은 수준의 헌신성이, 결코 활발한 토론과 논쟁을 통해 계급의 경험이 유기적으로 당 내부로 흡수되고 당원들을 능동적인 혁명가로 훈련시키는 것을 막지는 않았다. 볼셰비키당의 역사는 끊임없이 펼쳐지는 토론과 논쟁의 역사였고, 당은 주요한 역사의 전환점 구비구비에서 치열한 논쟁을 겪었다.

그러한 논쟁 중에 가장 대표적인 예는 레닌이 '4월 테제'를 발표하고 소비에트 사회주의 혁명으로의 전화를 주장했을 때, 볼셰비키들 다수가 보였던 반응일 것이다. 지노비예프와 카메네프를 포함해서 레닌의 귀국 이전에 임시정부를 비판적으로 지지하고 있던 볼셰비키 지도부는 레닌이 '트로츠키주의자'가 됐다고 공격했고, 심지어는 미쳤다고까지 했다.

또한 10월 혁명 당시 무장봉기에 대한 군사적 준비를 주장했을 때 레닌은 다시금 격렬한 반대에 부딪혔고, 혁명 이후에도 '온건' 사회주의자들과의 연립정부 수립을 둘러싸고, 브레스트-리토프스크 조약 체결과 노동조합의 역할을 둘러싼 논쟁에서 레닌은 거의 언제나 소수파였다.

이처럼 20년대 내내 타올랐던 모든 논쟁들을 감안한다면, 레닌의 당 개념이 곧바로 스탈린주의 관료가 지배하는 획일적 당으로 이어졌다는 주장은 어불성설에 지나지 않는다.

4. 제헌의회 해산

1918년 1월 볼셰비키가 제헌의회를 해산한 것을 두고, 볼셰비키가 독재적이었음을 증명해주는 것이라고 주장하는 사람들이 있다.

〈소셜리스트 레지스터〉의 편집자인 랄프 밀리반드는 89년에 쓴 한 논문에서, "레닌주의의 두드러진 특징들 ― 지나친 자기 신뢰, 대의 절차의 거부와 '위원회 민주제' 선호, 적에 대한 격렬한 비판 ― 이 오만한 전위를 창출했으며, 이것이 후일 스탈린주의의 관료적 과두제로 변신하게 되었다."고 주장하고 있다.[*]

또한 로빈 블랙번은 볼셰비키를 비난하기 위해 카우츠키나 마르토프 같은 레닌의 정치적 반대자들뿐만 아니라 로자 룩셈부르크를 인용한다. 그는 룩셈부르크가 제헌의회 해산을 비판한 것을 근거로 들며, 마치 그녀가 "애초부터 당 독재의 실천을 거부했"[**]던 것처럼 왜곡하면서, 제헌의회 해산이 스탈린의 권위주의 체제로의 길을 닦아놓았다고 주장한다.

그러나 제헌의회 해산에 대한 이와 같은 해석은 부르주아 민주주의 대의제가 어떠한 형태의 권력 형태보다 항상 '민주적'이라는 잘못된 가정을 깔고 있다. 사회주의자들에게는 어떠한 제도가 노동자 계급의 이해를 더욱 잘 대변할 수 있는가 하는 점이 중요하다.

특히 혁명의 시기에는 계급 세력 균형에 따라 여러 제도들의 역할

---

[*] 로빈 블랙번, 앞의 책, p.8에서 재인용.

[**] 같은 책, p.155.

이 급속히 바뀌기 때문에, 볼셰비키가 제헌의회를 해산한 사건은 당시의 맥락 속에서 주의 깊게 고찰해야 한다. 다시 말해, 어느 제도가 노동자 계급의 이해를 대변하고, 어느 제도가 착취와 억압을 일삼아 온 계급의 이해를 대변하는가가 판단의 기준이 돼야 한다.

'제헌의회 소집' 요구는 러시아 혁명사에서 전통적인 요구로 끊임 없이 제기된 슬로건이다. 볼셰비키를 포함해서 모든 사회주의자들이 제헌의회 소집에 찬성했다.

그러나 카데츠는 물론이고 임시정부를 구성했던 '온건' 사회주의자들도 제헌의회를 소집하려 들지 않았다. 제헌의회가 최초로 소집된 것은 볼셰비키가 권력을 장악한 후였다.

임시정부가 제헌의회 소집을 자꾸만 미뤘던 이유는 혁명이 자신들이 통제할 수 있는 선을 넘어 계속 전진하는 것을 두려워했기 때문이다. 선거를 실시하면, 멘셰비키와 사회혁명당이 다수가 될 것은 분명했다. 그러나 제헌의회 소집이라는 승리를 쟁취한 대중은 거기에 만족하지 않고, 멘셰비키와 사회혁명당에게 토지 재분배, 전쟁의 종식, 공장에 대한 노동자 통제라는 자신들의 요구를 내걸고 우후죽순처럼 들고 일어날 것이다.

만약 상황이 이렇게 전개된다면 '온건' 사회주의자들은, 볼셰비키의 강령 — 토지, 빵, 평화 — 에 동의를 하든가, 아니면 노동자와 농민 대중의 뜻을 거슬러 혁명을 파괴하기 위해 애쓰든가, 둘 중의 하나를 선택해야 한다.

'온건' 사회주의자들은 이러한 상황을 원치 않았다. 그들은 혁명이 정확한 표적을 찾지 못해 방황하다 유산되고, 부르주아지 지배체제가 다시 안정되기를 바랐다. 그래서 그들은 그 상황에서 자신들이 할 수 있는 최선의 묘책을 썼다. 즉 뜸을 들이는 것이다.

볼셰비키는 부르주아 민주주의자들이 부르주아 혁명의 과제조차 수행할 의사를 갖고 있지 않음을 밝히 드러내 보이기 위해 제헌의회 소집을 계속 요구했다. 물론 '모든 권력을 소비에트로'라는 혁명의 핵심 과제와 떨어뜨려서 독립적으로 제기하지는 않았다.

1917년 10월 25일 레닌은 제2차 전 러시아 소비에트 대회의 대표들에게 "소비에트 정부는 정해진 시기에 제헌의회 소집을 보장할 것이다." 하고 밝혔다.* 이윽고 1917년 11월 12일부터 매우 자유스러운 분위기 아래서 선거가 실시되었다.

처음 나타난 선거 결과는 10월 혁명 이전에 실시했던 소비에트 선거 결과를 재확인해 주는 것이었다. 볼셰비키가 도시에서 우세를 점한 것이다. 그러나 지방의 선거 결과는 우파 사회혁명당의 압도적인 승리로 나타났다.

이전에는 그렇게도 제헌의회 소집에 대해 미온적인 태도를 취하던 멘셰비키와 사회혁명당은 태도를 확 바꾸었다. 제헌의회는 이제 자신들을 위험한 상황으로 몰아갈 여지가 있는 모험이 아니라 잃어버린 것들을 모두 되찾을 수 있게 해주는 정치적 거점으로 보였기 때문이다.

의회가 혁명 기간에 부르주아지의 재결집 장소가 될 수 있는 이유는, 의회 제도가 정치 권력만을 목표로 하기 때문이다. 부르주아지

---

* Lenin, *CW*, Vol. 24, p.23.

는 봉건제에서 자본주의적 요소가 싹트면서부터 이미 경제를 장악해 들어갔기 때문에, 그들에게 필요한 것은 정치 권력뿐이었다.

반면에 소비에트는, 부르주아지의 가장 강력한 힘인 경제적 관계를 전혀 손대지 않는 의회와는 달리, 정치 권력과 경제 권력을 통합하기 때문에 민주주의의 최고 형태이다. 그렇기에 부르주아지가 의회를 궁정에 대립시키는 것과 마찬가지로 사회주의 혁명은 소비에트를 의회에 대립시킨다. 사회주의 혁명은 기존 국가를 분쇄하고 그것을 훨씬 민주적인 노동자 국가로 대체하는 무장봉기와 경제적 권력 — 파업을 하고 작업장을 통제할 수 있는 힘 — 을 결합시킬 수 있는 기관을 필요로 하기 때문이다.

러시아 부르주아지와 사회혁명당은 자신들의 권력을 회복하는 반혁명 기도에서 의회가 첫걸음임을 명확히 이해하고 있었고, 여기에 총력을 기울였다. 제헌의회는 우익의 결집 장소였다. 실제 사회혁명당은 제헌의회 개원에 때를 맞추어 반혁명 쿠데타를 모의하기까지 했다.

사회혁명당의 역사가 라데키는 "몇 주 동안 모든 준비가 이것[반혁명 쿠데타]을 목적으로 이루어졌다. 그러나 새해가 되자 엄밀한 의미에서 보면 군사 쿠데타는 성공할 수 없음이 명백해졌다."고 쓰고 있다.

마지막 순간에 사회혁명당 지도부는 봉기를 취소했다. 그렇지만 사회혁명당의 테러주의 분파는 레닌과 트로츠키를 납치할 계획을 세

---

* 마르셀 리브만, 《레닌주의 연구》, 미래사, p.254에서 재인용.

웠으며, 제헌의회가 열리기 3일 전에는 레닌이 타고 있던 자동차를 향해 총탄 두 발을 발사했다. 그리고 남부 러시아에서는 이미 최초의 백군 '의용군'이 칼레딘 장군 지휘 하에 제헌의회 소집을 요구하며 소비에트 권력과 전투를 벌이고 있었다.

이런 상황에서 선거가 의회 민주주의의 관점에서 보면 공정하다 할지라도, 반혁명을 불러들이는 짓임을 빤히 알면서 감행한다는 것은 미친 짓이었다.

선거 자체도 전혀 공신력이 없었다. 투표율이 50%밖에 안 되었고, 러시아의 어떤 지역에서는 투표 자체가 이루어지지 않았다. 혁명으로 대중의 정치적 의식이 가장 민감해져 있는 상황에서 투표율이 50%도 안 됐다는 사실은 대중이 그 선거로 구성되는 기구를 자신들의 이해를 대변할 수 있는 것으로 진지하게 생각하고 있지 않음을 뜻했다.

반면에 전 러시아 소비에트 대회 선거는 정반대의 모습을 보여준다. 볼셰비키에 대한 지지율은 17년 6월의 13%에서 같은 해 10월에는 51%로 급격하게 상승하였고, 18년 1월에는 61%, 같은 해 5월과 7월에는 각각 64%와 66%를 기록하고 있다.

게다가 레닌도 지적했듯이, "제헌의회의 구성은 소비에트 정부에 적대적인 우파 사회혁명당과 소비에트 정부를 지지하기로 결정한 좌파 사회혁명당 사이의 균열을 반영하고 있지 않"았다.*

사회혁명당은 선거 후보가 확정되고 난 다음에 분열했는데, 우파

---

* 같은 책, p.242에서 재인용.

사회혁명당이 후보의 다수를 점하고 있었다. 분열 이후, 좌파 사회혁명당은 중부 러시아 지역 일부에서만 후보자 명단을 제출하였다.

게다가 인구의 압도 다수를 차지하고 있던 농촌 지역으로 혁명이 확산되지 못했고, 반혁명 세력의 공격과 내란의 시작으로 정상적 선거절차를 준수할 수 없는 조건들이 결합됐다. 선거 결과는 우파 사회혁명당이 299석, 우크라이나 사회혁명당 81석, 좌파 사회혁명당 39석, 볼셰비키당 168석, 멘셰비키당 18석, 입헌민주당 15석, 비러시아계 소수민족의 군소정당들 83석으로 혁명의 성과들을 전혀 반영하고 있지 못했다.

레닌의 말대로 "제헌의회는 … 10월 25일 부르주아지에 대항하여 사회주의 혁명을 시작한 피착취 노동계급의 의지 및 이익과 필연적으로 충돌하는 것이었다. 따라서 당연하게도 이 혁명적 이익이 제헌의회의 공식적 권위보다 상위에 있다."[*]

제헌의회의 해산 과정은, 당시 제국주의 지배자들과 현재 우익들이 떠들어대는 것과는 달리 '대중의 민주주의를 억누르는 볼셰비키'라는 이미지와는 거리가 멀어도 한참 멀다.

빅토르 세르주는 "이처럼 실패한 폭동의 분위기 속에서 모인 제헌의회는 침몰할 수밖에 없었다."[**]고 쓰고 있다. 적군의 무정부주의자 지휘관이 제헌의회 의장에게 다가가서 "수비대원들이 지쳤다."는 이유로 이제 해산해 주어야겠다고 말하자, 대표들은 무기력하게 퇴장했다. 그리

---

[*] 같은 책, p.242에서 재인용.

[**] V Serge, 앞의 책, p.131.

고 다시는 회의가 소집되지 않았다. 이것이 제헌의회 해산의 전말이다.

"제헌의회 해산 사건은 해외에서는 논란을 불러일으켰지만, 러시아에서 그것은 거의 주목받지 못하고 지나가 버렸다."* 우익 학자 L 샤피로 교수까지도 "그것은 제헌의회의 종말이었다. 제헌의회의 해산은 그 나라에서 아무런 동요도 일으키지 않았고, 군대에서도 이에 대해 무관심했던 것으로 보도되었다."**고 쓰지 않을 수 없었다.

만약 상황이 반대로 되어, 볼셰비키가 제헌의회에서 압도 다수를 차지했는데도 우익이 여전히 충분한 군사력을 보유하고 있었다면, 우익 역시 틀림없이 제헌의회를 해산했을 것이다.

이 점에서 독일 혁명은 또 다시 제헌의회에 대한 볼셰비키의 대응이 정확히 올발랐음을 보여준다. 1918년 11월에 일어난 독일 혁명은 파업 행동과 폭동 그리고 노동자평의회인 레테의 출현에 기반한 것이었다. 그러나 독일 공산당의 대중적 기반이 취약했기 때문에 레테는 2월 혁명 후 러시아의 소비에트처럼 개량주의자들에 의해 지배되고 있었다. 개량주의 독일 사회민주당(SPD)과 중도주의 정당인 독립사회민주당(USPD)으로 구성된 인민위원회 정부는 소비에트가 제헌의회나 국민의회로 권력을 넘겨줘야 한다고 주장했다.

'국민의회인가 아니면 소비에트인가' 하는 문제에 현실적으로 직면하자, 로자 룩셈부르크는 볼셰비키의 제헌의회 해산에 대해 비판한

---

* 같은 책, pp.130~131.

** L Shapiro, *1917 The Russian Revolutions and the Origins of Present-Day Communism*(런던, 1984), p.149.

지 1년도 채 안 돼 그 비판을 즉시 기각했다. 그녀는 "국민의회는 혁명과 노동자·병사 평의회를 암살하려는 시도"라고 조롱했다. 그리고 그녀의 신문 〈적기〉(Rote Fahne)에서 이렇게 선언했다.

국민의회는 프롤레타리아를 속여서 권력으로부터 몰아내고 그 계급의 에너지를 마비시키고, 그 최종 목표를 무산시키기 위한 계략이다. 그에 대한 대안은 모든 권력을 프롤레타리아의 손에 쥐게 하는 것이며, 이 초기의 혁명을 사회주의적 질서를 위한 강력한 계급투쟁으로 발전시키고, 이러한 목적을 위해 노동자 대중의 정치적 우위와 노동자·병사 평의회의 독재를 확립하는 것이다. 사회주의를 지지하느냐 아니면 반대하느냐, 혹은 국민의회를 지지하느냐 아니면 반대하느냐. 제3의 선택은 있을 수 없다."

결국 개량주의자들이 지도한 반혁명은 국민의회의 소집을 기다리지도 않고 공격을 가할 수 있을 정도로 강력했던 것으로 판명났다. 하지만 국민의회에 대한 선전은 노동자평의회의 사기를 꺾고 무력화하는 역할을 톡톡히 했다. 독일에서 이중권력 상태는 국민의회에 대한 선전 속에서 부르주아지의 승리로 끝났다.

우익은 노동자 계급에게 엄청난 대가를 요구했다. 나치 완장을 찬 우익 무장 부대들은 제헌의회 슬로건을 내걸고 테러를 휘두르기 시

---

* *The Third International in Lenin's Time, The German Revolution and the Debate on Soviet Power, documents: 1918~19*(뉴욕, 1986), p.138.

** 같은 책, p.94.

작했다. 독일 혁명의 저명한 지도자인 로자 룩셈부르크, 카를 리프크네히트, 레오 요기헤스, 유진 레바인이 살해되었다. 베를린에서만 노동자 3천 명이 살해되었다. 그것은 개량주의 사회민주당에 의해 계획되고 지도된 반혁명이었다.

룩셈부르크와 리프크네히트가 살해된 4일 후에 국민의회 선거가 실시되었다. 사회민주당은 두 개의 부르주아 정당과 연립정부를 구성했다.

비극은 독일에만 한정되지 않았다. 독일 혁명의 유산(流産)으로 러시아 혁명은 제한된 자원만으로 유혈낭자한 내전에 휩싸이게 되었다. 혁명은 포위되었다.

5. 전시 공산주의와 적색 테러

내전 시기는 유혈과 잔혹함의 시기였다. 소비에트 체제의 생명은 실낱같이 위태위태한 상황에 놓이게 되었다.

볼셰비키는 자신들의 정책을 실행에 옮길 생각을 해보기도 전에 백군과 제국주의 군대를 몰아내는 일을 먼저 해야만 했다. 영국과 미국을 비롯한 14개 국의 군대들이 러시아를 침략했고, 축출당한 백군을 무장시켰다.

국내의 혁명 수호와 국외로의 확산은 서로 분리될 수 없는 것이기 때문에, 모든 노력이 소비에트 공화국의 수호에 맞춰졌다. 국가 경제는 노동자 공화국 군대가 필요로 하는 바들에 맞춰졌다. 볼셰비키는 이런 엄격하고 군사화된 희생·배급 체제를 두고 "전시 공산주의"라고 불렀다.

전시 공산주의

많은 좌익이 바로 이 전시 공산주의 시기에 스탈린주의의 씨앗이 최초로 뿌려졌다고 주장한다.

로빈 블랙번은 '동구권 몰락 이후의 사회주의'라는 글에서 이렇게 적고 있다.

1918년 내전의 발발과 함께 러시아에서 그랬던 것처럼, 피비린내 나는 반혁명의 매우 뚜렷한 징조는 혁명 진영 내부의 민주주의와 다양성을 축소시키는 행위를 곧잘 정당화해주는 듯했다. 그러나 의미심장한 것은, 볼셰비즘은 내전에서 승리를 거둔 이후에야 비로소 스탈린주의로 향하는 운명적인 발걸음을 떼었다.[*]

또한 러시아 혁명을 부르주아 혁명에 불과했다고 보는 논자들은 내전이라는 상황을 무시하고 '브레스트-리토프스크 조약 체결이 러시아 프롤레타리아 혁명이 반혁명으로 돌아서게 되는 결정적 계기'였다는 식의 주장을 펴고 있다.

러시아 노동자 계급은 권력을 장악한 직후부터 경제적 난관에 직면해야 했다. 그럼에도 불구하고 소비에트 민주주의는 생명력을 잃

---

[*]   로빈 블랙번, 앞의 책, p.152.

지 않고 있었다.

그러나 소비에트 역사가 소볼레프에 따르면, 1918년 4월 페트로그라드에 있던 799개의 산업체 가운데 265개가 폐쇄되었다. 또한 전반적으로 대규모 도시 산업체에서는 원래 수의 반도 안 되는 노동자들만이 일을 하고 있었다. 같은 해 봄, 수도의 총인구는 전년도의 250만에 비해 150만 남짓한 규모로 줄어들었다. 모스크바도 사정은 마찬가지였다. 대다수 공장이 경제적 붕괴와 독일군의 위협 때문에 폐쇄되었다. 또한 같은 기간 모스크바 인구는 200여 만에서 150여 만으로 줄었다. 게다가 굶주림이라는 재앙이 겹쳤다. 1918년 2월과 3월 러시아 전역은 식량문제 인민위원회가 공식으로 조달한 식량의 총량 가운데 단지 12~13%만이 배급되었다. 4월에 접어들면서는 이것조차 반으로 줄었다. 산업 중심지에서도 노동자들은 식량배급 없이 며칠씩이나 지내야 했다. 1918년 초에 배급량은 수도에서조차 하루 50그램에 불과했다.*

볼셰비키가 10월 혁명 직후 취했던 경제 조치들은 온건했다. 그들은 전면적인 국유화를 원치 않았으며, 기존 소유자들을 강제하고 회유해서 점진적으로 공장에 대한 노동자 통제를 확립하려 했다.

노동자 혁명이 고립된 상황에서 숨돌릴 여유를 찾고 힘을 모으기 위해 채택한 이러한 정책을 레닌은 '국가자본주의'라고 불렀다. 그러나 강력한 두 세력이 볼셰비키가 이런 정책을 포기하지 않을 수 없도록 강제했다.

———

* 마르셀 리브만, 앞의 책, p.230.

자본가들은 있는 힘을 다해 소비에트 체제를 마비시키려 했다. 자본가들은 노동자 통제에 대항하여 공장 폐쇄로 맞섰다.

공장 폐쇄에 대한 노동자들의 자연스런 대응은 국가가 공장을 국유화하도록 요구하는 것이었다. 그 결과 1918년 7월 국유화된 모든 개별 기업 가운데 단지 1/5만이 국가의 주도 하에 진행된 것이었고, 4/5는 지방위원회의 주도 하에 국유화되었다.

결정적으로 중요한 두 번째 요인은 내전의 시작과 동맹국의 개입이었다.

전시 공산주의 시기에 실시한 국유화는, 볼셰비키당이 본래 비민주적이라는 증거이기는커녕, 내전이라는 상황 때문에 볼셰비키가 선호했던 느리고 신중한 조치들로부터 급격하게 벗어난 임시조치였을 뿐이다. 예를 들어, 1918년 6월에 모든 중공업과 주식회사를 국유화한 것은 국유화되지 않은 독일 기업의 투자자들에게 1918년 7월 1일자로 보상금을 지불할 것을 요구했던 브레스트-리토프스크 조약의 조건을 회피하기 위해 급히 실시한 것이었다.

볼셰비키 지도자 밀류틴의 다음과 같은 말은 국유화의 진행이 자발적인 대중의 행동에 기반한 것임을 보여주고 있다.

국유화 과정은 아래로부터 진행되었고, 소비에트 지도자들은 지방조직이 스스로 국유화를 집행하는 것을 금지하는 많은 법령들을 공표했는데도 불구하고 국유화 사태를 따라갈 수 없었으며, 그것을 장악할 수도 없었다.[*]

---

*   S A Smith, *Red Petrograd*(케임브리지 대학 출판부, 1983), p.239에서 재인용.

처음 겪어보는 일이라서 잠시 동안 볼셰비키당이 '전시 공산주의'를 공산주의적 요소로 이해하고 환호하는 착각을 했던 것은 사실이다. 그러나 볼셰비키는 국유화 정책이 노동자 국가에 강요하는 엄청난 긴장을 금방 깨닫게 되었다.

1918년 4월에 레닌은 "만약 우리가 이 같은 희생을 치르고 자본을 계속 수탈한다면, 우리는 틀림없이 깨질 것이다.'" 하고 선언했다.

그러나 백군과 제국주의 국가들이 체제에 압박을 가하면 가할수록, 경제는 더욱 고립되어 갔다. 공장을 경영했던 위원회를 '1인 경영'으로 대체하고 엄격한 노동규율을 도입할 필요성이 생겨났다. 이러한 과정은 모두 전쟁의 진행에 맞추어 추진되었다.

1919년에는 기업들 가운데 10.8%만이 1인 경영 하에 있었다. 이 수치는 그 이후 급격히 높아졌다. 그런데도 1920년 페트로그라드에서는 200명 이상을 고용하고 있는 공장들 가운데 31%만이 1인 경영 하에 있었다.

노동규율은 내전 동안 엄격해졌다. S A 스미스는 이렇게 적고 있다.

1918년 동안 더욱 큰 생산성을 위해 박차를 가하는 것이 기업 내에서 권력 관계를 변화시키려는 욕구를 대신하게 되었다. … 그러나 이러한 상황을 공장위원회에 대한 볼셰비키당의 승리로 볼 수는 결코 없다. 처음부터 공장위원회는 생산을 유지하고 공장 생활을 민주화하는 두 가지 역할

---

* V Serge, 앞의 책, p.353.

을 떠맡았다. 그런데 산업의 조건이 열악해지자 이러한 두 목표들이 서로 충돌하게 되었다. 전반적으로 공장위원회는 생산성이 더 절박함에 동의했다. 그들은 더 엄격한 노동규율을 추진하는 것을 묵인하였고 심지어는 자신들이 먼저 착수하는 경우도 있었다.*

도시 노동자들은 이러한 상황을 원하지는 않았지만, 전시 공산주의의 엄혹함을 혁명을 방어하기 위해 필요한 것으로 받아들였다.

기아의 위협이 거세지면서 농촌에서 곡물을 강제 징발하지 않을 수 없게 되었다. 곡물 징발은 절망적인 상황에서 어쩔 수 없이 취한 조치였지, 시장을 폐지하기 위한 교조적인 시도는 아니었다. 볼셰비키는 그것이 노농 동맹을 분열시킬 위험이 있다는 것을 알고 있었다. 또한 볼셰비키는 설득에 의한 농업 집산화를 선호했기 때문에 가능하다면 그 방법을 회피하려 했다. 식량조달 인민위원 츄루파는 이렇게 말했다.

두 가지 선택의 여지가 있을 뿐이다. 우리가 굶어 죽든지, 아니면 (농업 경제를) 어느 정도 약화시키든지, 둘 중의 하나를 선택해야 한다. 그러나 후자는 정말 임시방편일 뿐이다.**

---

* S A Smith, 앞의 책, pp.250~251.

** L T Lih, 'Bolshevik, Razvertsha and War Communism', *Slavic Review* Vol. 48, No.4, 1986, p.679.

볼셰비키는 원래 영구혁명의 관점에서 농민 문제를 해결하길 원했다. 다시 말해, 도시 공업의 발전을 통해 농민의 생산성을 높이고, 농민을 노동자 계급 쪽으로 끌어당기는 것을 선호했다. 이것은 농민들의 요구이기도 했다. 1920년 제8차 소비에트 대회에서 농민 대표자들은 이렇게 말했다.

> 만약 당신들이 우리가 모든 땅에 씨를 뿌리기를 원한다면 … 우리에게 소금과 철을 주시오. 나는 그 외의 것은 더 바라지도 않소. 우리는 말, 수레바퀴, 특이한 소리가 나는 종이 달려 있는 해로[농기구의 하나]가 필요하오. 우리에게 도구와 헛간을 만들 수 있는 쇠를 주시오.[*]

이것은 단순한 요구였지만, 유럽의 혁명으로부터 고립돼 내전을 치르고 있는 상황에서는 볼셰비키가 들어줄 수 없는 요구였다. 다른 유일한 대안은 도시에서 곡물 징발대를 보내 곡물을 가져오는 것뿐이었다.

1918년 7월 레닌은 페트로그라드 노동자들에게 "몇 만 명이라도 우랄과 볼가, 그리고 남부 지역으로" 가라고 촉구하면서, 텅 빈 공장에 앉아서 굶어 죽는 것은 "죄악"이고 "어리석은" 짓이라고 강조했다. 당시 상황의 절박함을 잘 보여주는 말이다.

굶어 죽지 않기 위해서 혁명의 계급적 기초 그 자체를 의식적으로 해체해야만 했다는 것은 정말 비극이었다. 그것은 매우 위험한 정책

---

[*] P Avrich, *Kronstadt 1921*(프린스턴 대학 출판부, 1991), p.19.

이었다. 농촌은 농민 반란으로 불타 올랐고, 곡물 징발대는 습격을 당하거나 살해되곤 했다.

곡물은 분명 농촌에 있었다. "1918년 한여름에 볼셰비키의 지지 기반이 약한 지역의 쿨락(부농) 창고에는 1917년에 수확한 곡물 1백만 톤 가운데 3/4과 그 전해에 수확한 곡물이 있었다."*

볼셰비키는 곡물 징발 정책을 위해서 빈농과 부농의 차이를 강조했다. 빈농은 부농보다 노동자의 이해에 더 가까웠다. 단시일 내에 볼셰비키가 조직한 빈농위원회가 촌락의 공동 전선을 두개의 적대 진영으로 분열시켰으며 곡물 징발대를 지원했다.

그러나 17년 혁명 직후 볼셰비키가 토지를 농민들에게 재분배한 것은, 당시에는 매우 유용했으나 이제는 새로운 어려움으로 바뀌어 있었다. 토지 재분배 정책으로 상층 부농뿐 아니라 빈농의 수도 줄었기 때문이다. 그리하여 내전이 끝나갈 무렵 곡물 징발 정책은 엉망진창으로 되었고, 농민의 볼셰비키 정권에 대한 저항과 사보타주는 극에 달하게 되었다.

전면적인 국유화와 곡물 징발은 어려운 상황에 처한 볼셰비키에게 강요된 후퇴였다. 신경제정책(NEP)은 이러한 상황에서 노동자 국가와 농민의 관계를 새롭게 정비해야 할 필요에 따른 것이었다.

적색 테러 — 혁명의 정당방위

적군은 내전 기간의 그 어떤 기관보다 볼셰비키가 처한 어려운 상

---

* W Bruce Lincoln, *Red Victory*(뉴욕, 1989), p.65.

황과 원래의 계획 사이의 모순을 잘 보여준다. 적군의 창설은 분명 후퇴였다. 그것은 자원군이 아니라 징병군이었고, 장교는 선출되지 않고 임명되었다. 몇 천 명의 구 차르 장교가 다시 기용되었고, 처형을 포함한 가혹한 군사규율이 존재했다.

적군 창설은 농민이 대다수인 나라에서 백군과 제국주의 군대에 맞서기 위해 대규모 군대를 만들어야 할 필요에서 나온 것이었다. 가장 위험한 과업을 위해 몇 번이고 자원했던 사람들은 가장 적극적이고 계급의식이 뛰어난 노동자들 — 특히 볼셰비키 — 이었다. 1919년에는 몇 천 명이 백군과 싸우지 않고 당을 버렸지만, 그보다 훨씬 많은 사람들이 입당해서 싸웠다. 1920년 바르샤바를 진격할 때에는 적군의 33%가 죽거나 부상당했다. 특히 열성적인 볼셰비키는 90%가 목숨을 잃었다.

마르크스는 사회주의 혁명이 부르주아 사회의 관료제와 상비군을 파괴한다고 주장했다. 여기에 착안해서 '1917년 이후 관료제와 상비군의 모습이 과연 사라졌는가' 하는 물음을 던질 수 있다. '볼셰비키 정권이 과연 노동자 권력일까?' 하는 물음도 던질 수 있다. 그러나 이러한 물음은 마르크스를 기계적으로 이해하고 있는 것이다.

혁명으로 일시에 모든 것이 해결되지는 않는다. 러시아 노동자 계급이 권력 수립 이후에 겪은 엄청난 시련들은 이것을 잘 보여주고 있다. 모든 조건을 갖춘다면 더할 나위 없겠지만, 때로는 상황을 고려한 후퇴가 어쩔 수 없이 필요한 것이다.

상비군의 철폐는 물론 사회주의자들의 강령이지만, 혁명이 안팎으로 공격당하는 상황에서 이상주의적 원칙만을 내세우며 혁명을 수호해야 할 필요성을 저버릴 수는 없는 노릇 아닌가. 또한 가장 계급 의식적인 볼셰비키가 최선두에 서서 자신의 목숨을 헌신짝처럼 던져 가면서 혁명의 대의를 지키는 군대가 부르주아지의 권위적 군대와 같 다고 말할 수는 결코 없을 것이다.

적군의 규율은 가혹했다. 하지만 장교와 인민위원에 대해서는 훨 씬 더 가혹했다. 백군 카자크 기병대의 경우 약탈, 강간, 살인은 일상 적인 것이었다. 하지만, 적군에서는 접전 시 외에는 살인을 금지했다. 백군에서는 반유태주의와 유태인 학살이 성행했지만, 적군에서는 반 유태주의를 부추기는 책자는 열독을 금지했고, 유태인을 학살한 자 는 총살했다. 적군이 잔학행위를 한 것은 사실이지만, 그것은 적군 지휘자의 정책은 아니었다. 하지만 백군의 경우 그것이 정책이었다.

이러한 두 군대의 차이를 농민들은 놓치지 않았다. 남부에서 농민 들은 백군에게 '약탈대'라는 별명을 붙여주었다. 남부와 동부에서 사람들은 백군의 마구잡이 약탈보다는 적군의 규칙적인 징발을 더 낫게 생각했다. 백군과 적군의 계급적 강령의 차이는 양편에 사람들 이 보내는 지지와 적군 및 백군의 사기에 결정적인 영향을 미쳤다.

물론 많은 농민들이 볼셰비키의 곡물 징발에 분개했으며, 종종 그 들에 맞서 봉기를 일으키기도 했다. 그러나 그들은 토지를 옛 지주 에게 다시 빼앗기는 것을 증오하는 것만큼 곡물 징발을 깊이 증오하 지는 않았다. 또한 도시에서 적군은 내전 기간 내내 맹렬하고 거의 전폭적인 지지를 받았다.

적군이 내전의 모습들을 전형화한 것이라면, 적색 테러는 그러한 모습을 극단으로 밀고 나간 것이다. 물론 어떠한 노동자 혁명이든 기존 자본가 계급과 그 국가의 잔당들이 일으킨 반혁명적 봉기와 사보타주를 진압하기 위해 폭력은 필요할 것이다.

적색 테러의 직접적인 원인은 제국주의 열강의 지원을 받는 러시아 백군의 다양한 반혁명 책동이었다. 그러나 적색 테러는 이러한 집단들의 범위를 넘어서기도 했다. 거대한 농민의 존재는 반혁명 요소가 번식하는 밑거름이 되었다. 특히 농민을 대변한다고 주장했던 사회혁명당은 반혁명의 주모자였다. 적색 테러의 대상이 확대된 것은 혁명의 고립에 그 궁극적인 원인이 있었다.

1917년 12월 소비에트는 체카로 알려진 '반혁명과 사보타주에 대한 투쟁을 위한 전 러시아 특별위원회(All-Russian Extraordinary Commission to fight Counter-revolution and Sabotage)'를 설치했다. 일반적인 이미지와는 달리 체카는 적색 테러의 한 요소일 뿐 가장 중요한 부분은 아니었다. 체카의 형성은 공개적으로 이루어졌고, 주간 소식지를 통해서 체카가 총살한 자들의 이름을 포함한 위원회의 활동을 공개했다.

또한 볼셰비키가 특별히 제안한 것도 아니었다. 체카는 많은 '소비에트 조사위원회'와 봉기를 수행했던 '소비에트 군사혁명위원회'로부터 생겨난 것이었다.

혁명 진영에 있었던 사람들은, 다만 특별한 조치를 둘러싸고 논쟁이 있었을 뿐, 모두가 혁명적 테러가 필요하다고 일반적으로 생각했다.

좌파 사회혁명당 역시 소비에트 정부에 참여했을 당시에는 체카에서 중요한 역할을 했다. 그러나 브레스트-리토프스크 조약으로 이들이 정부에서 떠난 이후에는, 이들은 전통적인 테러 방식으로 볼셰비키 정부를 공격함으로써 적색 테러를 확대하는 데 한몫을 하게 됐다.

레닌과 볼셰비키는 테러와 체카를 옹호했지만, 그 권력의 남용을 처벌하는 데는 무자비할 정도로 엄격했다.

또한 고문을 엄격히 금지했다. 1918년 10월의 체카 신문에 고문을 사용하도록 종용하는 체카 지방지부에서 온 편지가 실리자, 볼셰비키 중앙위원회는 그 신문의 편집진을 문책하고 그 신문을 폐간시켰다. 마찬가지로 소비에트는 테러를 옹호하기는 했으나 고문에 대해서는 철저하게 규탄했다.

스탈린주의와 레닌주의를 동일시하는 사람들의 일반적인 생각 가운데 하나가 전시 공산주의의 감옥과 수용소가 스탈린 시대의 수용소군도로 이어졌다는 것이다. 그러나 스탈린 치하에서는 수백만이 수용소에서 사라졌지만, 내전의 절정기에조차 감옥에 있는 사람은 일반 죄수를 포함하여 10만 명도 되지 않았다. 또한 1922년에 체카는 단지 2만 4천7백50명을 수용할 수 있는 56개의 수용소를 보유하고 있었고, 그 다음 해에 이 숫자는 대폭 줄었다.

전시 공산주의와 스탈린 시대는 감옥 제도의 규모뿐 아니라 성격도 판이하게 달랐다. 솔제니친의 《수용소 군도》에 쓰여진 죄수들에 대한 체계적인 모욕과 고문은 스탈린 시대 이전에는 결코 존재하지 않았다.

실제로 볼셰비키는 죄수들에게 감옥 밖의 사람들과 똑같은 음식을 줄 것을 주장했다. 죄수들에게는 언론과 출판의 자유가 허용되었다. 그들은 종종 정부에 적대적인 견해를 표현하는 자신들의 잡지를 발간했다. 스탈린 시대에는 도저히 상상할 수도 없는 폭넓은 자유와 인간적 대우가 존재했던 것이다. 더구나 볼셰비키는 감옥 제도가 내전의 산물임을 명확히했다.

물론 체카 요원들이 저지른 권력 남용이 전혀 없었던 것은 아니다. 그러나 소위 인민민주주의 혁명(PDR)이라고 일컬어지는 나라들에서 행해졌던 인민재판 같은 무차별 처형은 러시아에서는 존재하지 않았다. 체카의 지도자 라치스가 '용의자가 자본가인가 노동자인가만으로도 그들의 유죄 혹은 무죄를 판결하기에 충분하다'고 주장했을 때, 레닌은 "우리가 라치스 동지처럼 어처구니없는 지경으로까지 나아갈 필요는 없다."고 화를 내며 반박했다.

볼셰비키는 체카의 권력이 그 구성원들을 타락시키는 것을 방지하기 위해, 고도의 휴머니즘을 갖춘 사람들로 체카 요원을 한정하려 했다. 또한 오랜 기간을 체카 업무에 종사하지 못하게끔 부분적으로는 순환 근무제를 실시하기까지 했다.

이것은 단지 일화적인 얘기를 스쳐 지나가듯 하고 있는 것이 아니다. 이것은 체제의 계급적 성격에 직결돼 있는 문제들이다. 백군에서는 타락과 무차별한 테러가 체제의 꼭대기에서 바닥까지 난무했다. 볼셰비키의 경우 잔혹함은 체제의 성격에 반하는 것이었으며, 적색 테러의 필요성이 일단 없어지면 볼셰비키는 신속히 그것에 제동을 걸었다. 내전이 불타올랐을 때조차, 직접적인 위협의 시기가 지나가면

---

* Lenin, *CW*, Vol. 28, p.389.

체카의 역할은 제한되었다.

볼셰비키는 내전이 끝나자마자 체카를 해체하는 것에 동의했다. 1921년 체카 의장이었던 제르진스키는 체카의 개혁을 위한 제안을 제출했다.

1922년 2월에 소비에트 정부는 체카를 폐지하고, 게페우(GPU)로 그것을 대체했다. 체카의 특별권한은 게페우로 이전되지 않았다. 게페우는 정치적 사건만을 다룰 수 있었으며, 판결을 내리거나 처형할 수 있는 권한은 없었다. 조사와 체포의 권한도 엄격해서, 누구든 체포된 사람에 대해서는 14일 내에 기소해야 하며 8주 내에 재판에 회부하든가 석방해야만 했다.

물론 이러한 개혁들이 내전을 겪으면서 잔인해진 제도들을 완전히 없애지는 못했다. 그러나 1920년대 말 스탈린의 손이 혁명의 목을 조를 때에 가서야 게페우가 새로운 관료 지배계급의 테러 기관으로 전환되었다는 것은 분명하다.

1930년에 스탈린의 희생자 가운데 한 사람이 그를 심문하는 자에게 그의 방법은 제르진스키의 시대에는 상상할 수조차 없던 것이라고 말하자, 심문관은 "당신은 어떤 사람을 떠올리고 있나 보군. 제르진스키라고? 그는 우리 혁명에서 이미 흘러간 시대일 뿐이야.'"* 하고 조소했다고 한다.

또한 부하린은 1938년 자신이 처형되기 직전에 이렇게 말했다.

---

* R Medvedev, *Let History Judge*(옥스포드, 1989), p.657

제르진스키는 가고 없다. 체카의 위대한 전통은 점차 과거 속으로 시들어 갔다. 그 때는 혁명 사상이 체카의 모든 활동들을 지도했다.[*]

6. 농민 반란과 크론슈타트 반란

1921년 봄쯤에 내전은 끝이 났다. 하지만 볼셰비키는 내전으로 더욱 황폐해진 경제에 직면해야 했다. 내전이 막바지에 이르렀을 때 러시아의 1인당 국민소득은 1913년의 1/3 수준으로 떨어졌고, 산업 생산은 전쟁 전 수준의 1/5 이하로 축소되었다. 1921년 〈프라우다〉는 2천5백만 명이 굶주림으로 고통 받고 있다고 보도했다.

고립의 대가는 경제와 사회 모두에서 치명적이었다. 전쟁으로 러시아 전체에서 노동자 계급의 규모는 반 이하로 줄어들었다. 이것은 볼셰비키의 주요한 지지 기반이었던 도시 노동계급의 해체를 뜻했다. 인구의 소수를 차지하던 노동자 계급 가운데 다수가 전쟁에서 죽었다. 남아 있던 사람들조차 굶주림에 못 이겨 농촌으로 떠나면서 도시 인구는 급격히 줄어들었다. 특히 볼셰비키당에 참여했던 가장 선진적인 노동자들은 내전에서도 선두에서 가장 헌신적으로 싸웠기에 피해가 컸다. 이러한 상황은 혁명의 심장부였던 소비에트가 마비되었음을 뜻했다.

게다가 내전을 치르기 위해 불가피하게 취한 조치였던 '전시 공산주

---

[*] G Leggett, *The Cheka: Lenin's Political Police*(옥스포드, 1981), p.163.

의' 정책은 고립된 노동자 국가를 떠받치고 있던 농민과의 동맹에 커다란 균열을 낳았다. 내전이 막바지로 접어들 무렵 볼셰비키 정부는 농민 반란과 크론슈타트 수병들의 반란이라는 시련을 겪어야 했다.

농민 반란 — 혁명 고립의 쓰라린 결과

좌익 가운데 '사회적으로나 정치적으로 백군의 반란과는 판이했던' 이들 반란에 대한 적군의 대응이 스탈린주의와 레닌주의의 연관성을 보여준다고 주장하는 이들이 있다. 어떤 사람은 "적군이 마흐노의 부대를 급습한 이유는 전후 사정으로 보아 단지 적군의 통제에 있지 않다는 사실에 기인하고 있다."[*]고 주장한다. 그 다음에, "그렇다면 사회주의는 하나의 통일적이고 효율적인 통제를 받아들인다는 것을 의미하는"[**] 데 지나지 않는다고 단정짓는다.

그러나 탐보프 지역의 안토노프 반란이나 우크라이나에서 일어났던 마흐노의 반란으로 대표되는 농민 반란들은 백군이 지지를 얻었던 것과 동일한 이유로 대중적인 지지를 얻었다. 곡물 징발에 대한 농민의 반대가 그것이었다.

물론 백군의 반란과 농민 반란은 그 지도 세력에서 성격이 다른 것은 사실이다. 그러나 전쟁이라는 극단적인 상황에서는 농민 반란을 이끌었던 주도자들의 주관적 의도나 이념이 어떤 것인가는 문제가 되지 않는다. 극단적인 대립 상황에서, 그것도 고립돼 위태로운

---

[*] 저자 미상, '볼셰비즘을 거스르며', p.4.

[**] 같은 글, p.4

운명에 처한 노동자 국가가 그들의 의도에 따라 대응해야 한다고 생각한다면 정말 순진하기 짝이 없는 생각이다.

"마흐노의 운동이 사실 노동자 계급의 진정한 대안일 수는 없"었다고 지적하면서도, "마흐노가 공격한 것은 볼셰비키가 장악한 소비에트이며 그가 주장한 것은 노동자 스스로 조직되는 소비에트였"*"다고 말하면서 볼셰비키가 '진정한' 노동자 권력을 억압하고 있었던 것처럼 주장하는 것은 억지일 뿐이다.

이러한 주장을 효과적으로 펴기 위해서는 다음 문제를 반박해야 할 것이다. 10월 혁명에서 볼셰비키를 지지했던 노동자들은 내전으로 경제적인 궁핍을 강요당할 수밖에 없었고 전쟁 중에 자신의 목숨을 잃을 수밖에 없는 상황에 놓였다. 그런데도 러시아 노동자들은 볼셰비키 정부를 방어하기 위해 죽을 힘을 다해 끝까지 싸웠다. 볼셰비키 정부가 이미 자신들에게 적대적인 관료 국가에 지나지 않는다면 대중이 그러한 행위를 할 까닭이 있었을까?

농민 반란으로 혜택을 볼 세력은 러시아 노동자들이 아니었다. 백군이 유일한 수혜자였다. 실제로 탐보프에서 농민 반란을 이끈 안토노프는 백군의 우랑겔 장군을 지원했다.

마흐노의 반란 역시 그가 뒤죽박죽의 무정부주의자라는 점에서만 안토노프 반란과 구별되었을 뿐이다. 물론 처음에 마흐노와 볼셰비키 간의 관계는 동맹 관계였다. 그러나 둘 사이의 관계는 우크라이나

---

* 같은 글, p.3

** 같은 글, p.4.

의 군사적 상황에 따라 동맹에서 적대관계로 변화하였다.

마흐노는 레닌과 스베르들로프의 도움으로 혁명 이후에 감옥에서 석방되었다. 그가 1918년 7월에 우크라이나로 돌아왔을 때, 우크라이나는 여전히 독일 제국주의 괴뢰정권 치하에 있었다. 마흐노는 괴뢰정권에 대항해서 빨치산을 조직했고, 볼셰비키가 1918년 12월에 백군에 반대해서 싸우기 위해 우크라이나로 진군해 왔을 때는 볼셰비키와 함께 했다. 협력 관계는 1919년 6월까지 지속되었다. 그 이후 전선을 떠나자마자 마흐노 부대는 볼셰비키 전선의 배후에서 새로운 빨치산 분견대를 조직했고, 연달아 군사 거점, 부대, 치안대, 기차와 곡물 징발대를 공격했다.

1919년 가을에 데니킨 장군이 마흐노의 지역을 공격했을 때, 마흐노는 또 한 번 볼셰비키와 협상을 했다. 그러나 그해 말에 다시 백군의 직접적인 위협이 사라지자, 마흐노는 더 이상의 협력을 거부하고 위태로운 폴란드 전선으로 자신의 군대를 파병하는 것을 거부했다.

적군에 대한 마흐노의 적대 행위는 백군의 일시적인 복귀를 가능하게 했다. 우랑겔의 백군은 마흐노의 군대가 적군과 싸우고 있는 동안에 공격을 가해왔다. "우랑겔이 밀고 들어왔을 때 … 마흐노는 북으로 후퇴했다. … 볼셰비키 행정 기구와 공급 기반을 은밀하게 파괴하는 일을 수행할 약간의 게릴라 부대를 뒤로 남겨둔 채로.'"

실제 한 백군 장교는 마흐노가 우랑겔의 진격에 필수적이라고 보

---

* M Palij, *The Anarchism of Nestor Makhno*(워싱턴 대학 출판부, 1976), p.177.

고했을 정도였다. 우랑겔이 공식적인 동맹 관계를 맺기 위해 마흐노에게 접근한 것은 수포로 돌아갔지만, 우랑겔이 마흐노의 본거지로 밀고 들어왔던 1920년 10월까지 마흐노는 다시는 적군과 한 편에서 싸우지 않았다. 그것은 마흐노와 우랑겔 사이에 서로의 편의를 봐주자는 협정이 있었기 때문이었다. 적군은 그해 말 우랑겔을 물리치고 나서, 21년 8월 마흐노가 전투를 포기하고 드니에스터강을 건너 루마니아로 도망갈 때까지 그와 싸웠다.

마흐노가 과연 일부 아나키스트들이 주장하는 것처럼 볼셰비키를 대신할 수 있는 절대자유주의(libertarianism)적 대안을 제시했다고 볼 수 있을까? 해답은 마흐노 운동의 계급적 본질에 있다.

마흐노 운동은 노동자 계급의 진정한 지지를 받아본 적이 없다. 마찬가지로 마흐노 운동은 노동자 계급을 조직하기 위한 강령을 개발하는 데 특별한 관심을 기울인 적도 없다. 마흐노 운동의 사회적 기반은 도시 노동자가 아니라 촌락의 농민과 독립수공업자였다.

마흐노 운동의 목표는 촌락의 프티부르주아지에 기반한 농민공동체의 재현을 꿈꾸었던 데 지나지 않는다. 농민들이 마흐노 운동에 지지를 보낸 이유는, 그의 무정부주의적 대안을 지지해서가 아니라, 그가 곡물 징발에 반대하고 농민 경제를 방어하려 했기 때문이다.

마흐노의 절대자유주의에 대한 이미지 역시 사실과 다르다. 마흐노 빨치산 부대의 장교는 선출되지 않았다. 마흐노가 일방으로 임명했다. 또한 이론상으로는 자원군으로 구성되는 것이었지만, 세력을 보강하기 위해서 징집에 의존할 수밖에 없었다. 신문을 발행할 수 있는 자유는 형식적으로 있었으나, 볼셰비키와 사회혁명당이 자신들의 신문에서 혁명을 호소하는 것은 금지되었다. 또한 마흐노는 소비에트 체제가 폭력적이라고 비난했지만, 그 자신은 사조직으로 체카 유형의 보안군을 두 개나 가지고 있었다.

결국 마흐노는 농촌공동체를 사회주의로 가는 길로 삼았던 러시아 혁명 전통 초기의 나로드니키(민중주의) 전통에 그 맥을 두고 있었다. 노동자 권력이 수립된 상황에서 이러한 민중주의는 반혁명에 대해서도 일관되지 못하고, 과거지향적이기 때문에 노동자 권력을 공격하는 데로 나아갈 수밖에 없었던 것이다.

크론슈타트 — 비극적 필요[*]

1921년 3월에 일어났던 크론슈타트 봉기의 본질도 농민 반란과 똑같았다. 즉, 내전으로 고조된 농민들의 불만을 배경으로 한 것이었다. 봉기 직전에 노동자들의 거대한 파업이 있기는 했지만 곧 마무리되었다. 크론슈타트 반란의 계기는 도시 노동자 계급이 느끼고 있던 불만이라기보다는 농민들의 불만에 더 가까웠다.

물론 크론슈타트가 1917년 혁명의 요새였던 것은 사실이다. 그러나 1921년이 되면 크론슈타트는 농민들의 분위기에 강력하게 친화력을 느끼게 된다. 이렇게 된 데에는 여러 가지 이유가 있다.

첫째, 크론슈타트 요새의 계급구성이 변화했다. 1920년 9월과 10월에 신병들에게 강연을 하기 위해 크론슈타트에 갔던 작가이자 볼

---

[*] 크론슈타트 반란에 대해 자세히 알고 싶은 사람은 국제사회주의자들(IS)이 발간한 《노동자 연대》 94년 6월호 24~25면에 실린 기사를 참조하시오.

셰비키 강사였던 야신스키(Yasinsky)는 신병들이 '막 밭을 갈다가 온' 사람들이었다고 적고 있다. 그는 '약간의 당원들을 포함해서 많은 사람들이 정치적으로 문맹 상태였고, 이전에 감명을 받았던 정치적으로 노련한 크론슈타트 수병들의 분위기와는 거리가 멀다'는 점을 발견하고는 충격을 받았다. 야신스키는 '혁명의 불길로 단련된' 사람들이 '경험 없는 갓 동원된 젊은 수병들'로 대체되는 상황에 염려를 금할 수가 없었다.[*]

크론슈타트 봉기가 일어나기 석 달 전에 얼마나 많은 신병들이 크론슈타트에 충원됐는지 알 수 있는 자료는 없다. 그러나 크론슈타트에 기반을 두고 있는 다른 부대들 몇 곳의 구성은 알 수 있다. 예를 들어 소총 부대였던 160연대에는 2천5백 명의 우크라이나인들이 마흐노 빨치산 부대에 특별히 우호적이었던 지역에서 충원된 사람들이었다. 반면에 사병들 가운데 볼셰비키는 2%도 안 되었다.

둘째, 크론슈타트에서 볼셰비키의 사회적 기반이 붕괴했다. 1920년 9월에 크론슈타트에는 4천4백35명의 볼셰비키가 있었다. 그 중 50%가 농민, 40%가 노동자였고, 10%는 인텔리였다. 반면에 1921년에 전국 평균은 28.7%가 농민, 41%가 노동자, 30.8%가 화이트칼라 노동자였다. 크론슈타트에서 볼셰비키당의 농민 비율은 전국에서 상당히 높은 편에 속했다.

농민에서 새롭게 충원된 병사들이 다른 수병들의 분위기를 바꿔 놓기에는 역부족이었을 것이라는 주장이 제기될 수도 있을 것이다.

---

[*] I Getzler, *Kronstadt 1917-21*(런던, 1983), pp.206~207.

그러나 수병들 사이에서 농민적 요소는 다른 방향에서도 강화되었다. 반란 직전에 크론슈타트 수병들은 내전 이후 처음으로 휴가를 떠났다. 그들 가운데 대다수가 자신의 고향 마을로 돌아갔고, 거기서 그들은 농촌의 상황과 식량 징발로 인한 농민들의 고초를 생생하게 목격할 수 있었다.

크론슈타트 봉기의 지도자였던 스테판 페트리첸코 역시 1920년 4월과 가을 사이에 우크라이나에 있는 자신의 고향에 돌아갔다. 그는 거기에서 이런 질문을 받았다.

우리가 집에 돌아갔을 때, 부모님들은 우리에게 왜 억압자들을 위해서 싸우느냐고 물었다. 그것은 우리를 생각에 잠기게 만들었다.[*]

실제로 페트리첸코는 매우 분개해서 백군에 가담하려 애를 썼다. 그러나 단지 그가 이전에 잠시 공산당원이었다는 이유로 거절당했다.

다수의 수병들이 비슷한 경험을 했고, 곡물 징발대의 행위에 적개심을 갖게 된 수병들의 탈영이 늘어났다. 그리하여 "1921년경에는 함대의 상황이 조직적인 군대와는 거리가 멀어져 가고 있었다."[**]

셋째, 크론슈타트 함대의 이데올로기적 분위기도 한 가지 요소로 작용했다. 크론슈타트가 영웅적인 이름을 떨치던 시기에도 함대에는 전반적으로 초좌익적인 분위기가 있었다. 크론슈타트 수병들 가운

---

[*]   W Bruce Lincoln, 앞의 책, p.495.

[**]   P Avrich, 같은 책, p.68.

데 다수가 브레스트-리토프스크 조약 시기에 '좌익 공산주의자들'*
의 편에 섰다. 또한 그들 가운데 다수가 1918년 여름 좌파 사회혁명
당 봉기 때 그 편에 섰고, 식량 징발에 반대했고, 적군식의 규율에 거
세게 반대했다.

마지막 요인은 크론슈타트에서 볼셰비키의 영향력이 감소한 데 있
다. 최상의 볼셰비키 투사들 다수가 내전 중에 쓰러져갔고, 크론슈
타트에서는 반란 6개월 전인 20년 9월에 이미 당원의 반이 전투에서
목숨을 잃었다. 또한 1921년 1월에만 약 5천 명의 발트 수병들이 불
만을 표시하며 당을 떠났는데, 크론슈타트 당조직에서는 1920년 8
월에서 21년 3월까지 4천 당원 가운데 반이 당을 떠났다.

크론슈타트 수병들의 주장, 즉 자신들이 '제3의 혁명'과 '표현의 자
유', 그리고 '당 없는 소비에트'를 위해서 싸우고 있다고 한 주장을 근
거로 많은 좌익들이 이 반란은 근본적으로 백군의 반란과 다르다는
주장을 한다.

그러나 반란의 의식적인 목표와 그들의 행동이 가져올 결과 사이
의 차이를 주의깊게 분석해야 한다. 그들의 요구가 실행에 옮겨졌다
면, 그것은 도시와 볼셰비키에 대한 농민들의 적대감을 표현한 것이
됐을 것이다.

그들의 반란으로 정말 볼셰비키가 몰락했다면, 누가 권력을 잡았
을까? '온건' 사회주의자들이 권력을 잡지는 못했을 것이다. '온건' 사

---

* 브레스트-리토프스크 조약을 둘러싼 논쟁 당시에 초좌익적인 '혁명전쟁' 전술을
주장했던 부하린과 지노비예프를 가리킨다.

회주의자들은 볼셰비키보다 더 취약했으며, 비볼셰비키적인 지역에서 그들이 통치를 시도했던 경우에는 군사독재에 굴복하거나 심지어는 군사독재에 협력하는 일이 비일비재했기 때문이다. 백군은 전투에서 패배했지만 여전히 완전히 해산하지는 않은 상태였다. 이것은 크론슈타트 봉기에 대한 망명 백군계 러시아인들의 반응에서 확인되었다. 볼셰비키 권력이 몰락한다면, 백군이 유일하게 혜택을 누릴 수 있는 정치세력이었을 것이다. 크론슈타트 반란은 이러한 상황을 목표로 하지는 않았겠지만, 만약 반란이 성공했다면 결과는 이렇게 나났을 것이다.

백군은 기회를 잽싸게 포착했다. 그들은 크론슈타트 봉기를 예측하고는, 해외 백군 국민본부(White National Centre)를 이용해 힘을 모으고 주로 크론슈타트 반란자들에게 제공할 식량을 모으기 시작했다. 그 결과 겨우 2주만에 1백만 프랑, 1백만 핀란드 마르크, 5천 파운드, 2만 5천 달러의 돈과 밀가루 9백만 톤을 모았다. 실제로 국민본부는 폭동이 성공하는 경우에 대비해서, 여전히 터키에 7만 병력을 보유하고 있던 우랑겔 장군이 프랑스 해군 병력과 크론슈타트에 상륙할 수 있도록 계획을 진행시키고 있었다.[*]

반란이 고립되자, 봉기의 지도자 페트리첸코는 백군과 협상을 시도했다. 3월 13일 페트리첸코는 국민본부의 스파이 지휘자이자 우랑겔 장군의 핀란드 대변인인 데이비드 그림에게 전보를 쳐서 식량을 보내줄 것을 요청했다. 결국 어떠한 원조도 도착하기 전에 수병들의

---

* P Avrich, 앞의 책, p.240.

반란은 진압되었지만, 시간이 갈수록 수병들은 백군의 품 안으로 파고 들어갔음이 밝혀졌다.

반란이 진압된 후 반란군 지도자들과 백군 사이의 연계는 훨씬 더 강력해졌다. 페트리첸코는 우랑겔 세력에 가담해서, 페트로그라드에서 반혁명 지하조직에 가담할 수병들을 모았다. 그는 후에 우랑겔에게 '당 없는 소비에트'라는 슬로건을 단지 '편의적인 정치 책략'으로 사용했을 뿐이라고 털어놓았다. 일단 볼셰비키가 타도되면 '그 슬로건은 보류되고 일시적으로 군사독재를 수립했을' 것이라고 자신의 구상을 밝혔다. 계급세력 균형이 마침내 이데올로기와 실제를 동일하게 만들었던 것이다.*

볼셰비키에게는 반란을 진압하는 것 말고는 선택의 여지가 없었다. 그들이 핀란드만의 얼음이 녹기를 기다렸다면, 함대와 백군이 함께 페트로그라드로 진격해 들어왔을 것이다. 전투는 많은 사상자를 냈는데, 볼셰비키의 피해는 특히 컸다. 얼음 위를 가로질러 갈 때 함대와 섬의 요새에서 수많은 총알이 날아왔고, 얼음 밖에는 불길에 휩싸인 들판이 볼셰비키를 포위하고 있었다. 몇 백 명의 적군 병사들이 얼음 구멍에 빠져 죽었다. 크론슈타트 수병들의 사망자 총수는 요새가 함락되었을 때 총살 당한 사람들을 포함해서 6백 명이었다. 그러나 적군의 피해는 볼셰비키 10차 당대회의 대표자 15명을 포함하여 1만 명 이상이었다. 크론슈타트 반란의 진압은 트로츠키가 표현한 것처럼 비극적 필요였다.

---

* 같은 책, pp.127~128.

크론슈타트 반란이 일어나지 않았어도 전시 공산주의 시기는 종말을 맞았을 것이다. 그러나 반란은 이 시기가 끝났음을 너무나 분명하게 보여주었다. 레닌은 "크론슈타트 사건은 다른 어떤 것보다 현실을 환히 비쳐준 번개불과 같은 것이었다."고 말했다. 10차 당대회는 곡물 징발을 끝내는 신경제정책(NEP)을 채택했다. 신경제정책은 전시 공산주의 — 이것도 10월 혁명 직후에 채택한 정책들에서 후퇴한 것이었는데 — 에서 다시 후퇴한 것이었다. 러시아에서 혁명이 고립되어 있는 기간이 길어질수록, 경제적 조건이 더욱 절망적으로 돼 갈수록, 후퇴는 불가피하게 더욱 심각하고 위험한 것으로 되어 갔다.

7. 스탈린주의 반혁명

내전으로 산업은 점점 더 해체되어 갔다. 이 과정은, 백군을 물리치는 데 적극적으로 참여했고, 볼셰비키 권력이 서 있는 암반이었던 노동자 계급이 해체돼 가는 과정이었다. 볼셰비키는 3년간의 내전과 외국군의 개입이라는 시련을 견디고 살아 남았다. 그러나 산업 노동자 계급은 낱낱이 원자화되었다. 이전으로 치면 한 분파 정도의 크기로 축소되고, 1917년과 같은 집단적인 권력을 더 이상 행사할 수 없는 상태로 전락한 것이다. 레닌은 이렇게 말했다.

---

* T Cliff, *Lenin*, Vol.IV, p.134.

전쟁과 절망적인 궁핍과 붕괴로 탈계급화된 … 개별 프롤레타리아는 … 계급의 정상 궤도에서 쫓겨나, 더 이상 프롤레타리아로 존재하지 않게 되었다. … 프롤레타리아를 통계적으로 헤아릴 수는 있지만, 경제적으로 응집력 있게 한데 모을 수는 없게 된 것이다.*

노동자 국가의 관료기구는 공중에 매달린 채로 남게 됐다. 그 계급적 기반은 부식되었고 타락하였다. 그러한 조건들은 불가피한 것이었지만, 국가기구와 볼셰비키당 조직에 엄청난 영향을 미쳤다.

볼셰비키는 그들에게 반대했던 당들이 차례차례로 반혁명 진영으로 넘어갔다는 단순한 이유로 정치권력을 독점하게 되었다. 카데츠는 10월 혁명 이전에도 코르닐로프와 공모했고, 내전 기간에는 백군 독재의 주된 지지자 역할을 했다. 우파 사회혁명당은 제헌의회의 해산 시기에 무장 반혁명을 계획했고, 내전 기간에는 카데츠와 구별하기 힘들게 되었다. 좌파 사회혁명당은 1918년에 소비에트 정부의 일부였고 그 때까지는 합법적인 반대파로 남아 있었지만, 그 해 여름에는 무장 쿠데타로 볼셰비키 정부를 전복하려 시도했다.

멘셰비키는 달랐다. 그들은 중간에서 동요했다. 일부 멘셰비키와 일부 좌파 사회혁명당은 자신의 당에서 분리해 나와 볼셰비키에 합류했다. 그런가 하면 일부는 백군에 결합했다. 그 나머지는 볼셰비키 정부의 합법성을 받아들이든가, 아니면 정부 전복을 선동하든가, 둘 중의 하나를 선택해야 했다. 볼셰비키는 그들을 경우에 따라 다

---

* T Cliff, *Trotsky*, Vol. II(런던, 1990), p.188에서 재인용.

르게 다루었다. 멘셰비키는 10월 혁명을 받아들이는 기간 동안에는 합법화되었고 더욱 커다란 자유를 누릴 수 있었다. 반면에 그들이 10월 혁명 이전의 체제로 돌아가려고 했던 시기에는 탄압당했다. E H 카가 기록하고 있듯이,

> 볼셰비키 정권이 처음 몇 달 이후에는 조직적 반대를 관용할 태세가 돼 있지 않았다는 것이 사실이라면, 어떠한 반대도 합법적인 한계 내에서 머무를 준비가 돼 있지 않았다는 점도 똑같이 사실이었다. 독재의 전제 조건은 논쟁의 양 당사자 모두에게 공통된 것이었다.*

국가는 내전이 가하는 압력 때문에 다른 방식으로 변해갔다. 관료기구, 군대, 체카의 비중은 내전 동안 엄청나게 늘었다. 이러한 제도들이 없었다면 노동자 권력은 유혈낭자한 반혁명의 폭력 속에서 흔적도 없이 사라져 버렸을 것이다. 그러나 한편으로 이러한 제도들은 10월 혁명을 통해 세운 체제를 경직되고 권위적인 것으로 만들어 버렸다. 관료기구의 권력과 그 기구 내 최상층의 권력이 늘어났다.

볼셰비키 당 자체도 극적인 변화를 겪었다. 내전이 끝나갈 무렵에는 당원들 10명 가운데 1명만이 공장에서 일하고 있었고, 6명은 정부나 당기구에서 근무하고 있었다. 당원들 가운데 1/4은 적군에 복무했는데, 많은 경우 정치·군사적으로 권한이 있는 지위에 있었다.

내전 동안 필요했던 규율과 중앙집중주의는 단지 당 지도부가 억

---

* 같은 책, p.193에서 재인용.

지로 부과한 것은 아니었다. 당 지도부만큼이나 모든 평당원들도 절실한 필요를 느꼈다.

제10차 당대회는 충격적인 경험이었다. '전시 공산주의'로 빚어진 위기는 볼셰비키 당내에서 논쟁과 반대의 거대한 파고를 불러일으켰다. 다양한 그룹과 개인들이 8개 정도의 각기 다른 강령들을 제출했다. 노동자 반대파는 체제가 향하고 있는 방향에 대한 극단적인 비판을 제출했다. 노동자 반대파는 노동조합과 공장의 노동자들에게 권력을 넘겨줘야 한다고 주장했다. 그러나 노동자 계급이 대폭 감소했다는 데 어려움이 있었다. 노동자 반대파의 계획은 체제의 해체를 낳았을 것이다.

레닌은 이것과는 다른 이중적인 해결책을 가지고 있었다. 우선, 그는 사태의 압력을 받아 당이 사분오열돼 가는 상황을 막으려 했다.

> 과거에 어떠한 입장을 취했든 간에 파벌주의의 최소한의 흔적도 존재해서는 안 된다. 농민이 압도 다수를 점하고 있는 나라에서, 프롤레타리아 독재에 대한 그들의 불만이 고조돼 가고 있고, 농민으로 이루어진 군대가 동원 해제되면서 익숙한 일이라고는 싸우는 일뿐이고, 도적떼의 온상인 할 일이 없는 수십만 명의 부상자들이 풀려 나가고 있는 때 … 결코 이러한 일이 있어서는 안 된다. … 논쟁의 분위기는 극히 위험해져 가고 있고 프롤레타리아 독재에 직접적인 위협이 되고 있다.[*]

---

* T Cliff, *Lenin*, Vol. IV, p.136.

분파 금지 조치가 표결에 부쳐졌다. 그것은 단지 지도부의 일방적인 지시가 아니었음을 다시 한 번 강조할 필요가 있다.

누구도 분파 금지를 전면적이거나 영구적인 것으로 여기지 않았다. 한 고참 볼셰비키가 중앙위원회 선거에서 별개의 강령들을 금지시키는 것에 대해 당대회에서 동의를 얻어내려 하자, 레닌은 이렇게 응답했다.

> 우리는 근본적인 문제에서 불일치가 존재하는 경우에 당과 중앙위원회 성원들이 당에 호소할 수 있는 권리를 빼앗을 수는 없다. … 예를 들어 우리가 브레스트 조약에서 결론을 얻기까지의 과정 같은 문제에 직면한다면 어떻게 하겠는가? 당신은 그런 문제가 일어나지 않으리라고 보장할 수 있는가? 아니, 그럴 수 없을 것이다. 그러한 상황에서는 강령에 기초한 선거가 이루어져야만 할 것이다.*

분파 금지 조치가 영구적이지 않았다는 또 다른 증거는, 레닌이 관료주의를 내부에서 개선하기 위한 투쟁에 그의 생애 마지막을 바쳤다는 점이다. 그는 이렇게 말했다.

> 여러분은 차르와 지주들, 자본가들을 타도할 수 있었지만, 농민 국가에서 관료주의를 '타도'하지는 못했다. … 여러분은 앞으로 여러 해 동안 점진적

---

* 같은 책, p.137.

이면서도 완강한 노력을 기울여야 관료주의를 **축소**할 수 있을 것이다.*

레닌은 스탈린의 권력을 축소하기 위해 트로츠키의 도움을 구하려 했다. 그는 관료적 권력 남용에 맞서기 위해 노농감찰부를 강화하는 투쟁을 벌였고, 국가기구 내에서 확장되고 있던 러시아 쇼비니즘에 맞서 싸웠다. 그러나 건강의 악화가 그를 가로 막았다. 레닌은 그의 유언장에서 스탈린을 당서기장 자리에서 몰아내야 한다고 주장했다.

그러나 레닌의 마지막 전투는, 스탈린에 대항해서 1923년에 개시한 트로츠키 좌익 반대파의 투쟁과 마찬가지로, 근본적인 약점 때문에 방해를 받았다. 전쟁이 끝난 후 노동자 권력은 좌초된 상태로 남게 됐고, 쇄신과 철저한 개선의 원천 — 노동자들의 활동 — 은 가느다란 물줄기로 말라 있었다. 관료적 남용과 타락은 그에 따른 불가피한 결과였다. 노동자 반대파가 원했던 것처럼 국가 기구 밖에 있는 노동자들에게 직접 호소하는 것은 불가능했다. 이것이 레닌과 좌익 반대파가 벌인 마지막 투쟁의 비극이었다. 그들은 문제점을 알고 있었지만 그들이 사용할 수 있는 수단은 그러한 과제에 걸맞지 않는 것이었다. 그들이 옹호했던 수단들 — 관료주의의 자기 혁신 — 이 불충분했던 이유는 여기에 있었다. 또한 이것은 트로츠키가 패배했던 근본 원인이었다. 관료제도 내부에서 싸운다는 것은 트로츠키보다는 스탈린에게 더 유리했다. 레닌과 마찬가지로 트로츠키의 강점

---

* W Bruce Lincoln, 앞의 책, p.380.

은 언제나 노동자들과의 연계에 있었다. 그는 노동자들로부터 영감을 이끌어냈다. 그들에게 사회주의 사회에 대한 자신의 모든 희망을 걸었다. 노동자들의 경험에 근거해서 그는 자신의 전략이 올바름을 확신할 수 있었다. 그리고 다른 무엇보다 그는 모든 주요한 투쟁에서 노동자들의 의식과 조직에 의존했다.

반대로, 스탈린은 관료기구들과 위협, 지시, 매수에 의존했다. 그는 트로츠키주의 "간부들은 내전으로만 제거될 수 있다"고 주장하면서 "트로츠키주의를 매장할" 결심을 했다. 그리고 "내전"이 있었다. 그것은 좌익 반대파의 대변자들을 괴롭히고 암살하는 것에서 시작되었다. 그러자 관료기구의 모든 거대한 선동 기구들이 반대파에 맞서게 되었다. 그 후, 좌익 반대파는 추방되거나 투옥당하거나 총살당했다.

트로츠키주의 반대파는 용감하게 투쟁했다. 그들은 때로 자신들의 주장이 당원들 사이에서 상당한 지지를 획득하고 있음을 목격하기도 했다. 많은 당원들, 특히 1917년 혁명 기간에 투쟁했던 경험 있는 당원들이 좌익 반대파의 지지자들이었다.

그러나 러시아에서 투쟁이 부활하거나, 다른 나라에서 성공적인 혁명이 일어나지 않는 상황에서 좌익 반대파의 투쟁은 결국 실패할 수밖에 없었다. 물론 미리 정해진 것은 아무것도 없었다. 트로츠키는 자신이 서 있는 기반이 불에 타 사라져가고 있는 상황에서도, 러시아 국내나 국제적 투쟁이 내밀 구원의 손길을 바라면서 계속해서 투쟁했다.

트로츠키주의자들의 투쟁은 스탈린이 권력을 장악해 들어가는 것을 지연시켰다. 스탈린은 좌익 반대파가 완전히 패배한 1928년에야 권력을 완전히 장악할 수 있었다. 이것이 1928년에 위로부터 일어난 '반혁명'과 28년 이전의 시기가 구별되는 이유이다.

또한 좌익 반대파의 투쟁은 스탈린이 혁명의 배신자이고 그의 체제가 10월 혁명에 대한 반혁명임을 명백하게 만들었다. 스탈린 체제는 10월 혁명의 남아 있는 성과 모두를 박살냈을 뿐만 아니라, 그 과정에서 10월 혁명을 이루어낸 전체 당 지도부와 평당원들 다수를 궤멸시켜야만 했다.

스탈린이 무장 반혁명으로 권력을 탈취하는 방식이 아닌 행정적인 테러라는 방식을 사용했던 것은 노동자 계급이 원자화된 결과였다. 더 광범위한 무장력도, 야만적인 법도, 야간 통행 금지도, 시가전도 필요치 않았다. 노동자 계급의 상태가 혁명과 반혁명 사이의 전투를, 절대적이지는 않지만, 볼셰비키 당의 분파들 사이의 투쟁으로 축소시켰던 것이다.

그렇다고 반혁명의 규모를 과소평가해서는 안 된다. 스탈린 체제는 심지어 1920년대 중반의 체제와도 근본적으로 달랐다. 자유주의 역사가 스티븐 코언은 이 점을 이렇게 설명하고 있다.

'대격변'으로 알려져 있는, 1929~33년 기간에 채택된 스탈린의 새로운 정책은 볼셰비키의 강령적 개념과 극단적으로 결별한 것이었다. 그때까지 어떤 볼셰비키 지도자나 분파도 강제 집산화와 부농들(쿨락)의 '해체', 위험한 속도로 이루어지는 대규모 산업화, 전체 시장 부문의 파괴, 실제로는 전혀 계획이라 할 수 없는 '계획', 경제에 대한 과도한 중앙집중적 통제와 훈계 비슷한 어떤 것을 옹호한 적이 없었다. '위로부터의 혁명'이 일어난 이 기간은, 역사적으로나 강령적으로, 스탈린주의의 탄생기였다.[*]

또한,

스탈린 하에서 공식 이데올로기는 급격하게 변화한다. 그러한 변화들 가운데 몇 가지는 서방과 소련 학자들이 지적한 바 있다. 민족주의, 국가통제주의, 반유대주의와 보수적이고 반동적인 문화와 행동 규범들의 부활. 혁명과 볼셰비키 상징들에 대한 폐기. 노동자, 여성, 어린 학생, 소수민족 문화 들에 우호적인 사상과 법 조항 그리고 평등주의의 폐지. 역사의 창조자를 얘기할 때, 평범한 사람들로부터 지도자들과 공공 감독관으로 강조점의 변화. 이러한 것들은 단순한 수정이 아니라 '근본적으로 변화된' 새로운 이데올로기였다. 그것은 또한 '1917년에 권력을 장악한 그 운동을 대변하지도 않았다.'[**]

지금까지 주장한 것의 핵심은 1920년대 초반의 볼셰비키 정부를 이상화하려는 게 아니다. 물론 볼셰비키는 1917년 혁명의 당초 목표와는 달리 멀리 나갔던 것이 사실이다. 이 글의 의도는 단지 두 가지 점을 명확히 하려는 데 있다. 하나는, 볼셰비키는 자신들의 원래 목표에서 대

---

[*] S Cohen, *Rethinking the Soviet Experience*(옥스포드 대학 출판부, 1985), p.62.

[**] 같은 책, p.52.

단지 멀리 후퇴할 수밖에 없는 조건들 때문에 엄청난 압력을 받았다는 점이다. 또 하나는, 당시에 볼셰비키는 현실적으로 가능한 대안들을 내오려고 무척 노력했다는 점이다. 이론상으로는 더 민주적으로 보일지 모르겠지만, 몇몇 대안들 — 노동자 반대파, 크론슈타트 반란, 마흐노 운동 — 은 모두 공상적이었고, 그 가운데 마흐노 운동은 협잡에 지나지 않았다. 그들은 1917년의 제도들을 가능케 했던 계급이 더 이상 정치적 삶을 지도할 집단적인 힘을 가지고 있지 않은 상황에서 1917년의 제도들을 되돌아보고 있었다는 점에서 공상주의자였다.

이것이 1920년대 초에 일어났던 비극의 전말이다. 볼셰비키는 지배자들이 발 딛고 있던 기반을 파괴함으로써 적들을 때려 눕혔다. 문자 그대로 사력을 다해서 파괴했는데, 그 결과는 노동자 계급의 해체였다. 또한 경제적 어려움 속에서 농촌으로의 인구 이동과 기아와 질병으로 도시 인구가 급격하게 줄어들었다. 민주주의의 축소는 이것의 결과였지, 원래부터 의도했던 것은 아니었다. 스탈린주의 관료 체제가 성공한 비밀은 노동자 국가의 고립과 황폐화에 있다.

8. 10월 혁명 — 과거이자 미래

80년대 말에서 90년대 초반까지 기간은 세계사에서 '대격변'으로 기억될 만한 시기였다. 동유럽 스탈린주의 체제들이 잇달아 민주주의 혁명으로 붕괴했고, 소련이나 유고슬라비아 같은 나라들은 연방 해체 이후에 끊임없는 내분에 시달리게 됐다. 중국은 여전히 기존 관료들이 권좌에 건재하지만, '시장 사회주의' 정책으로 위기를 극복하려 애쓰지 않으면 안 되는 상황에 있다. 북한의 관료 지배체제는 언제 터질지 모르는 불안한 폭탄과 같은 존재로 세계 지배자들에게 인식되고 있다.

전 세계 사회주의 운동 역시 정치적 혼돈 상태를 겪어 왔다. 서유럽에서는 공산당들이 잇달아 자진 해산하거나 새로운 간판을 내거는 사태들이 벌어졌다. 스탈린주의를 자신의 이념으로 삼았던 — 또는 유러코뮤니즘과 같이 스탈린주의로부터 독립성을 강조하지만, 그 변종에 불과한 정치를 자신의 대안으로 삼았던 — 좌익들은 계속해서 오른쪽으로 움직여 갔다. 좌익은 정치적 혼돈과 전략적 대안의 부재 속에서 '개혁 자본주의'를 자신들의 궁극 목표로 삼고 '시장'의 우월성을 당연한 진리로 받아들이게 됐다.

그러나 현실은 '자본주의의 영원한 번영'으로 나타나지 않고 있다. 세계 경제는 70년대까지 지속되었던 장기간에 걸친 호황 이후 끊임없이 불황의 위협에 시달리고 있다. 또한 제3세계 노동자 운동이 여전히 강력한 힘을 지니고 있을 뿐만 아니라, 서구에서도 노동자 운동은 새로운 생명력을 얻고 있다.

불황에서 벗어나기 위해 자국 노동자 계급을 공격하는 지배자들에 대항하고 있는 노동자들의 투쟁은 좌익의 '이성적인' 판단과는 달리 '평온한' 자본주의 시대가 지속되지 않을 것임을 보여주고 있다.

사회주의자들이 10월 혁명에서 교훈을 이끌어내는 것이 중요한 이유가 여기에 있다. 독일 혁명으로 대표되는 유산된 혁명들과 10월 혁명의 차이는 계급에 뿌리박고 훈련된 중핵들이 존재하는가, 그렇지 못한가에 있었다. 노동자 혁명이 정치적 대안과 만나지 못한다면 유혈낭자한 반혁명에 길을 내준다는 점을 좌절된 혁명의 경험들은 보여주고 있다.

서서히 진행되고 있는 자본주의 체제의 위기를 노동자 혁명의 승리로 이끌기 위해서는 준비된 혁명 조직의 존재가 필수적이다. 사회주의자들이 혁명 정당 건설을 자신들의 최우선 과제로 삼아야 하는 이유가 여기에 있다.

10월 혁명에 대한 왜곡에 맞서는 것은 단지 과거의 경험을 훈고학적으로 방어하기 위해서가 아니다. 요즘 우익들의 공격에 좌익이 속수무책으로 당할 수밖에 없는 이유는, 스탈린주의 체제의 몰락 이후 그 나라들을 사회주의라고 믿었던 좌익이 정치적 혼란을 겪으면서 사회주의적 대안을 완전히 버리게 된 데 있다.

그렇기 때문에 10월 혁명으로 탄생한 노동자 권력이 스탈린의 반혁명을 맞아 계급적으로 전혀 다른 '관료적 국가자본주의' 체제로 변질되는 과정을 엄밀하게 검증하고, 모든 왜곡에 맞서 반박하는 것은 대단히 중요하다.

이런 점에서 10월 혁명을 여러 모로 비판해 왔던 에릭 홉스봄과 니나 템플의 자기고백은 대단히 의미심장하다.

그 나라는 분명히 노동자 국가가 아니었고, 소련의 그 누구도 노동자 국가라고 믿지 않았고, 노동자들도 소련이 노동자 국가가 아니라는 것을 알고 있었다.(에릭 홉스봄)

나는 SWP[영국 사회주의노동자당]가 옳았다고 생각한다. 트로츠키주의자들이 맞았다. 동유럽에서 일어난 일은 사회주의가 아니었고, 우리는 이것을 오래 전에 얘기했어야 했다.(나나 템플)*

10월 혁명은 이 시대를 살아가는 사회주의자들의 과거이다. 하지만 그것은 또한 우리의 미래이기도 하다. 우리는 10월 혁명을 그렇게 간단하게 폐기처분할 수 없다.

---

* 토니 클리프, 《90년대의 계급투쟁과 혁명조직》, 구속 국제사회주의자들(IS) 후원회 펴냄, pp.24~25에서 재인용.

볼셰비키 혁명 73주년을 기념하면서 -
레닌주의를 옹호하자

볼셰비키 혁명이 일어난 지 73년이 지났다. 1917년 노동자 계급의 혁명적 당으로서 자본가 국가를 파괴하고 노동자 권력을 수립하고 자본가 계급을 타도하고 세계 혁명과 사회주의의 전망을 인류에게 제시해 주었던 볼셰비키 당과 그 사상적·실천적 정수인 레닌주의가 지금 자유주의 부르주아지뿐 아니라 좌익들로부터도 비난의 대상이 되고 있다.

지난 1년 동안 동유럽 민주주의 혁명은 서방의 부르주아지와 그들의 이데올로그들에게 흥미로운 기사거리를 제공해 주었다. 동유럽 노동자에게서 자유를 위치며 시위한 대중의 봉기와 이것을 막지 못해 몰락한 공산당 … . 서방 우익 이데올로그들은 동유럽의 대변동을 스탈린 없는 스탈린 시대를 참고 지내온 국민의 분노이며 전체주

이 글은 국제사회주의자들(IS)이 1990년 12월에 발간한 《등대》에 실린 것이다.

의의 몰락이자 공식 이념인 마르크스·레닌주의의 몰락이라고 떠들어 댔다.

이 사건이 서방의 우익들에게만 충격을 준 것은 아니다. 소위 '사회주의' 사회를 진정한 사회주의로 믿었던 자들이나, 비록 몰골은 흉칙하지만 그래도 모종의 사회주의 사회라고 주장하던 자들 모두에게도 큰 충격이었다. 이들 좌익 가운데 일부는 레닌주의가 스탈린주의를 낳았다고, 즉 볼셰비키 당이 타락하고 관료화되어 노동자 계급을 착취하고 막강한 권력을 휘두르는 독재적 정당이 되어버린 이유는 이미 레닌주의에 내재해 있었다고 주장한다. 또 다른 좌익들은 스탈린이 비록 몇 번의 실수를 저질렀지만 그래도 레닌주의의 충실한 옹호자이며 실천가였다고 시대착오적인 주장을 계속하고 있다. 그들은 여전히 레닌주의와 스탈린주의를 동일하게 보고 있으며 레닌주의의 진정한 적자가 바로 스탈린이라고 믿는다.

하지만 레닌주의와 스탈린주의 사이에는 어떠한 공통분모도 없다. 스탈린주의는 소비에트 국가가 국내의 정치적·경제적 어려움 때문에 앙상한 뼈대만을 갖게 되고 독일에서 혁명이 승리하지 못하여 소련이 고립된 상황에서 생겨났다.

동유럽의 민주주의 혁명은 지금까지 만연된 이데올로기를 철저히 부수었다. 동유럽 노동자들은 공산당이 자신들을 보다 나은 내일로 이끌고 갈 지도자로 여기지 않는다. 지금까지 노동자들을 억압하고 착취해 왔던 것이 바로 공산당과 국가 관료들이라는 사실이 폭로됨에 따라 이제 동유럽에서 **진정한** 사회주의 운동이 생겨날 수 있는 토대가 마련되었다. 소위 "사회주의 국가들"은 국가가 생산수단을 장악하고 노동자 계급을 간접적·집합적으로 착취하는 국가자본주의에 지나지 않았다는 사실이 적어도 소수의 사람들에게는 설득력 있게 들릴 수 있는 기회가 주어지고 있다.

그렇다면 레닌주의란 무엇인가? 우리는 레닌주의를 다음과 같은 의미로 이해한다.

첫째, 사회주의는 노동자 계급의 자기해방이다. 부르주아 사회와 국가 그리고 부르주아 체제들을 파괴하고 사회주의로 전진할 수 있는 유일한 계급은 프롤레타리아다. 프롤레타리아의 자주적이고 계급의식적 행동과 그것을 통한 노동자 권력만이 사회주의의 전망을 제시해 준다.

둘째, 앞의 내용과 더불어 노동자 계급을 지도하고 의식화시키며 계급투쟁을 지도해서 승리로 이끌 수 있는 혁명적 프롤레타리아 당의 건설을 위해 노력하는 것이다. 사회주의 프롤레타리아 당은 혁명가로 이루어져야 하며 당내 민주주의와 중앙집중주의 원칙이 견지되어야 하며 둘은 결합되어야 한다. 민주주의 없는 중앙집중주의 그리고 중앙집중주의 없는 민주주의, 이 둘은 레닌주의와는 어떠한 공통점도 없다.

셋째, 프롤레타리아 국제주의 원칙의 옹호이다. 러시아의 계급투쟁과 그 투쟁의 결과들은 세계적 계급투쟁에 종속되어야 하며 1917년 10월의 사회주의 혁명도 세계 사회주의 혁명으로 귀결되어야 한다. 레닌은 '민족·식민지 문제에 관한 테제'에서 이렇게 말했다. "프롤레타리아 국제주의는 첫째, 일국의 프롤레타리아 투쟁의 이익을 세계적 규모의 프롤레타리아 투쟁의 이익에 종속시킬 것을 요구하고, 둘째, 부르주아지에 대해 승리를 거둔 민족이 국제자본을 타도하기 위해 최대의 민족적 희생을 치를 능력과 각오를 지닐 것을 요구한다." 그러므로 사회주의 국가를 위해 그 주변국의 부르주아지에 대한 프롤레타리아 투쟁을 제한하거나 축소시키는 것 또는 한정된 지역에서 사회주의 건설 가능성을 주장하면서 '사회주의적' 애국주의를 설교하는 것은 레닌주의와는 거리가 멀다.

동유럽 민주주의 혁명으로 인해 동유럽뿐 아니라 세계 노동자 계급에게 새로운 전망이 열렸다. 자본주의에 대한 대안이 기존의 "사회주의"가 아니며 스탈린주의나 공산당이 노동자들의 진정한 지도자가 아니라는 전망이 제시된 셈이다. 하지만 스탈린주의가 레닌주의에 뿌리를 두고 있다는 주장이 퍼지기 시작하고 있으므로 그것에 반대해 레닌주의를 옹호하고 전 세계 노동자 계급에게 레닌주의만이 사회주의를 가져올 수 있다는 사상을 옹호하는 것이 지금 혁명가들의 임무 가운데 하나일 것이다.

당내 민주주의와 중앙집중주의

20세기 초에 레닌은 당 건설을 준비하면서 자생성에 굴종하는 경제주의자들과 그들의 조직관을 비판했다. 이때 레닌은 당은 전투적이고 혁명적인 요소들의 조직이어야 하며 중앙집중되어야 하며 경찰의 기습에 대비하여 가능한 한 비밀스럽고 소규모이어야 한다고 주장했다. 특히 광범위한 민주주의의 도입(레닌은 공개의 원칙과 선거에 의한 간부 선출을 당내 민주주의의 주요한 요소로 보았다)은 도리어 적을 이롭게 하는 것이므로 제한적이어야 한다고 주장했다. 이러한 맥락에 비추어 볼 때 레닌주의에서는 당내 민주주의가 대폭 축소되고 강력한 중앙집중적 성격(자유주의 부르주아들은 이것을 1인 독재로 이해한다)만이 강조된다고 생각할 수도 있다.

또, 행동 통일을 위해 소수는 다수의 결의를 무비판적으로 따라야 하며, 하급 기관은 상급 기관에 무조건 복종해야 하며, 결정된 내용들에 대한 비판이나 당내에서 일정한 정책을 가진 분파의 형성, 소수파의 의견을 충분히 선전할 자유 등은 당의 통일을 저해하기 때문에 언제나 제지되어야(필요하면 폭력적으로라도) 한다고 생각할 수도 있을 것이다.

그러나 위의 주장들은 레닌주의와 아무런 관계도 없을뿐더러 그 당시의 사실들은 위의 주장들과 어긋난다. 비록 상황적으로 중앙집중이 더욱 필요했을 때도 레닌은 당내 민주주의가 완전히 희생되는 것을 반대했다. 당의 통일도, 더욱 강력한 중앙집중도 탄탄한 민주주의의 토대 위에서만 생겨날 수 있기 때문이다.

통일된 행동을 위해서는 다양한 토론과 상호비판이 필수적이다. 어떤 안건에 대해 소수파가 되었을 경우 다수파의 견해에 대한 비판과 자신들의 의견을 선전하고 선동할 자유가 보장되어야 한다. 하지만 스탈린은 소수파만의 민주주의라는 이유를 내세워 소수파의 견해 또는 자신과 반대되는 견해들을 봉쇄했다. 그의 말을 들어보자.

민주주의라는 것은 혁명에서 유리된 한줌의 인텔리겐챠가 끝도 없이 지껄

인다든지, 아니면 자신의 기관지를 가질 수 있는 자유로 이해한다면 이러한 "민주주의"는 우리에게 필요가 없다. 왜냐하면 그것은 지배적인 다수파의 의사를 무시하고자 하는 소수파를 위한 민주주의이기 때문이다.

그런데 레닌은 스탈린과 반대되는 생각을 갖고 있었다. 비록 당 기관지는 다수파에 속해야 하지만 그 지면의 개방을 통해 다양한 개인과 그룹에 대해 의사표명의 자유를 보장해야 하며 당면한 문제에 대해 견해 차이를 하나도 남김없이 공개해야 한다고 주장했다. 또한 언론의 자유와 논쟁의 자유를 제한하기 위한 검열을 반대했다. 행동 통일을 이루기 위해서는 소수파가 다수파에 복종해야 하지만 소수파가 다음 기회에 자신들의 견해가 다수의 지지를 얻게 하기 위해서 당 전체에 광범위하게 선전하고 선동할 자유가 보장되는 것을 전제로 한다. 레닌 자신도 볼셰비키 당내에서 여러번 소수파가 되었다. 예컨대, 1918년 브레스트-리토프스크 강화조약을 둘러싼 논쟁에서 레닌은 3차 투표에서 비로소 다수파가 될 수 있었다.

볼셰비키는 내전을 겪는 동안 당을 더욱 강력한 통일체로 만들어야 할 필요성에 직면하게 되었다. 이때 레닌은 당내 민주주의를 위해 필사적으로 투쟁했지만 다른 한편으로는 분파 형성을 제한할 것을 주장했다. 분파 형성이 당의 통일된 행동을 저해하며 장래 분열의 씨앗을 갖고 있기는 하지만, 분파 금지 조치가 소수파나 다른 견해를 가진 집단에 대한 억압이나 의사 표현 억압을 뜻하는 것은 아니다. 레닌이 1921년 1월 21일에 발표한 '당의 위기'라는 논문의 한 단락을 살펴보자.

물론 **여러 그룹이**(특히 대회가 열리기 전에) **분파를 형성하는 것은 허용된다.**(또한 표를 모으기 위해 분주하게 움직이는 것도 허용된다.) 그것은 공산주의(신디컬리즘이 아니라)의 범위 내에서 행해져야 할 것이며 조롱거리가 되지 않는 방식으로 행해져야 할 것이다.

비록 위의 내용들이 10차 당대회에서 거부당했지만 14차 당대회까지도 분파 금지 조치가 규약에는 포함되지 않았다.(1934년이 되어서야 비로소 규약에 포함된다.) 이때 레닌은 분파를 항상 특별한 정책을 갖는 당내 집단으로 묘사했다. 하나의 당에 영구적 분파는 존재할 수 없다. 하지만 다수의 결정이 틀렸다고 생각할 때 그것을 비판하면서 당의 지도부를 올바로 이끄는 것은 필요한 일이다.

그런데 분파 금지 조치는 스탈린 시대부터 영구불변의 원칙으로 자리잡았다. 스탈린은 언제나 내전기와 경제 재건기에 레닌이 말한 일시적인 분파 금지를 인용하면서 분파는 무조건 금지되어야 한다고 주장했다. 그의 말을 들어보자.

> 팩션의 존재는 여러 중앙의 존재를 초래하며 여러 중앙의 존재란 당내 공통적인 중앙의 부재, 단일한 의지의 해체, 규율의 약화와 붕괴, 독재의 약화와 붕괴를 뜻한다.

우리는 레닌의 당 조직 원리를 중앙집중주의와 당내 민주주의라고 이야기할 수 있다. 중앙집중주의 없는 민주주의는 자치적 성격의 연방주의일 뿐이다. 그 반대의 경우는 소련의 과거 역사가 보여주듯이 당에 대한 중앙위원회의 독재와 중앙위원회에 대한 일인의 독재를 가져오게 된다. 특히 당 간부의 관료화나 무능함에 대해 레닌은 항상 주의를 기울이면서 그러한 경향이나 징후가 나타날 경우 평당원의 참여와 간부에 대한 투쟁에 신뢰를 두고 기대를 걸었다. 레닌이 '4월 테제'를 발표하고 나서 중앙위원들과 투쟁했던 것에서도 드러나듯이 상부에 대한 하부의 투쟁을 통해 당의 지도부를 올바른 길로 이끌고 나갈 수 있었다. 하지만 이러한 레닌의 태도는 전혀 원칙에 어긋난 것이 아니었다. 도리어 당내에서 다양한 이견들의 치열한 투쟁, 중앙의 오류에 대한 평당원들의 비판, 그리고 젊고 혁명적인 노동자들의 입당 등 이러한 요소들이 볼셰비키 당이 혁명적 당이 될 수 있었던 밑거름이었다.

하지만 스탈린이 권력을 장악하고 나서부터 상황이 완전히 역전되었다. 소수파가 다수파의 견해를 비판하는 행동은 당의 통일을 가로막는 것으로 여겨졌다. 당의 규율이 일방적이고 획일적인 관료주의로 여겨졌고 민주주의와 서로 대립되는 관계에 놓여졌다. 이제 당내에서는 다수파의 독재가 이루어졌다. 그리고 바로 이 다수파를 지배한 사람은 스탈린 자신이었다.(투표에서 스탈린은 147%의 지지를 얻기도 했다!) 중앙위원회는 스탈린의 말을 추인하는 기구로 전락했고 레닌의 시대처럼 중앙위원회에 대한 반대와 비판을 제기하는 사람들은 차례차례 제거되었고 그의 추종자와 아첨꾼들만이 당에 남게 되었다.

한낮의 꿈 일국사회주의

　　1917년 10월혁명을 통해 볼셰비키가 권력을 장악했지만 러시아의 경제적 후진성과 인구의 다수가 농민이라는 사실 때문에 볼셰비키는 많은 난관에 봉착했다. 레닌은 후진국 혁명이 선진국 노동자들을 사회주의 혁명을 향해 성큼성큼 전진하게 할 것이라는 점과 선진국 노동자들이 자신들을 도와주지 않으면 러시아는 멸망할 것이라고 생각했다. 소비에트공화국의 운명은 유럽의 선진국(특히 독일)의 노동자 혁명에 달려 있었다. 하지만 1923년 독일혁명이 실패하고 자본주의는 상대적 안정기에 들어갔다. 국내적으로는 내전과 빈곤의 위협에 시달리는 동안 1917년에 가장 혁명적이었던 프롤레타리아가 거의 죽었고 산업시설이 파괴되어 프롤레타리아가 산업 생산수단과 결합하지 못했다. 바로 이러한 상황에서 스탈린은 "일국사회주의"를 도입하게 된다.

　　스탈린의 "일국사회주의"는 레닌의 국제주의를 완전히 저버린 것이었다. 그는 1924년 4월 말에 쓴 《레닌주의의 기초》에서 다음과 같이 주장하기도 했다.

　　사회주의의 주된 임무 — 사회주의적 생산의 조직 — 는 여전히 우리 앞에 놓여 있다. 몇몇 선진국 프롤레타리아의 공동의 노력 없이 이러한 임무가 성취될 수 있을까 그리고 사회주의의 궁극적 승리가 한 나라에서 얻어질 수 있을까? 그렇지 않다. 이것은 불가능하다.

스탈린은 이러한 모순을 《레닌주의의 문제들》에서 다음과 같이 반대로 써서 해결했다.(그 전에 그는 《레닌주의의 기초》를 모두 회수해서 폐기시켰다.)

승리한 나라의 프롤레타리아는 자신의 권력을 확립시키고 농민에 대한 지도력을 획득한 뒤 사회주의 사회를 건설할 수 있고 건설해야 한다.

그리하여 스탈린은 볼셰비키 혁명의 이념인 세계혁명을 내팽개쳤다. 볼셰비키의 세계혁명 이념은 1920년대 초만 해도, 비록 소비에트공화국의 군사적 방어에 당면한 역점을 두었지만 언제나 서방 자본주의국가들의 노동자혁명에 기대를 걸었으며 궁극적으로는 국제 혁명을 고무하는 전략에 바탕을 두고 있었다. 그러나 일국사회주의 이론은 국제적 계급투쟁보다 하나의 국민국가로서 소비에트공화국에 강조점을 두었다. 이제 소비에트공화국이 서방 자본주의 국가를 따라잡느냐 아니면 자신들이 뒤처지느냐가 초미의 관심사가 되었고 그러한 이유 때문에 소련 경제의 공업화가 사활적 문제로 간주되었다.

당시에 러시아는 낮은 노동생산성과 빈곤 때문에 격심한 경제적 어려움에 빠져있었다. 소련 관료가 기대를 걸 수 있는 것은 노동자와 농민의 착취였다. 서방 자본가들이 이윤을 위해 더욱 축적을 강화하듯이 소련 관료도 더욱 많은 착취와 축적을 추구하였다.

농민에 대한 태도도 달라졌다. 인구의 다수를 차지하던 농민은 프롤레타리아와 동맹할 수 있었다 하더라도 혁명적 사회주의를 실현할 수 있는 계급은 아니었다. 하지만 스탈린은 농민을 사회주의적 계급으로 발전하고 거기에 포함된다고 생각했다. 그런데 엉뚱하게도 스탈린은 국가자본주의 반혁명을 수행하는 데 농민이 축적의 걸림돌이 되자 농업을 강제로 집산화시키고 농민을 산업으로 편입시켰다. 자본의 원시적 축적이 이루어진 셈이었다. 결과적으로는 바로 이것이 농민이 사회주의적 계급으로 발전하고 거기에 포함된다는 스탈린식 논리였다.

스탈린은 일국사회주의가 불가능하다는 좌익반대파의 주장에 맞서서 19세기의 산업자본주의 시대에는 일국사회주의가 불가능한 것이었지만 '불균등 발전 법칙'에 의해 특징지워지는 제국주의 시대에는 가능한 것이라고 주장함으로써 레닌·부하린·룩셈부르크가 발전시킨 제국주의론을 왜곡했다. 그들의 제국주의론은 세계경제가 국민경제보다 분석상 우위에 있다는 관점에 바탕을 두고 있었다.

스탈린은 이러한 주장에 기초해서 러시아에서 사회주의 건설은 세계 다른 지역의 혁명 없이도 완수될 수 있다고 주장했다. 그리고 이러한 생각에 반대하는 것은 사회주의 사회 건설에 반대하는 것이나 다를 바 없다고, 즉 프롤레타리아에 대한 배신이라고 주장했다.

스탈린의 일국사회주의 이론은 그 후 코민테른을 타락으로 끌고 가는 역할을 했다. 스탈린이 코민테른을 일국사회주의 이론으로 일원화시키고 난 뒤 소련의 방어가 최우선에 놓여졌다. 다른 한편으로 이러한 사태는 민족주의와 무비판적으로 동맹하는 결과를 낳았다. 히틀러가 침공하게 되자 각국 공산당들은 전면에 나서서 "사회주의 조국" 소련을 옹호했다. 또한 국제 프롤레타리아의 단결보다 국내에서 자신들의 동맹자들과 편안한 마음으로 지내는 것을 가장 중요하게 여겼기 때문에 동맹자들이 노동자 투쟁을 억압하고 파괴하더라도 상관하지 않았다.

스탈린주의는 세계혁명과 노동자권력을 옹호하는 레닌주의에서 멀리 벗어난, 국가자본주의적 축적을 지향한 국내적 반혁명이자 소련의 자본축적에 국제혁명을 종속시킨 국제적 반혁명인 것이다. 한낮의 꿈 일국사회주의는 이렇게 노동자 국제주의와는 아무런 관계가 없는 반혁명적인 것이다.

레닌주의는 우리의 미래이다

스탈린주의는 바로 위와 같은 상황에서 태어났고, 서방 자본주의와의 경쟁에서 살아남기 위한 소련 국가자본가 지배계급의 이데올로기이자 착취체제이다. 따라서 노동자민주주의와 세계혁명을 지향한 레닌주의와 근본적으로 어긋나는 것임은 두말하면 잔소리다.

스탈린은 레닌의 사상들을 철저히 왜곡시킴으로써 자신의 행동을 정당화했다. 세계 사회주의 혁명의 서광을 비춰주었던 러시아 혁명은 스탈린주의 반혁명을 통해 국가자본주의 체제가 되었다.

동유럽의 대변동이 일어난 이후 스탈린주의가 레닌주의를 낳았다거나, 볼셰비즘 자체에 문제가 있었다거나, 레닌의 민주집중제가 사회주의 운동에 전혀 도움이 되지 않는다거나 하는 주장들은 러시아 역사에 대한 무지함과 레닌주의 자체에 대한 몰이해에서 비롯되는 것이다.

러시아 혁명이 국가자본주의 반혁명에 의해 패배당한 근본적 원인은 사실 볼셰비즘의 전통을 가진 사회주의를 창출할 계급, 즉 프롤레타리아 계급의 해체였다. 다시 말해 러시아 국내적 차원에서나 국제적 차원에서 노동자 계급이 사기저하되고 해체되었다는 사실이 러시아 혁명의 패배, 즉 스탈린주의를 낳은 근본 원인이었다.

사회주의자들이 이것을 이해하는 것이 중요하다. 왜냐하면 사회주의는 일국에서 실현될 수 없고, 혁명을 승리로 이끌 선진국 프롤레타리아와의 공동의 노력을 통해서 사회주의는 실현될 수 있기 때문이다.

오늘날 사회주의를 실현할 수 있는 계급은 여전히 프롤레타리아이다. 그리고 사회주의는 프롤레타리아의 자기해방이다. 이것을 인정하는 것만이 우리가 볼셰비즘의 전통을 계승하는 것이다. 우리는 이러한 볼셰비즘의 전통에 서있는 것을 매우 자랑스럽게 여기며, 추수주의자들이나 사회민주주의자들로부터 "당신들은 시대에 뒤떨어진 얘기나 하고 앉아 있다"는 비난을 듣는 것을 우리가 볼셰비즘의 전통에 아직은 충실하다는 찬사로 여긴다. 레닌주의, 즉 볼셰비즘만이 우리의 미래라는 점을 잊지 말자.

(독자편지) "볼셰비키 혁명 73주년 기념"에 부쳐

《등대》라는 잡지 속의 논설 "볼셰비키 혁명 73주년"을 읽고서 그 글 속에 꼭 들어가야 할 내용이 들어가지 않았다고 생각해 이 글을

〈노동자 권력〉 편집부에 보냅니다.

　저는 "볼셰비키 혁명 73주년"의 저자가 말하고자 하는 내용, 즉 레닌주의와 스탈린주의 사이에는 어느 것 하나 공통된 것이 없으며, 스탈린이 말로는 레닌주의를 이야기했지만 실제로는 레닌주의의 원칙들을 철저히 왜곡하였다는 주장에 전적으로 동의합니다. 비단 그 글속에서 지적한 것뿐 아니라 모든 문제에서 스탈린은 마르크스, 엥겔스, 레닌, 로자 그리고 트로츠키로 이어지는 혁명적 사회주의 전통을 곡해하였습니다. 스탈린은 그 중에서도 '국가'(노동자 국가)에 대해 왜곡함으로써 1920년대 말 국가자본주의로 나아가는 데서 이데올로기적 발판을 마련했을 뿐 아니라 그 후 지금까지 좌익들에게 동구와 소련을 사회주의 사회(또는 노동자 국가)라고 믿도록 하였습니다.

　스탈린은 사회주의 사회에서도 국가의 힘은 계속 커져야 한다라고 이야기했습니다. 스탈린은 부르주아지의 반혁명과 자본주의 국가의 침입 가능성이 항상 소비에트 공화국을 위협하고 있다는 것을 이유로 내세웠습니다. 그는 소련 공산당 제16차 전당대회 중앙위원회 정치보고에서 다음과 같이 이야기했습니다. "우리는 국가의 사멸을 주장한다. 더욱이 우리는 그것과 함께 오늘날까지 존재해 온 모든 국가권력 중에서도 가장 강력한, 가장 강대한 권력인 프롤레타리아 독재의 강화를 주장한다." 하지만 그에게 프롤레타리아 독재의 강화는 두 가지 의미를 지니고 있었습니다.

　국내에서는 서방 자본주의와 경쟁하기 위해서 경제성장을 가속시켰으며, 그 때문에 노동자와 농민을 더욱 착취해야 했습니다. 그러기 위해서는 그들을 감시할 수 있는 전체주의적 감시·통제 기구가 필요했으며 생산·소비·유통·분배에 국가의 지시와 그 지시를 수행할 관리들이 필요했습니다.

소련은 세계경제 속으로 더욱 깊숙이 빠져들고 있었음에도 불구하고 일국 사회주의와 자립경제의 이데올로기를 고집하였습니다. 이러한 주장이 현실로 나타난 것이 "사회주의 조국 옹호"와 국경 수비입니다.

이러한 과정에서 국가의 역할이 매우 중요했습니다. 이 때 부하린의 모형이 커다란 도움을 줄 수 있습니다. " … 산업자본은 각 국민국가와 점점 더 얽히게 된다. 이 때문에 이들 국가자본 사이의 경쟁이 세계적인 차원에서 첨예화한다. 경제적인 경쟁은 경쟁 자본가의 자원을 장악하고 더 넓은 바탕 위에서 생산을 개조하기 위한 군사적인 충돌로 바뀌었다." 이처럼 소련에서는 국가가 자본으로 등장하면서 경제성장을 주도하였으며 서방과의 전략적 군사적 경쟁을 통해 오랫동안의 호황을 누렸습니다. 이 때 국가는 노동자 계급이 아니라 국가 자본가 관료들의 지시나 운영에 의해 움직여 왔습니다. 이것은 레닌이 《국가와 혁명》에서 이야기한 노동자 국가와 아무런 관련도 없습니다. 레닌은 그 책에서 프롤레타리아 독재를 "지배계급으로 조직된 프롤레타리아"의 사회 통제라고 규정하고 있습니다. 하지만 소련의 현실은 노동자가 지배계급이라기보다는 억압당하고 착취당하는 계급이라는 것을 보여 줍니다. 생산에 대한 노동자 통제의 흔적은 20년대 말 국가자본주의로 퇴행하는 반혁명적 과정에서 완전히 사라져 버렸습니다.

레닌은 부르주아 국가는 노동자 계급에 의해 파괴되지만 노동자 국가는 '국가로서의 기능'(국가란 항상 한 계급의 다른 계급에 대한 억압과 관련되어 있습니다)이 사라짐에 따라 사멸(枯死)한다고 주장하였습니다. 국유화를 통해 생산수단의 대부분을 소유하면서 노동자를 억압하고 착취하는 국가는 노동자 국가와 아무런 공통점도 없다고 생각합니다.

10월을 변호하며

혁명은 전제정치로 끝나고야 마는가?

언론의 논평가들과 우파 학자들은 1917년 10월 러시아 혁명이 20세기의 가장 중요하고도 끔찍한 사건이었다고 한다. 러시아 혁명과 스탈린주의의 공포정치는 동일한 것이라는 것이다. 개량주의자들도 혁명이란 설사 일어난다 해도 언제나 재앙으로 끝나게 마련이라고 주장한다. 그래서 '현실적인' 방도는 체제의 부패하고 사악한 측면들을 개선하는 것밖에 없다고 주장한다. 그러나 그들은 이런 주장을 뒷받침하기 위해 가장 기본적인 사실을 무시해야만 한다. 1929년에서 1953년 사망 때까지 스탈린 권력의 기반 전체가 1917년 10월에 수립됐던 것과 완전히 달랐다.

혁명 정부는 노동자 평의회의 선출된 대의원들에 바탕을 두었다.

이 글은 《비판과 대안》 2호(1999년 9월)에 실린 것이다.

혁명 정부는 10월에 선출된 대의원의 3분의 2의 지지를 받았고, 석 달 뒤에 새로 치른 선거에서 뽑힌 사람들의 4분의 3의 지지를 받았 다. 이러한 선거들은 서로 다른 정당들(우파 사회혁명당, 좌파 사회 혁명당, 멘셰비키, 그리고 물론 볼셰비키)을 지지하는 각 신문과 각 정기간행물 사이의 자유로운 논쟁을 배경으로 치러졌다. 볼셰비키 당은 압도적으로 노동자들로 이루어져 있었다. 당 내에서 자유로운 논쟁이 있었다. 1917년부터 1921년까지 줄곧 공개적인 주장들이 오 갔다.

이와 대조적으로, 스탈린 치하에서는 노동자 평의회가 없었다. 스 탈린의 1936년 헌법에 규정된 소위 '최고 소비에트'는 가짜 의회 구조 물이었다. 게다가 자유 선거도 치러지지 않았다. 당은 하나밖에 없 었다. 모든 신문과 정간물은 그 당의 방침에 맹종했다. 당원의 다수 는 노동자가 아니라 관리자, 국가관료, 당 상근 전임자 들이었다. 고위 당원이든 하급 당원이든 스탈린의 정책과 다른 정책을 내놓는 것은 허용되지 않았다. 재판 받은 사람은 누구든 구속됐고 십중팔 구 처형당했다.

스탈린의 당은 '공산당'을 자칭했지만, 그 당은 실제로는 1917년의 당과 아무 공통점도 없다. 1939년의 1백50만 당원 가운데 단지 1.3 퍼센트만이 1917년에 당원이었다. 다른 한편, 1917년의 볼셰비키 가 운데 단지 7퍼센트만이 1939년 스탈린의 당에 있었다. 최초의 혁명 정부를 이루었던 15인 가운데 10인이 스탈린의 지시에 따라 처형당 하거나 살해당했고, 4인은 자연사했고, 단지 한 명만이 살아남았는 데, 바로 스탈린 자신이었다. 수십만의 고참 혁명가들이 스탈린의 보안경찰에 의해 살해당했거나 스탈린의 강제노동수용소에서 죽었다. 레온 트로츠키가 말했듯이 볼셰비즘과 스탈린주의 사이에는 "피의 강물"이 흘렀다.

어떤 사람들은 스탈린주의가 혁명 이후 1920년대에 떠올랐고 혁명에서 역할을 한 사람들 일부가 연루됐으므로 스탈린주의는 혁명의 결과라고 주장한다.

그러나 뒤이어 일어났다는 사실만으로 꼭 인과관계가 성립하는 건 아니다. 철(鐵)로 제품을 만드는 공장이 있다 치자. 제품이 비를 맞고 녹슬어 쓸모없어졌다. 그렇다면, 그 공장이 녹을 만들어 냈다고 할 수 있는가? 이와 마찬가지로, 어떤 혁명이 그 몇 해 뒤에 일어난 일의 원인이라고 말할 수는 없다. 제반 사건들이 미친 영향을 살펴봐야 할 필요가 있다. 러시아의 경우 이것이 뜻하는 바는, 주요 자본주의 열강들이 혁명 정부를 무력으로 공격했고 옛 지배계급이 지휘하는 군대가 내전을 일으켰다는 사실이 미친 효과를 무엇보다 우선 고려해야 한다는 것이다. 이 사건들이 엄청난 재앙을 가져오고 나라를 황폐화시킨 원인이었다. 방방곡곡에서 식료품이 처참하게 부족했고, 콜레라가 창궐했고, 일부 지역에서는 기아로 인해 시체의 인육을 먹는 일마저 벌어졌다. 원자재 부족으로 거의 모든 공장이 문을 닫아, 생산은 제1차세계대전 이전 수준의 겨우 8분의 1밖에 안 되는 수준이었다. 혁명을 일으킨 노동계급은 거의 해체 상태였다. 이와 함께 노동계급의 혁명적 민주주의도 죽었다. 볼셰비즘에 의해 죽임당한 게 아니라 외세의 개입에 의해 죽임당했던 것이다. 이러한 황폐화와 파괴로부터 스탈린이 떠올랐다. 하지만 스탈린은 그의 지배를 안정화하기 위해 옛 볼셰비키 당의 살아 있는 중핵을 제거할 필요가 있었다.

10월 혁명을 그 이후에 일어난 일 때문에 비난하는 건 옳지 않다. 외국 군대에 의해 혁명이 교살당한 것을 가지고 혁명을 비난하는 건 부적절하다. 마치 시체를 부패시킨 병균 때문에 살인사건의 피살자를 비난하는 것이 부당하듯이 말이다.

1917년의 러시아는 아주 달랐다. 20세기에 일어난 커다란 위기들은 사회를 공포와 야만 상태로 되돌려놓곤 했다. 하지만 러시아는 1917년 이후 잠시 매우 다른 결과가 나타났다. 세계 민중은 전 인류를 위한 완전히 다르고 더 나은 미래를 잠깐 볼 수 있었다. 그래서 당시에 러시아에 주재하고 있던 많은 서방 기자들(예컨대 《세계를 뒤흔든 열흘》의 지은이 존 리드 같은)이 현장에서 자신들이 목격하고 있는 것에 넋을 잃었던 것이다. 1917년의 러시아는 어떻게 달랐는가?

러시아 노동자들은 인구의 소수였다. 러시아 국민은 자기 개인의 땅뙈기를 붙여 먹으며 사는 것이 인생의 거의 전부인 무지한 농민들로 주로 이루어져 있었다. 농민의 정신적 시야는 자신의 특정 촌락을 가까스로 넘어서는 수준에 지나지 않았다. 하지만 3백만 공업 노동자는 일부 세계 최대 공장들에 집중돼 있었다. 그리고 대개 공장들은 제국 정치 권력의 중심지인 상트페테르부르크 시와 모스크바 시 변두리에 있었다.

1905년 상트페테르부르크 인쇄공 파업을 통해 세계 다른 어느 곳에서도 볼 수 없었던 새로운 타입의 노동자 조직이 생겨났다. 파업 투쟁과의 연대 운동을 건설하기 위해 상트페테르부르크 시 소재 공장들은 중앙 소비에트(노동자 평의회)로 대표들을 보냈다. 소비에트는 파괴되기까지 황제(차르)의 공식 정부에 맞서는 정부가 됐다.

노동자들은 소비에트가 자신들의 정서를 직접 나타내 주고 있는 것으로 보았기 때문에 소비에트에 일체감을 느꼈다. 자본주의 의회의 의원과 달리 소비에트 대표들은 더 안락한 생활이나 더 많은 수입에 의해 대중과 분리되는 별개의 집단이 아니었다.

그들은 노동자들 자신에 의해 선출되고, 아무 특권이 없으며, 동료 노동자들이 동의하지 않는 조처들을 실행하면 즉시 교체돼야 했다. 노동자들은 1917년 다시 소비에트를 세우는 것으로 황제의 퇴진을 축하했다. 이번에는 러시아 제국의 모든 공업 지역에서 소비에트가 결성됐다. 그리고 선출된 소비에트를 통해 조직하는 본보기는 노동자에서 사병으로, 그리고 많은 농민 촌락으로 확산됐다. 황제의 타도를 통해 수백만 대중이 생전 처음으로 자신의 생활조건에 대해 자신이 어느 정도 영향을 미칠 수 있다는 느낌을 가지게 됐다. 전에 정치에 전혀 무관심했던 광범한 사람들이 사회가 직면하고 있던 핵심적인 정치 쟁점들을 이해하기 시작했다. 그들이 그러한 쟁점들에 관해 주장을 펴고 자기들이 내린 결론에 따라 행동할 수 있는 수단이 바로 소비에트였다.

소비에트라는 기구를 통해 노동자와 사병은 스스로 조직할 수 있었다. 중앙 정부 권력은 황제에서 중간계급 정치인들로 넘어가 있었다. 이들 입헌민주주의자들은 러시아를 근대적인 자본주의 국가로 바꾸기를 원했다. 그들은 의회 선거를 원한다고 했다. 하지만 사람들의 열정이 가라앉을 때까지 선거를 연기하기를 그들은 바랐다. 한편, 그들은 독일과 오스트리아에 맞선 유혈 전쟁을 계속할 작정이었고, 공장에 대한 대기업의 지배를 유지할 셈이었으며, 농민에 의한 어떠한 폭력적 토지 장악도 저지할 작정이었다. 그러나 소비에트에 대한 지지가 하도 강력해, 중간계급 정치인들은 정부의 구성 문제를 둘러싸고 소비에트와 협상해야 했다.

그리하여, 전쟁 덕분에 폭리를 취하는 자들과 르보프 공작이 처음에 이끌던 정부는 많은 '온건한' 사회주의자들도 포함하게 됐다. 처음에 이들 '온건파'는 정부에 대한 지지를 이끌어 낼 수 있었다. 대다수 노동자·병사는 기존 체제에 의해 주입된 관념들, 특히 그들 자신은 사회를 운영하는 데 알맞지 않다는 생각을 여전히 받아들였다. 그래서 제1차 전국 소비에트 대회가 열렸을 때 소비에트 대표들의 88퍼센트가 자본주의를 옹호하는 임시 정부를 지지했다.

그러나 정부의 정책이 옛 황제의 정책만큼 민중에게 고약하다는 점이 매달 분명해졌다. 정부에 대한 사람들의 태도가 바뀜에 따라 소비에트의 구성은 계속해서 아래로부터 바뀌고 있었다. 사람들은 자본가와 지주와 전쟁에 반대하는 정책들을 원하는 대표들을 소비에트에 선출했다. 이러한 정책들은 소비에트가 전권을 쥘 때만 추구될 것이다. 그리하여 소비에트는 단지 노동자들의 새로운 조직 방식만이 아니었다. 소비에트는 또한 임시정부가 가져다줄 수 없는 변화를 갈구하는 러시아 제국 내 모든 사람의 염원을 성취하기 위한 진정으로 민주적인 구심이 됐다. 그래서 노동자 평의회는 그 때부터 줄곧 혁명적 사회주의자들의 중심적인 사상이었다.

1917년 10월 혁명을 일으킨 것은 잘못이었는가?

거대한 사회적 위기가 발생했을 때 진정한 혁명적 대안이 없으면 사회는 최악의 야만성과 참사로 퇴보한다는 점을 금세기는 거듭 보여 주었다. 규칙을 입증하는 예외인 1917년 10월 러시아 혁명은 진정한 혁명적 대안이 존재하면 보통의 노동자들이 평등과 연대와 상부상조에 바탕을 두고 사회를 창조할 수 있음을 보여 주었다. 1917년의 희망은 결국 스탈린주의라는 새로운 참사에 묻혀 버렸다. 그러나 그렇다고 해서 러시아 혁명에 대한 우리의 기억을 지워서는 안 된다. 이것은 마치 부패한 시체를 보고는 인간 생명체의 아름다움을 망각하는 것과 같다.

1917년 이전의 러시아는 차르라는 전제군주가 교수대, 시베리아 유형지, 오흐라나라는 보안경찰 등을 이용해 절대 권력을 유지하는 제국이었다. 차르의 지지 세력은 대지주였다. 이들은 국토의 절반을 소유하고 그 땅에서 일하는 수천만 농민을 억박질러 혹사시키는 데 이골나 있었다. 제국의 편제는 거의 중세적이었다. 농민도 마찬가지였다. 농민은 거의 다 문맹이었고 자기 촌락을 넘어 있는 세계에 대해서는 거의 몰랐다. 제국 주민의 과반이 차르의 군대에 의해 정복당한 비러시아계 민족들이었다.

그러나 더 이상 차르는 단순히 전통적인 방식에 따라 제국을 유지할 수가 없었다. 왜냐하면 서유럽과 일본의 지배자들이 공업 자본주의 덕택에 새로운 전쟁 수행 방식을 습득할 수 있었기 때문이다. 중세적 제국인 러시아는 상트페테르부르크와 모스크바 같은 도시들을 중심으로, 고립돼 있지만 선진적인 자본주의 공업의 발달을 촉진해야만 유지될 수 있었다. 그러나, 또한 이것은 수백만 농민이 공업 노동자라는 새로운 계급으로 바뀌는 일을 수반했다. 제국의 전략적 중심지에 밀집해 있고 시간이 갈수록 글자를 익히고 식견을 넓히던 그들은 자신의 이익을 위해 투쟁하는 법을 신속히 발견했다.

차르는 1914년, 그 당시로선 인류 역사상 최대 규모의 전쟁에 참여해야 했다. 제국의 장래가 걸려 있는 문제였기 때문이다. 처음엔 많은 사람들이 전쟁에 열의를 보였다. 그러나 1917년 초쯤엔 전쟁은 더할 나위 없이 큰 고통으로 바뀌었다. 도시는 굶주림이 만연했다. 징집된 농민인 사병은 우월한 독일 무기와 마주해 나날이 죽음에 대한 두려움에 떨었다.

2월(서방 달력으로는 3월)에 사회 기층의 분노가 갑자기 폭발했다. 상트페테르부르크 시 변두리의 공단지대 여성 노동자들이 식료품 부족에 항의해 벌인 시위가 강 건너 도심지의 대중 시위로 발전했다. 사병들은 지휘관의 명령에 불복종해 시위 진압을 거부했다. 결국 차르는 퇴위하지 않을 수 없었다. 한줌 빼곤 러시아 사회의 거의 모든 부분이 기뻐했다. 노동자들은 이제 자신의 고통이 끝이라고 생각했다. 농민은 마침내 지주의 토지를 취득하게 됐구나 하고 생각했다. 병사들은 오래지 않아 전쟁이 끝나겠구나 하고 생각했다. 억압당하던 민족들은 이제 자유를 얻겠구나 하고 생각했다. 중간계급들은 자유민주주의가 도래했다고 생각했다. 심지어 자본가들조차 기뻐했다.

그들은 전쟁 수행과 자기네를 위한 새 시장 정복에 새 정부가 더 효과적일 것으로 보았다. 러시아인 거의 모두가 차르를 타도하는 것만으로도 나라의 위기를 해결할 수 있을 것이라고 믿었다.

오늘날 자유주의적 역사가들은 이러한 믿음을 그대로 되풀이하고 있다. 그들은 1917년 10월의 노동자 혁명이 불필요했다고 본다. 괜스레 그 혁명을 일으켜 '자유민주주의'를 위한 명예로운 기회를 쓸데없이 망쳤다는 것이다. 그러나 차르를 물러나게 한 위기는 파국으로 치달으면서까지 악화했다. 이것은 볼셰비키 탓이 아니었다. 왜냐하면 봄에는 그들은 여전히 소규모 정당이었기 때문이다. 위기 악화의 책임은 오히려 정부를 운영하는 '온건' 정치인들에게 있었다.

'온건'했기에 그들은 지주와 자본가와 군장성이 화날까봐 두려워 위기의 근원을 다루는 대책들을 실행하기를 거부했다. 여름에 우익 장군들은 대중의 환멸을 이용해 자기들이 권력을 장악하기 위해 옛 지주들과 핵심 자본가 그룹들과 작당해 군사반란을 모의했다. 그들을 저지할 수 있는 유일한 방법은 혁명을 앞으로 밀고 나아가, 헛된 약속을 실제의 변화로 대체하는 것이었다. 그러기 위해서는 또 다른 혁명이 필요했다. 나중에 트로츠키가 적절히 지적했듯이, 만일 10월 혁명을 일으키지 않았다면 1922년의 이탈리아에 앞서 1918년 초의 러시아가 파시즘을 경험하는 최초의 나라가 됐을 것이다.

러시아 사회주의 혁명과
국가자본주의 반혁명 1917~1928

10월로 가는 길

1917년 러시아에서는 두 번의 혁명이 일어났다. 첫 번째 혁명은 2월에 일어났다. 2월혁명은 우리 시대로 치자면 루마니아 차우셰스쿠의 타도와 아주 흡사한 것이었다. 제정 러시아는 거의 전 인민의 원성을 샀으며, 그리하여 노동자·농민·병사의 거대한 봉기에 의해 싹쓸이당했다. 심지어는 특권 계급들 가운데도 꽤 많은 사람들이 차르가 물러나기를 바랐다.

전쟁과 부패에 신물이 난 러시아 인민은 새 사회를 원했다. 하지만 어떤 종류의 사회인가? 2월혁명에 불을 붙인 여성 방직 노동자들의 희망이 그들의 고용주들의 희망과 같을 수는 없었다. 손바닥만 한

___

크리스 하먼. 국제사회주의자들(IS)이 1995년에 번역해 소책자로 발간했다.

땅뙈기를 부쳐먹던 농민의 열망이 그와 그의 가족의 고혈을 쥐어짜던 지주의 열망과 같을 수는 없었다. 그래서 혁명이 터지자 이제 세상 전체가 완전히 한 바퀴 뒤집히고 있는 것처럼 보였다. 하지만 여전히 노동자들은 그들의 고용주들을 위해 땀을 뻘뻘 흘리고 있었고, 농민들은 지주들을 위해 수고하고 있었다. 노동자와 농민이 원한에 사무친 왕정을 뒤집어엎을 때 느꼈던 목적의 동일함은 10월로 가는 길에, 러시아가 처한 현실에 맞부닥쳐 마치 아침 안개처럼 사라져 버릴 참이었다.

신임 수상 케렌스키의 목표는 지금 우리가 살고 있는 사회와 같은 종류의 사회였다. 4년 만의 선거와 그로부터 뽑힌 부르주아지의 수다스런 대변인들의 떠들썩한 웅변 장소인 국회, 그리고 진정한 권력은 부와 무기를 통제하는 자들의 손에 여전히 있는 그러한 사회 말이다. 케렌스키는 러시아를 자본가들이 안심하고 계속 이윤을 챙길 수 있는 나라로 만들어 보려 했다. 그러나 노동자와 농민의 생각은 이와 달랐다. 그들은 또 다른 이름으로 된 똑같은 것을 더 많이 겪으려고 싸우고 죽었던 것이 아니다.

몇 달 동안 이러한 불안한 세력균형이 계속되었다.

우선, 거대한 노동자 시위와 파업이 정부를 마비시키곤 했다. 그러면, 고용주들의 사주를 받은 정부는 노동자들을 총과 진압봉으로써 납작하게 짜그라뜨려 놓았다. 어느 한 쪽이 이기고 다른 쪽은 져야 할 상황이었다.

결말은 10월에 도래했다. 이 때쯤에는 케렌스키 정부의 신뢰는 땅에 떨어져 있었다. 케렌스키 정부는 인민의 대다수인 노동자와 농민이 원하는 것을 줄 수 없었다. 정부는 평화 대신 계속 전쟁을 수행하는 것에 대한 미사여구를 늘어놓았다. 빵 대신에 정부는 계속되는 굶주림을 안겨주었다. 땅 대신에 정부는 지주의 마름을 보냈다.

1917년 10월혁명을 통해 집권한 정부는 그 전까지는 세상에서 결코 없었던 종류의 정부 ― 노동자 공화국 ― 였다. 이 두 번째 혁명은 동시에 일어난 두 가지 사회 운동의 산물이었다.

러시아의 엄청난 인구의 대다수가 살고 있던 농촌에서는 투쟁이 두 유산계급들 ― 지주와 농민 ― 사이에서 벌어졌다. 가랑이가 째지게 가난해 멸시받고 억압받던 농민은 이제 구제도가 흔들리는 것을 목격했다. 물론 그들은 전에도 분기(憤起)하곤 했지만, 지금처럼 자기 상전들의 지배력이 그렇게 불확실해 보인 적은 결코 없었다. 농민들은 지주의 토지를 장악하고 자기들끼리 사유지로 분할하기 시작했다. 이제 몇 세대에 걸친 그들의 염원이 성취된 것처럼 보였다. '이제 내 땅을 갖고 내 나름대로 농사를 지어 볼 수 있겠구나.' '터무니없는 지대와 세금과 수확을 거둬가려 하던 지주놈들이 없어졌단 말이야.' 러시아에서는 민중주의 정당인 사회혁명당(SRs)이 농민의 이해관계를 대변했다.

도시에서는 혁명이 이와 다르게 전개되었다. 거기서의 투쟁은 급속한 산업 발전으로 형성된 새로운 계급들 사이에서 벌어졌다. 한 편은 고용주들이었는데, 이들은 거대한 신종 설비와 공장을 통해 어마어마한 재산을 축적하고 있었으며, 어떤 대가를 치르더라도 그것을 사수할 각오에 차 있었다. 다른 한 편은 공업화로 창출된, 고용주의 적이었는데, 적은 수였지만 거대 공장에 집결하여 힘은 매우 강한 노동계급이었다.

이들 노동자들은 자기의 힘을 깨닫고는, 자기 부모와 조상들이 별로 변한 게 없는 촌락에서 몇 세기 동안 간직해 왔던 낡은 관념들과 근본적으로 다른 철학을 습득했다. 그들은 사회주의를 배웠다. 그들은 자기들이 만든 것을 어떻게 사용해야 할지를 결정하고 싶어 했다. 그들은 자신들의 관리자들을 스스로 선출하길 원했다. 그들은 새로 도입되고 새로 발명되는 과학기술이 돈에 환장한 고용주 계급에게만 도움이 되는 것이 아니라 모든 사람에게 이기(利器)가 되기를 바랐다.

1905년, 노동자들은 일련의 대중파업으로써 차르에 도전했다. 그러나 그들은 농민으로 이루어진 군대가 여전히 차르에게 충성하는 사태에 맞부닥쳐야 했다. 그들은 구질서를 무너뜨리지 못한 데 대해 톡톡히 대가를 치러 그 이후 투옥과 암살, 빈곤 그리고 경찰 테러를 겪어야 했다. 하지만 노동자들은 자신들의 패배로부터 배웠다. 그들은 자신들의 파업 준비 경험으로부터, 일상적 사회 운영을 지배자들보다 더 잘 할 수 있음을 발견했다.

1905년 페트로그라드에서 노동자들은 자신들의 평의회(소비에트)를 조직했다. 페트로그라드 노동자평의회는 도시 전체의 직장들에서 선출된 대표자들로 이루어졌다. 노동자평의회는 경제적 요구에서, 사형을 구형받은 크론슈타트 해군기지 반란 수병을 옹호하는 정치 파업을 조직하는 것으로 발전했다.

페트로그라드 소비에트 의장 레온 트로츠키는 소비에트의 역할에 대해서 이렇게 말했다.

소비에트는 사실상 혁명 정부의 맹아이다. 그것은 시민의 안전을 보장하기 위해 가두 규찰대를 조직했다. … 그것은 우체국과 전신전화국과 철도를 접수했다. … 소비에트는 1일 8시간 노동제를 도입했다. … 다음 혁명의 최고 파고(波高)는 전국적으로 소비에트들을 창출할 것이다.

트로츠키 말이 맞았다. 일종의 거대한 파업위원회로 시작된 것이 혁명의 혼란과 소용돌이 속에서 대안적인 정부로 발전했다. 최초의 소비에트가 등장한 지 12년 뒤, 소비에트는 1917년 10월혁명의 전국가적 정부의 토대가 되었고, 이는 어떤 부르주아 '민주주의' 정부보다 무한히 더 민주적인 정부가 되었다. 혁명 러시아의 인민은 어느날 하루 투표장에 가서 주둥아리로만 여러분을 위한다는 허풍선이들한테 표를 던지고 4년 동안 그 사기꾼들이 공약을 하나씩 하나씩 위반해 나가는 꼴을 보지 않았다. 소비에트 대표는 투표자들에 의해 언제든지 소환될 수 있었으며, 노동자 대중집회에 정규적으로 나가 설명해야 했다. 평의회 대표들은 노동인민 대중을 정치 과정에 참여시켰다.

러시아혁명에 대해 알고자 하는 사람이라면 꼭 읽어야 할 책인 《세계를 뒤흔든 열흘》(책갈피)의 저자인 존 리드는 자신의 목격담을 이렇게 썼다.

인민의 의지에 이보다 더 민감하고 주의를 기울이는 정치기관이 고안된 적은 전에는 결코 없었다. 이것은 필연적인 일이었다. 왜냐하면, 혁명 때는 인민의 의지가 몹시 빠르게 변하기 때문이다. 예컨대 1917년 12월의 첫 몇

주 동안에 제헌의회를 찬성하는 — 즉, 소비에트 권력에 반대하는 — 대중 퍼레이드와 시위가 여러 번 있었다. 한 번은 일부 무책임한 적위대가 퍼레이드 행렬을 향해 발포해 몇 사람이 죽은 사건이 있었다. 이 어리석은 발포행위에 대한 반발은 즉각적이었다. 12시간 안에 페트로그라드 소비에트의 면모가 일신되었다. 열두 명 이상의 볼셰비키 대표들이 퇴진했고 멘셰비키[온건 사회주의자들]가 그 자리를 대신 차지했다. 민중의 분노는 3주 뒤에야 가라앉았는데, 그 뒤 멘셰비키는 하나씩 하나씩 사임했고 볼셰비키가 재파송되었다.

우리 나라의 지배자들이 12시간 안에 퇴진할까? 12달 안에라도 퇴진한다면 그자들을 처단하지 않을 수도 있겠다!

1917년 10월 이후 노동인민은 일상적으로 나라의 의사결정 기관들을 통제할 수 있었다. 그것도 자본주의 국가들에서는 결코 가능하지 않은 방식으로 그랬다. 노동인민이 자신들의 삶을 통제할 수 있다는 것을 믿지 않는 사람은 우리에게 러시아혁명은 전혀 이런 게 아니었다고 납득시켜야 한다. 해보라. 모든 증거가 그에게 불리하게 작용할 것이다. 그런 사람들은 토론과 주장의 분출, 홍수같이 쏟아져 나온 각종 신문들, 혁명적 열정에 휩싸인 적극적 민주주의 등에 대해서는 단 한마디도 언급하지 않는다. 그들에게 레닌과 트로츠키를 비롯한 볼셰비키는 온통 음모꾼들일 뿐이다. 10월 봉기는 일종의 쿠데타로 묘사된다. 이것은 순전히 왜곡이다. 볼셰비키가 새로운 소비에트 정부를 구성한 것은 20여 년에 걸친 투쟁을 통해 그들이야말로 부패한 차르 체제에 맞서 싸우는 사람들 가운데 최상급의 투사들이었음을 입증했기 때문이다.

10월혁명 바로 전에 볼셰비키는 소비에트 내에서 다수파가 되었다. 그러므로 파산한 케렌스키 정부를 전복한 봉기를 볼셰비키가 개시했던 것은 노동자 계급 거의 전체의 지지를 받으면서 그랬던 것이다. 구체제가 와르르 내려앉은 것도 그리 놀랄 만한 일은 아니었던 것이다. 봉기는 거의 무혈에 가까웠던 나머지 에이젠슈타인의 무성영화 〈전함 포툠킨〉이 실제 상황을 다소간 과장하지 않았느냐는 질문도 있을 정도이다.

봉기에 반대한 온건 사회주의자 마르토프도 봉기에 대해 "마침내 우리 눈앞에서 프롤레타리아의 봉기가 전개되어 승리를 향하고 있다는 사실을 이해하셔야 합니다. 거의 모든 프롤레타리아가 레닌을 지지하고 있고 그 봉기로부터 자신의 사회적 해방을 기대하고 있습니다"라고 썼다.

1917년 7월의 볼셰비키 당원 수는 17만 6천 명이었다고 한다.(10월혁명 직전에는 적어도 25만 명이었다고 한다.) 러시아의 산업 노동자 수가 3백만밖에 안 되었음을 감안한다면 이것은 엄청난 지지였다고 아니 할 수 없다.(남한의 산업 노동자가 1천2백만 명이므로 남한에서 그런 당이 출현한다면 그것은 1백만 당원의 정당이라는 얘기가 된다!) 그리고 이 당은 민중당에서 흔히 볼 수 있는 수동적 선거주의자들이 아니었다. 볼셰비키는 능동적인 혁명가들이었다. 볼셰비키가 최초의 소비에트 정부를 구성하게 되었을 때 대략 열 노동자 중 하나가 볼셰비키 당원이었다.

10월혁명은 도시의 혁명과 농촌의 혁명이 만나지 않았더라면 일어날 수 없었을 것이다. 노동자들의 산업 지배력이 없었다면 농민 반란은 또 한 번의 조직되지 못한 실패작이 되고 말았을 것이다. 군대 안의 수백만 농민의 지지가 없었다면 노동자들은 1905년에 그랬듯이 수(數)에서나 군사력에서나 지배계급의 상대가 되지 못해 단지 분쇄당해 버렸을 것이다.

비록 노동자와 농민이 단결하긴 했어도 장기적으로 그들은 이해관계를 같이 하지 못했다. 그들을 뭉치게 했던 것은 그들의 적(敵)들인 큰 산업체 소유자와 넓은 땅 소유자가 그들에 맞서 서로 동맹했기 때문이다.

노동자들이 10월에 봉기했을 때 농민과 군대가 그들에게 동조했는데, 군대의 경우에는 사병들이 주로 농민 출신이었기 때문이다. 혁명은 시작되었고, 농민 대중을 이끌고 앞장선 조직된 노동계급에 의해 혁명은 지도돼 완수되었다. 노동자 봉기를 통해 농민은 토지를 장악해 보유할 수 있었으므로 그들은 새로운 소비에트 권력을 받아들였다. 그리고 소비에트의 규칙을 받아들임으로써 농민은 소비에트의 다수파 정당인 볼셰비키와 그 당이 여당이 될 권리를 용인했다.

소비에트 러시아 창건 첫 몇 달 동안 농민은 노동자와 그들의 당인 볼셰비키의 지도력을 계속 인정했다. 그리하여 토지가 농민들에게 분할·분배되었다. 그들의 염원이 성취된 것이다. 하지만 노동자와 농민의 이해관계가 서로 충돌한다면 어찌될 것인가? 바로 이것이 혁명의 앞길에 붙어다닐 문제였다.

희망의 날들

이렇게 해서 노동자들이 권력을 잡았다. 여러 세대의 사회주의자들이 간직해 왔던 꿈이 실현되었다. 노동 민중이 구지배계급을 타도하고 자기 자신의 노동자 정부인 소비에트를 통해 권력을 장악했던 것이다.

존 리드는 러시아 노동자들의 소감을 이렇게 전했다.

지평선 너머로 수도의 불빛이 반짝반짝 빛나며 널리 퍼져 있었다. 낮보다는 밤에 비할 데 없이 훨씬 더 장려(壯麗)한 것이 마치 불모의 평원에 펼쳐져 있는 보석 암맥(岩脈) 같았다. 운전하던 한 늙은 노동자가 한 손에 바퀴를 들고 다른 손으로는 멀리서 반짝이는 수도를 환희에 찬 몸짓과 더불어 둘러보며 이렇게 외쳤다. '내꺼야.' 그의 얼굴이 환해졌다. '이제는 모두 내 것이야! 오, 나의 페트로그라드여!'

노동자들이 자신들의 새로운 권력을 축하했음은 지당한 일이었다. 최초의 소비에트 정부를 구성한 볼셰비키 당의 사무실에서 포고령이 하나씩 하나씩 쏟아져 나왔다. 볼셰비키는 공장의 노동자 통제를 공포(公布)했고, 사형제도를 폐지했으며, 정교분리와 교회로부터 교육의 분리를 공표했으며, 완전한 종교의 자유를 선언했다. 그리하여 몇백 년 동안 러시아를 휩쓸어 왔던 반유대주의 테러도 종식시켰다. 볼셰비키는 교육 분야에서 교사의 독재를 끝장내는 위대한 실험에 착수했다. 그들은 러시아의 수백만 문맹자들에게 읽기와 쓰기를 가르치는 대대적인 캠페인을 시작했다. 그들은 여러 세기 동안 여성을 억눌러 왔던 비열한 법률들을 폐지했다. 어느 한 쪽에 의해서든 이혼할 수 있게 되었다. 사생아 같은 서출(庶出) 태생들도 적출자(嫡出者)들과 완전히 똑같은 권리를 누리게 되었다. 낙태가 자유롭게 허용되었다.

그리고 이런 것들이 자기 본위의 엘리트들의 단순한 공약(空約)이 아님을 분명히 해두기 위해 볼셰비키는 정부 관리의 봉급이 숙련 산업 노동자의 평균 임금만큼만 되게끔 했다. 희망으로 충만한 때였다. 볼셰비키는 자신들이 성취한 자유에 흠뻑 취해 있었다. 그렇지 않다면, 우리는 나중에 그들에게 맞서 싸우게 될 백군 지도자 칼레딘(Kaledin) 장군을 싸우지 않겠다는 약속만 받고 풀어준 볼셰비키의 순진함을 달리 어떻게 설명할 수 있겠는가?

그러나 불행히도 사람들은 자기들 자신이 선택한 상황에서 역사를 만들어 나가는 게 아니다.

이제 소비에트 정부가 지배하게 된 러시아의 현실은 냉혹했다. 제1차세계대전의 참해(慘害)로 황폐화되었고 철도·통신·산업 체계는 혼란에 빠져 러시아는 과거의 사회주의자들이 노동자들의 권력 장악을 예상했던 그런 곳이 아니었다. 그 때까지 모든 사회주의자들은 서유럽과 북아메리카의 부유한 선진국들에서 처음으로 노동자들이 권력을 장악하리라 예상했다. 사회주의의 물질적 기초는 높은 생산성과 고도 기술 그리고 고도의 숙련일 것이라고들 여겼던 것이다.

1917년 당시 여전히 후진성과 무지가 만연된, 러시아 전 국토의 10분의 9 지역은 자본주의 선진국이 아니라 중세 유럽과 비교됨 직했다. 볼셰비키가 새 세상을 만들려 했던 상황은 이미 1918년 여름에 절망적인 것이었다. 수도 페트로그라드에서는 콜레라가 전염되고 있었다. 기근이 온 나라에 퍼져 있었다. 노동자 국가에 반대하는 자들이 암살 테러를 획책해, 볼셰비키 지도자 레닌이 저격당해 중상을 입었다.

볼셰비키는 파괴된 자기 나라의 국경을 넘어 도움을 구했다. 1억 6천만 인구 가운데 노동계급은 단지 3백만밖에 안 되는 러시아에서 사회주의 공화국이 생존할 수 있는 유일한 길은 다른, 더 발전한 노동자 국가들의 원조를 받는 것이라고 볼셰비키는 말했다. 독일이나 프랑스 같은 대공업국에서 노동자 공화국이 수립된다면 트랙터와 각종 기계류를 보내줘 농민의 생활조건을 향상시킬 수 있게 되고 그렇게 되면 그들이 소비에트 러시아에 충성하게 될 것이다. 선진 공업강국에 세워질 노동자 국가는 러시아가 급속히 공업화할 수 있도록 도와줄 것이다. 그 밖의 길은 위기의 심화, 물자 부족 악화, 그리고 결국은 소비에트 국가에 대한 농민 지지의 종말일 것이다. 볼셰비키는 자신들이 국제사회주의냐 아니면 파멸이냐의 갈림길에 서 있음을 추호도 의심하지 않았다.

레닌은 거듭 이런 문제의식으로 되돌아오곤 했다. "우리는 한 국가에서 살고 있을 뿐 아니라 국가들의 체제에서 살고 있기도 하다. 그러므로 소비에트 공화국이 무한정 제국주의 국가들과 공존할 수 있다고는 상상조차 할 수 없다. 둘 중 하나가 최종 승리를 거두고야 말 것이다."

우리는 언제나 국제 혁명에 승부를 걸어 왔고 이것은 무조건 옳았다. 언제나 우리는 사회주의 혁명 같은 일을 한 나라(一國)에서 성취할 수 없다는 사실을 … 역설해 왔다.

1919년 3월에 그는 다시 이렇게 말했다. "절대 진리는 독일 혁명 없이는 우리가 멸망할 것이라는 것이다."

그런데 이것은 몇몇 이상주의자들의 몽상이 아니었다. 그 당시 전 세계가 혁명의 급류에 휘말려 있는 듯이 보였다. 독일과 오스트리아에서 왕정이 붕괴되었고, 노동자평의회와 수병평의회 및 병사평의회가 세워졌다. 헝가리와 바바리아 그리고 핀란드와 라트비아에서 소비에트 정부들이 짧게나마 권력을 장악했다. 이탈리아에서는 공장 점거가 벌어졌다. 터키 황제(술탄: Sultan)가 타도되었다. 영국 군대는 아일랜드 민족해방운동과 싸우면서 마비 상태에 빠졌다. 영국 자체 안에서도 지배계급은 공포에 휩싸였으며, 머지와 클라이드 항구의 포함이 수병 반란으로 말미암아 발이 묶였다.

전 세계 모든 나라의 수백만 노동자들이 볼셰비키의 용기와 전망에 고무받았다. 그들에게 볼셰비키는 전쟁의 공포와 실업과 가난에 대한 대안을 제공하는 것으로 보였다. 서유럽의 한 노동자는 전세계 노동자들이 사회주의 러시아의 대의에 동조해 결집하던 저 멋들어진 날들을 산다는 것이 어떤 것인지에 관해 이렇게 말했다. "1917년 11월 러시아혁명에 관한 소식이 들려 왔는데, 그 소식은 모든 혁명적 노동자들의 마음 속에 흥분의 전율을 일으켰습니다. 하지만 언론에 나타나는 왜곡된 소식 외에 다른 정보를 얻기란 어려운 일이었습니다. 저는 러시아혁명을 다룬 것이라면 무엇이든지 닥치는 대로 주워 삼킨 결과, 저나 제 주위의 모든 사람들과 같은 노동자들이 권력을 획득했고 사장(社長) 계급을 물리쳤다는 사실을 알게 되면서 제 가슴은 열광으로 뿌듯해지기 시작했습니다."

그러나 공산주의자 좌익은 너무 미약하거나 너무 빈약하게 조직되어 있었던 나머지 기회를 포착하지 못했다. 가장 보수반동적인 지배계급 정당과 다른 지배계급 정당들 사이의 간격은 사회민주당 또는 중도주의 정당과 노조 관료들이 메웠는데, 지금처럼 그 때에도 역시 그들은 말로는 사회주의를 얘기하면서도 막상 그것을 실천할 계제에 이르면 혁명이라는 거대한 도박보다는 자신들의 기득권에 안주하기를 더 좋아했다. 독일 같은 일부 나라들에서는 그들은 심지어 자신들에 대한 좌익 반대자들을 살해하라고 시키기까지 했던 것이다.

자본주의는 잠시 숨돌릴 여유를 얻었지만 위험에서 완전히 벗어났던 것은 결코 아니었다. 신생 공산당들이 비록 권력 장악 준비는 되어 있지 않았지만 역량을 급속히 신장시키고 있었다. 신생 코민테른(공산주의 인터내셔널)은 세계 공산당들을 통일시켜 수십만, 심지어 수백만 노동자들의 지지를 받았다.

그러나, 볼셰비키는 유럽 노동자들이 권력을 장악하기를 기다리고만 있을 수는 없었다. 국내의 혁명 수호와 그것의 국외로의 확산은 서로 분리할 수 없는 것들이었다. 볼셰비키의 다음 행동은 국제 자본주의 열강들에 의해 좌지우지되었다. 영국과 미국을 비롯한 14개국의 군대들이 러시아를 침략했고 축출당한 지배계급의 백군(白軍)

을 무장시켰다. 러시아 인민이 아니라 자본주의 국가들이 그 뒤에 계속된 유혈낭자한 내전을 시작했던 것이다. 볼셰비키가 자신들의 정책을 실행에 옮길 생각을 해보기도 전에 그들은 백군과 외국군을 몰아낼 일부터 먼저 해야 했다. 모든 노력이 소비에트 공화국의 수호에 경주되었다. 국가 경제는 노동자 공화국 군대가 필요로 하는 바들에 맞춰졌다. 이런 엄격하고 군사화된 희생·배급 체제를 두고 볼셰비키는 "전시공산주의"라고 불렀다.

내전이 낳은 결과들

볼셰비키가 내전에서 이겼다. 새로운 혁명군대인 적군(亦軍)을 창설할 임무를 위임받은 볼셰비키 지도자는 트로츠키였다. 노동자 공화국을 지지하는 세력들이 어디서든 퇴각하고 있었을 때 그와 가장 헌신적인 볼셰비키는 그들을 다시 규합하여 전선에 도착했다. 노동자들을 혁명으로 추동했던 바로 그 이상(理想)이 트로츠키와 적군을 전장으로 내몰았고 승리로 이끌었다. 트로츠키는 열차를 타고 러시아의 방방곡곡을 누비면서 적군이 비할 데 없이 위대한 영웅적 용기와 무공(武功)의 위업(偉業)을 이룩하도록 고무했다. 마침내 그의 지도 하에 반혁명 세력들은 패퇴당했다.

그러나 생명과 물질로 계산된 대가는 엄청났다. 이미 휘청거리고 있었던 경제는 케이오 펀치로 그로기 상태에 있었다. 1919년 5월경의 러시아 공업은 단지 10%만이 가동되고 있었다. 제조업 생산은 그나마 형편없었던 1913년 수준의 13%로 떨어졌다. 자동차 수송이 저발전 상태에 있던 나라에서 철도의 79%가 사용불능의 상태에 있었다. 실과 성냥과 양초 같은 간단한 물건들조차도 가게에서 자취를 감추었다. 어떤 지방에서는 인육(人肉)을 먹는 일이 일어나고 있었다!

도시 노동자의 수는 3백만에서 1백25만으로 줄어들었다. 도시에 머물러봤자 굶어 죽기 십상이었으므로 도시 노동자들은 농촌에 가 농민이 되어 버렸다. 1921년경, 혁명의 심장 페트로그라드는 그 도시 전체 인구 가운데 57.5%가 사망 또는 이도향촌(移都向村)으로 말미암아 사라졌고 모스크바는 44.5%가 그러했다. 혁명을 지도한 노동자 계급이 엄청난 희생을 치렀던 것이다. 볼셰비키 당의 최상의 당원 수천 명이 전장에서 사망했다.

10월혁명을 이끈 노동계급이 많은 사망자 수로 말미암아 격감했던 것이다.

이제 러시아 노동계급은 소비에트 권력의 살아 있는 중핵이 아니었다. 내전으로 말미암아 기근에 찌든 도시에서 살아남으려는 절박한 노력으로서 노동자들은 자신의 소지품을 먹을 것과 바꾸었다. 어떤 노동자들은 작업장의 기계를 훔쳐 식료품과 물물교환했다. 암시장이 창궐했다. 개인들의 살벌한 생존경쟁이 1917년 혁명 시기의 집단 민주주의를 대체했다.

혁명의 모든 성과가 자원의 희소(稀少)라는 위험만으로도 위태로운 지경에 처했다. 작업장의 반이 텅 비어 있고 다음 원자재 공급처가 어디일지조차 모르는 상황에서 노동자의 힘(권력)은 슬로건에 지나지 않는 것이었다. 버려진 을씨년스런 공장에 남아 있는 얼마 안 되는 노동자들은 더 이상 1917년의 자신감과 낙관을 지닐 수 없었다. 또한 그들은 자신의 힘을 느낄 수 없었다. 오직 미약함만을 느꼈다. 볼셰비키는 생산이라는 것을 여하튼 돌아가게라도 하기 위해 경영자를 임명해야 했다.

여성들로 말하자면 대부분이 먹고 살 걱정 때문에 감히 신규 법률을 활용해 지긋지긋한 결혼 생활을 끝낼 엄두조차 못 냈다. 어쨌든 자기 남편이 애들이 먹을 것을 어디서 구해 올지도 모르니까.

혁명적 노동자들이 대량 학살당할 때는(핀란드에서만도 1918년 4월, 1만 명 이상이 반혁명 분자들의 손에 죽어갔다), 학살자들을 위해 사형제도 폐지 따위의 사치를 누릴 여유가 없는 법이다.

혁명 초기의, 희망에 찬 날들에 공포된 법률들은 혁명이 외국으로 퍼져 나가지 않으면 휴지조각에 지나지 않을 판이었다. 비극적이게도, 혁명은 확산되지 않았다. 볼셰비키에게 강제된 '일시적' 방책들은 불안하게도 영속적으로 보이기 시작했다.

볼셰비키가 직면해 있던 문제는 바로 이렇다. 즉, 만일 혁명을 만든 계급이 사실상 더 이상 존재하지 않는다면 노동계급 정당은 어떻게 계속 통치해 나갈 수 있겠는가? 백군에게 권력을 넘겨줄 수 없었음은 말할 나위도 없다. 혁명적 노동자가 백군에 포로로 잡히면 그들은 고문당한 뒤 살해되었다. 반혁명 세력은 봉건 야만주의로 되돌아가 있었다. 그들은 포로의 머리 위에 압박대를 끼운 다음 포로의 두개골이 파열될 때까지 돌리곤 했다. 나무기둥에 묶어 놓고 배를 갈라 죽이기도 했다.

트로츠키가 말했듯이, 만약 볼셰비키가 러시아에 대한 지배를 포기했다면 파시즘은 이탈리아어가 아니라 러시아어가 되었을 것이다. 노동자의 러시아는 가까스로 살아남았지만 완전히 변형된 형태로서 그랬다. 소비에트, 즉 민주적 노동자평의회는 그 대표자들을 선출한 노동자들로부터 독립해서는 아무것도 아니었다. 노동자의 다수가 온건 사회주의자들인 멘셰비키라면 소비에트는 멘셰비키적일 것이다. 볼셰비키가 다수파라면 소비에트 역시 볼셰비키적일 것이다.

볼셰비키는 소비에트에서 바로 그런 다수파를 이루고 있었다. 그들은 자신들이 러시아 노동인민의 이익을 가장 잘 대변하고 있음을 매주 입증해 넘으로써 지도력을 발휘하고 있었다. 볼셰비키는 소비에트 내에서 다른 당들과 경합했다. 멘셰비키는 1918년 6월까지는 합법적으로 활동했다. 그러나 내전이 가져온 끔찍한 파괴는 이 모든 것을 바꾸어 놓았다.

노동자와 농민의 최상급 투사들이 전국적으로 전쟁에 휘말려 있고 푸틸로프 공장 같은 대공장들이 사실상 가동되지 못하고 있었으며 남아 있던 노동자들은 생존을 위해 이곳저곳을 헤매고 있는 상황에선 소비에트가 전처럼 노동자 권력의 기관이 될 수 없었다. 노동자 없이 노동자 정부가 있을 수 있겠는가. 지도적 볼셰비키였던 카메네프는 소비에트가 쇠퇴하는 모습을 이렇게 묘사했다.

우리는 전쟁 때문에 최상의 노동자들이 대거 도시에서 빠져 나가고 그리하여 때때로 도(道) 또는 군(郡)의 수도에서 소비에트를 세워 운영하기가 어렵다는 사실을 알고 있다. … 정치기관으로서 소비에트 본회의는 시간 낭비이기 일쑤이며, 순전히 기계적인 자질구레한 일 처리로 분주하다. …

소비에트 총회는 거의 소집되지 않으며, 대표들이 만나는 것은 보고를 받고 연설을 듣는 등등의 일 때문이다.

달리 말해 소비에트는 아무 일도 안 하고 있었다. 쓸데없는 잡담 장소가 돼버린 것이다. 진정한 권력은 갈수록 볼셰비키 정부에게 집중되게 되었다.

볼셰비키는 혁명을 전폭적으로 지지하는 사람들 — 그런데 이는 시간이 갈수록 자신들을 의미하게 되었다 — 로만 이루어진 중앙집권적 정부를 유지해야 할 것이라는 결론에 도달하게 되었다. 이런 사정은 소비에트 내의 다른 정당들이 어땠는지를 한번 훑어보는 것만으로도 충분히 이해할 수 있다.

사회혁명당 우파 — 두 농민당 가운데 하나로서 공공연히 반혁명 편에 섰다. 많은 지역에서 이들은 백군과 구별이 안 되었다.

사회혁명당 좌파 — 다른 하나의 농민당으로서 볼셰비키 정부의 정책에 동의하지 않을 때면 언제든지 볼셰비키에게 테러 공격을 감행했다.

멘셰비키 — 혁명에 반대한 온건 사회주의자들. 비록 반혁명에 맞서 볼셰비키를 지지하긴 했지만 그 지지는 미온적이었고 소심한 것이었다. 멘셰비키는 혁명을 지지했든 반대했든 관계없이 모든 정당이 참여하는 제헌의회를 요구했다. 즉, 심지어 러시아의 전장에 노동자와 농민의 피를 뿌린 자들의 대표들도 포함시키자는 것이다!

볼셰비키가 제안한 정부에 이 따위 정당들이 포함되지 않았음은 두말할 나위도 없다. 그런 자들을 포함시킨다는 것은 자살 행위에

해당하는 것이었을 테니까 말이다.

볼셰비키는 어지러울 만큼 정신 없이 돌아가는 사태 속에 휘말려 있었다. 볼셰비키가 사태를 통제했다고 말하기는 어렵다. 1917년의 소비에트 국가는 1920년 이후 몇 년 사이에 일당 국가로 대체되어 버릴 수밖에 없었다. 소비에트는 볼셰비키의 간판에 지나지 않게 되었다. 1919년 이후 모스크바 소비에트는 18개월 이상씩이나 선거를 치르지 않았다.

일당 국가가 한 개인의 권력욕에서 탄생한 것은 아니었다. 우리가 지금까지 보아 왔듯이, 모든 후퇴와 양보는 사태의 진전이 가해 온 압박에 의해 강요됐으며 순전히 일시적인 조처가 될 것으로 의도되었다. 민주주의의 제한은 전쟁의 학살이 가져온 직접적인 결과였으므로 그 책임은 서구 자본주의 열강들이 져야 한다. 그들은 최초의 노동자 국가를 밖으로부터 깨부수지는 못했지만, 결국 안으로부터의 부식을 위한 조건들을 조성했다.

노동자와 농민

내전은 끝났지만 볼셰비키는 휴식을 취할 수 없었다. 전쟁과 혁명 그리고 또 전쟁의 연속적 순환 때문에, 그렇지 않아도 후진적인 나라가 고갈될 대로 고갈되어 여러 면에서 러시아는 20세기 사회라기보다는 18세기 프랑스에 더 가까웠다.

반혁명이라는 즉각적인 위협이 일단 퇴치되자 혁명을 이룬 두 계급

— 노동자와 농민 — 사이에 잠재해 있던 갈등이 분출하기 시작했다. 농민은 혁명으로부터 단지 한 가지 — 토지 — 만을 원했다. 이제 백군이 러시아에서 축출당했으니 지주가 복권될 기회는 사라진 셈이다. 농민은 자신들의 토지가 안전하다고 확신했다. 이제 노동자와의 동맹은 끝났다. 그들의 이해관계는 땅뙈기라는 재산 쪼가리를 넘어서지 않았다. 많은 농민들에게 볼셰비키 정권은 새로운 적(敵)이었다. 왜냐하면, 볼셰비키는 도시의 생존을 위해 필요한 곡물을 세금으로 징발해 갔기 때문이다. 볼셰비키가 소련공산당(CPSU)으로 당명을 바꿨을 때 많은 농민들이 자기 감정을 이렇게 표현했다. "볼셰비키는 괜찮은 친구들이었지. 우리에게 땅을 줬으니까. 하지만 이 공산당 놈들은 농촌에서 나오는 건 뭐든지 거둬다가 도회지에다 갖다주니, 원 빌어먹을."

볼셰비키에 대한 이러한 새로운 반대는 1921년 크론슈타트 반란으로써 정점에 이르렀다. 크론슈타트 요새는 페트로그라드로의 진격을 막는 보루였다. 1917년 10월혁명에서 크론슈타트 수병들은 태풍의 눈이었다. 그런 그들이 반란을 일으켰다는 소식을 들은 볼셰비키 가운데 많은 이들이 두려움을 나타냈다. "크론슈타트가 이제 우리 편이 아니라니 우린 이제 죽었구나."

그러나 1921년의 크론슈타트는 혁명 당시의 크론슈타트가 아니었다. 그 최상급 투사들 가운데 많은 사람들이 적군에 합류해 전선으로 싸우러 나갔다. 그들이 남겨 놓은 빈 자리를 농민들이 메웠다. 이들 농민의 혁명에 대한 충성은 지주의 복원에 대한 두려움에 의해서만 유지되었다. 크론슈타트 봉기는 볼셰비키의 사회주의적 목표에 농민이 결별을 고했음을 뜻하는 것이었다. 그들의 핵심적 요구들은 볼셰비키 없는 소비에트와 농업 부문에서의 자유시장 허용이었다. 크론슈타트의 요구들을 수락한다는 것은 사회주의 혁명을 포기한다는 것을 뜻했다.

사회주의 러시아는 풍전등화 같았다. 그 때까지 무려 50건의 농민 반란이 일어났다. 나라는 절대적 피폐 상태에 있었고 생산은 사실상 정지 상태에 빠졌다. 비축 자원도 없었지만, 대중의 마음 속에 비축된 정력도 없었다. 구체제와 맞서 싸운 투쟁에서 형성된, 노동계급의 전위들은 대개가 죽어 없어졌다. 그리고 최근에 당에 들어온 자들은 대부분이 해바라기성 인사들이었다. 다른 당들은 한줌밖에 안 되는 핵심만이 남아 있었는 데다, 설사 몇 주 뒤에 수천 명을 영입시킨다 해도 혁명에 대한 열성자들이 아니라 쓰라린 마음만을 간직하고 있는 불만분자들만을 입당시킬 터였다. 소비에트 민주주의는 지도와 기관과 영감을 결여하고 있었다. 그 뒤에는 굶주리고 절망에 빠진 대중만이 있었다. 크론슈타트 봉기로 볼셰비키가 타도된다면 그것은 혼란과 그를 틈탄 공산주의자에 대한 학살, 국외로 도주한 백위군의 귀향, 그리고 당연히 마침내는 반공 독재의 수립을 뜻했다.

볼셰비키는 도저히 국가권력을 양도할 수 없었다. 그것은 피바다의 반혁명을 의미할 것이었기 때문이다. 하지만 그렇다고 해서 "전시 공산주의"라는 내핍 정책을 계속할 수는 없는 노릇이었다. 왜냐하면, 바로 그 때문에 농민 반란이 일어났으므로 진로를 바꾸지 않으면 안 되었다. 레닌 말대로 "크론슈타트 사태는 다른 어느 것보다도 휘황찬란하게 현실을 비춘 섬광과도 같았다."

볼셰비키는 노동자의 러시아를 파국에서 건져내기 위해 일보후퇴를 요구하기로 했다. 이 잠정적인 후퇴 조치로서 농민에 대한 양보 조치가 바로 신경제정책(NEP: New Economic Policy)이었다. 신경제정책은 강력하게 중앙집권화한 사회주의 국가기구를 유지하면서 다음 것들을 추구했다.

1. 사적 교역의 재도입.
2. 원성 자자한 징발 대신 곡물세 도입.
3. 소규모 자본주의 제조업 허용.
4. 국가 부문에서 수익성 원리 수용.
5. 엄격한 재정 감독.

신경제정책은 실로 절박한 도박이었다. 볼셰비키 지도자는 모두가 신경제정책이 옛 자본주의 경제의 일정 부분과 그에 따라 옛 계급들의 잔재를 부활시키는 것임을 알고 있었다. 헌신적인 당원 사이에서 "우리 사회주의 러시아에 무엇이 남아 있지?" 하는 물음들이 오가며 술렁이기 시작했다. 진정한 의미에서 노동자들이 권력을 행사하고 있지는 않았다. 하기야 대부분의 노동자가 일자리에 없는데 어떻게 권력을 행사할 수 있었겠는가? 경제는 계획되지 않고 있었다. 도처에 혼란이 가득한데 어떻게 계획경제가 실행될 수 있었겠는가?

마치 자본주의 하에서처럼 돈이 윤활유 노릇을 했다. 대도시에서는 1백50만의 실업자들이 빈약한 구호물자를 배급받고 있었다. 계급이 가시적으로 부활하고 있었다. 실업자의 월수당이 24루블이었는데 반해 기술자의 월급은 8백 루블이었고, 당의 당직자들은 그 중간인 2백22루블을 월급으로 받았는데, 물론 무료로 얻는 것이 꽤 많았다. 소수의 번창과 다수의 빈궁이 양극화하고 있었다.

'10월'의 꿈, 즉 평등, 노동자 통제, 무계급 사회는 적대적인 자본주의 세계가 강제한 빈곤과 고립의 바다에서 침몰하고 있었다. 공산당이 직원 역할을 하고 있는 국가만이 포위당한 혁명의 사회주의적 목표들을 보증할 것처럼 보였다.

하지만 이것마저도 당시 상황에 대한 구제불능의 낙관적 해석이다. 1920년 말경이 되면 5백88만 명의 국가관리가 일하고 있었다는 아찔한 통계수치를 접할 수 있다. 이것은 공업 노동자의 다섯 배나 되는 숫자이다. 그런데 설상가상으로 볼셰비키는 그 가운데 소수파였다. 그 나머지 중에 혁명에 충성하는 자들은 거의 없었다. 볼셰비키 당은 정부 행정을 유지해 나가기 위해서 과거 제정 시대의 관리였던 자들을 수천 명씩이나 고용하지 않을 수 없었다. 레닌은 1922년 전당대회에서 이 방책의 위험을 이렇게 지적했다.

우리가 결여하고 있는 게 무엇인지는 자명합니다. 공산당의 지도층은 문화를 결여하고 있습니다. 모스크바를 봅시다. 이 한무리의 관료들로 말하자면 누가 누구를 지도하고 있습니까? 그 한떼거리의 관리들이 책임 있는 공산당원들입니까? 아니면 그와 정반대입니까? 공산당원들이 대중을 지도하고 있다고 여러분들이 말한다면 저는 그 대답이 정직한 것이라고 생각하지 않을 겁니다. 정직하게 답변하면 그들은 지도하고 있는 것이 아니라 지도받고 있는 것입니다.

국가기관은 "제정에게서 빌려 와 소비에트 세계의 맛만 본 것으로서 … 부르주아 제정 체제의 기구"였다. 즉, 국가는 "관료적으로 비틀린 노동자 국가"였다.

볼셰비키가 낡은 사회의 잔재에 의해 이끌리고 있었다면 어느 방향으로 이끌리고 있었는지에 대해서는 의심의 여지가 있을 수 없다. 계급 사회의 그 모든 더러운 진창이 어떻게 소생하는지에 대해서는 짐작이 가고도 남을 것이다. 부농과 소자본가와 관료의 대표자들은 공산주의자들에게 영향을 미치기 시작했다.

혁명적 사회주의 정당이라고 해서 그렇게 엄청난 사회적 압력을 받지 않을 수는 절대 없었다. 당 자체가 타락해 가고 있었다. 러시아가 1917년의 코뮌 국가에서 1918년 말의 당 독재로 붕괴되었다면, 당 역시 민주적 노동자 조직에서 관료적 괴물로 전락해 갔던 것이다. 공산당이 권력을 잡고 있으니, 혁명 전에는 공산주의자라면 죽어도 싸다고 고소하게 생각했을 자들이 공산당원들에게 추파를 던졌다.

1919년 3월의 8차 전당대회는 이렇게 보고했다. "충분히 공산주의자가 아니거나 심지어 전적으로 기생충 같은 분자들이 당으로 대거 유입되고 있다. 러시아공산당이 권좌에 있으므로, 그래도 좀 나은 분자들과 함께 출세주의 분자들도 당에게 끌리고 있다."

1922년 레닌은 "소비에트의 기관들뿐 아니라 당 기관들에도 관료제가 형성되었다"고 시인했다. 전당대회는 "소비에트와 당의 기관들을 숙청"할 것을 요구했다.('숙청'이란 말에 스탈린주의적 의미를 연상할 필요는 전혀 없다.) 즉, 레닌이 거듭 요구했듯이, 출세주의자들과 빈대 붙기 좋아하는 자들을 출당시켜야 한다는 것이다. 그러나 그래도 그들은 벌떼처럼 당으로 몰려들었다. 1918년 초의 당원 수는 20만이었는데, 1921년 10월에는 65만으로 급증했다. 당원의 90%가 1917년 10월에는 당원증을 갖지 않았던 사람들이었다.

볼셰비키 당은 노동자 당으로 탄생해서 노동자 투쟁 속에서 단련되며 성장해 노동자들의 희망을 한몸에 안고 권력을 쟁취했다. 그런데 이제 노동계급의 최상의 분자들이 전장에서 전사했거나 국가기구 속으로 흡수되어 버렸으니, 그리고 공장에서 일하는 노동자들의 사기는 저하되고 역향은 약화되었으니, 당은 점차 관료적 조직으로 변형되었다.

1917년에 일어난 두 번의 혁명에서 볼셰비키의 정책을 지지해 싸웠던 노동자들로 평당원들이 채워졌을 때는 당이 사회주의적 목표들에서 이반한다는 것을 상상하기가 어려웠다. 1919년에 이들 열성 당원들은 당원의 10% 정도였다. 1922년에는 열성 당원들은 40분의 1밖에 안 되었다. 이제 사회주의 혁명이라는 대의에 전심전력을 다해 헌신하는 공산당원 노동자들은 도대체 정치적으로 도무지 못 믿을 참말로 기회주의자들과 정치 생활을 같이 하게 되었다.

당은 비대해졌다. 당의 진로를 바로잡는 것은 지도적 볼셰비키의 흔들림 없는 혁명적 투신에 달려 있게 되었다. 레닌은 이렇게 썼다.

당의 대(對)프롤레타리아 정책은 현재는 평당원이 아니라 당의 '오랜 수호자들'이라고들 부르는 극소수의 엄청나게 크고 단일한 권위에 의해 결정된다는 사실을 인식해야 한다.

볼셰비즘의 오랜 수호자들은 출세의 일환으로 입당하는 사람들로부터 당을 보호해야 했다. 그들은 기가 꺾인 노동계급에게 호소할 수가 없었다. 그러므로 유일한 방법은 당원들에게 철의 규율을 행사하는 것이었다. 여러 정당들 가운데 가장 민주적인 이 정당이 이제 일시적이나마 당내 분파 형성을 금지했다. 어떤 반대의 목소리도 반사회주의 세력의 손에서 놀아난다면 발설해서는 안 되었다. 볼셰비키 지도부만이 사회주의적 정책을 책임졌다.

이제 소수 중의 소수가 러시아를 지배했다. 볼셰비키는 인민에 대한 독재를 계속했다. 볼셰비키 지도부는 평당원에 대한 독재를 계속했다. 이는 그 당의 민주적 전통과 너무나도 동떨어진 것이었다. 레닌 자신도 여러 번 당에서 소수파였던 바 있다. 예컨대 1917년 4월 그는 사회주의 혁명으로의 전환을 주장하는 토론회를 볼셰비키 중앙위원회 대다수의 의사에 거슬러 조직해야 했다. 10월 봉기 직전에, 당의 두 지도자인 카메네프와 지노비예프는 봉기 거사 결정에 반대하는 주장을 공공연히 한 바 있다. 레닌이 노발대발하며 그들을 당에서 쫓아내자고 했지만, 그 일을 실제로 추진하지는 않았다. 그들은 줄곧 당의 최고 의사결정 과정에 남아 있을 수 있었다.

1921년, 내전이 끝날 무렵 당은 노동자 반대파(the Workers' Opposition)의 강령을 25만 부나 인쇄했고, 반대파 성원 두 명이 당 중앙위원에 선출되었다. 도대체 어떤 자본가 정부가 전시(戰時)에 그런 토론의 자유를 허용하는가.

1922년에는 이 전통이 죽었거나 죽어가고 있었다. 자유주의자들이 떠들어대는 것처럼 사회주의에 본질적으로 잘못된 점이 있어서라거나 볼셰비키가 '전체주의적'이어서가 결코 아니라, 혁명의 고립이 그들을 파멸시켰기 때문이다.

부패가 얼마나 심화되고 있었는지는 내전 이후 경제가 회복되기 시작해서야 비로소 인지되었다. 그 전에는, 임금이 오르기 시작할 것이며 노동자 운동이 내전 이전의 역량과 자신감을 되찾을 것이라고 예상했다. 그러나 전혀 예상대로 되지 않았다. 그렇기는커녕 사태는 엉뚱하게 전개되었다. 신경제정책의 조처들 때문에 가용 화폐가 주로 농민에게 돌아갔다. 노동자만 제외하고 모두가 득을 보는 것 같았다. 농민의 불만을 돈을 치르고 달래려 볼셰비키는 그만 자신들의 사회주의적 목표들을 지지하기 위해 자신들이 기댈 수 있는 유일한 계급 — 노동자 계급 — 의 처지를 개선시키지 못했던 것이다.

그런데 노동자들은 단순히 농민에게 진 것이 아니었다. 1922년 노동자들은 산업체 경영진의 65%를 차지함으로써 노동자 통제의 일부 요소가 존속되는 것을 지켰다. 1923년에는 그 비율이 36%로 떨어졌다. 새로운 특권 집단이 등장했다 — "적색 자본가"라고들 불렸던 사회집단이. 이들은 높은 봉급으로 득을 보았고, 자기들 마음대로 노동자를 고용하거나 해고할 수 있었다.

관료의 부상

혁명이 나아가야 할 방향 문제를 놓고 당내 분열이 점차 심화되어 가는 사태에 대해 노동자들은 별로 관심을 갖지 않았다는 사실이 그리 놀라울 것은 없다.

볼셰비키 당은 내전과 반혁명과 기근이라는 혼란을 거치면서도 러시아 사회를 결속시켰지만, 승리와 더불어 문득 자신이 신경제정책(NEP) 시기의 여러 사회세력들 사이의 갈등을 중재하려 하고 있음을 깨달았다. 볼셰비키 당은 노동자와 농민 사이에서, 그리고 농민과 신흥 사적(私的) 자본가들, 즉 네프맨들(NEPmen) 사이에서 균형을 유지하려 했다. 볼셰비키가 이렇게 행동하기 위해서는 이들 서로 다른 계급들이 가하는 압력들에 응답해야 했다.

이에 뒤따른 위험이 소상인과 부농과 공장 관리자 모두가 공산당원 공무원에게 자기 문제를 청탁하러 몰려들곤 했다는 사실이다. 하지만 작업장과 직장의 노동자들은 어떤 형편에 있었나? 이들은 별 실질적인 압력을 넣을 수 없었다. 공산당원들은 문득 자신들이 설득력 있는 요구들을 내놓으며 나타나는 사람들에 맞서 별로 만나지도 않고 더 이상 그 처지를 자기가 공유하고 있지도 않은 노동자들의 이익을 옹호하려 애쓰고 있음을 깨달았다. 사실, 공산당원 관리들의 처지는 오늘날로 치자면 노동조합의 상근 임원의 처지와 닮았다고 할 수 있다. 평조합원의 끊임없는 통제가 없으면 외부 사회세력의 대표자들에 적응하기 시작하는 노조 관료들 말이다. 이와 마찬가지로, 볼셰비키 관리들도 평당원들의 통제를 받지 않으면서부터는 외부 사회세력들의 입장을 대변하는 사람들에게 시간이 갈수록 순응해 나가기 시작했다.

러시아 사회에서 일어나고 있던 계급투쟁은 날이 갈수록 당 내부로 반영되었다. 1924년 레닌이 작고하기 전에는 갈등이 표면 아래 내재해 있었다. 레닌이 사망하자 갈등은 당내에서 공공연한 전쟁으로 떠올랐다. 생애 마지막에 레닌은 관료의 위험에 대해 경고하면서, 관료제를 "우리가 제정으로부터 물려받아 소비에트의 기름을 약간 바른 바로 그 똑같은 러시아 기관"이라고 불렀다. 레닌의 마지막 필사적인 당내 투쟁은 노농감찰부(Workers' and Peasants' Inspectorate)에 대한 것이었는데, 이 기관은 관료주의라는 바로 그 흉칙한 악에 맞서 싸우기 위해 구성된 기관이었다.(《레닌의 반스탈린 투쟁》, 신평론, 1989) 레닌이 관료에 반대하는 투쟁의 수행을 그리도 긴박한 것으로 여겼다는 사실이 관료가 제기한 위험이 심각했음을 입증한다.

노농감찰부의 임무는 "관료주의와 출세주의의 침입에 맞서 싸우고, 당원이 당과 소비에트 내의 지위를 남용하거나 당내의 동지적 관계들을 침해하거나 또는 근거없고 터무니없는 소문과 중상을 퍼뜨려 당 전체나 개별 당원들의 명예를 손상시키고 당의 단결과 권위를 훼손시키는 행위를 근절하기 위해 싸우는 것"이었다.

지금까지 우리가 서술해 온 바에 비추어 보면, 이 기관이 매우 중요한 기관임이 분명해진다. 하지만 감찰부 자체가 이미 당 관료들의 도구가 되어 버렸다는 사실을 간과해서는 안 된다. 감찰부의 부장은 바로 스탈린이었다는 사실이 이 점을 웅변하고 있다. 스탈린은 감찰부를 정부 내의 자기 사조직 경찰로 바꿔 버리려 하고 있었다.

레닌은 작고하기 바로 전에, 감찰부가 "전적으로 소비에트와 당의 관료에게 이익이 되는 … 얼빠진 오만"에 차 있다는 비판을 했다. 마침내 그는 관료화 추세를 역전시키려는 최후의 절박한 시도로서 스탈린을 당 서기장 자리에서 쫓아낼 것을 요구했다. 하지만 때는 너무 늦었다. 스탈린은 요소 요소에 자기 세력을 단단히 박아 뒀던 것이다. 스탈린은 당 기관의 지지를 받는 사람이었고, 레닌 사후에 일어난 당내 투쟁에서 진정으로 이익을 본 사람이었다.

소련공산당의 지도권을 놓고 경합을 벌였던 세 분파는 다음과 같다.

좌익반대파(the Left Opposition) — 10월 봉기의 조직자이며 적군 사령관인 트로츠키를 중심으로 결집한 분파로서 혁명적 사회주의의 전통을 구현코자 했다. 이 경향의 출발점은 노동자 민주주의 없이는 사회주의가 있을 수 없다는 것이었다. 좌익반대파는 당을 민주화하려 했고, 관료의 힘 증대를 저지하고자 했으며, 산업화 계획을 실행하려 했다.

좌익반대파의 목표는 노동자 계급을 핵심적인 사회·정치 세력으로서 부흥시켜 진정한 소비에트 민주주의의 기초를 재창출하는 것이었다. 그들은 의지만으로는 결코 이 일을 할 수 없다는 점을 추호도 믿어 의심치 않았다. 소비에트 러시아가 좀 더 빠른 산업화를 이루는 데 필요한 자원을 획득하려면 농민의 크나큰 희생이 필요했다. 그러므로 좌익반대파는 혁명의 해외 확장에 절대적인 우선순위를 부여했다.

그러나, 좌익반대파가 볼셰비키 전통에서 비롯한 명확하고 힘에 찬 정책을 내놓았다는 이점을 누렸다면, 그들은 또한 하나의 커다란 불이익도 감수해야 했는데, 그것은 그 정책의 지지 기반인 노동자 계급 자신은 너무 약화되어 있던 나머지, 정치적 논쟁에서 아무런 역할도 할 수 없었다는 사실이다.

좌익반대파와 경합한 다른 분파들인 '우파'(the Right)와 '중도파' (the Center)는 당 관료 속에 깊이 뿌리를 내리고 있었다. 다른 관료들과 교제하는 데 더 익숙해 있던 관료들에게는 '우파'와 '중도파'의 보수적인 정책들이 좌익반대파의 정책들보다 더 현실적이고 매력 있게 보였던 것이다.

우파(the Right) ― 이 분파는 노동자 계급의 이익을 희생시켜 농민에게 양보하는 현재의 정책들을 더 좋아했을 뿐 아니라 이런 방향으로 더 나아가길 원했던 자들로 이루어져 있었다. 그들은 부농, 즉 쿨락(kulak)들의 이해관계를 반영하게 되었다. 그들은 초창기에 견지했던 혁명적 사회주의의 정신에서 하도 멀리 나아간 나머지 그들의 지도자 부하린(N. Bukharin)은 농민에게 "부자가 되시오" 하고 호소하기까지 했다.

중도파(the Center) ― 당시에는 트로츠키 같은 극소수만이 감지하고 있었지만, 사실 이 분파가 사태의 변화에서 열쇠를 쥐고 있었다. 이 분파는 스탈린을 중심으로 하여 결집한 당료들이었는데, 스탈린은 레닌이 그리도 우려해 마지않았던 바로 그 영향력 있는 국가기관 ― 노농감찰부 ― 의 수뇌였던 것이다.

대분분의 사람들에게 '좌파'와 '우파'가 주장하는 바가 무엇인지가 분명해지자마자 ― 하나는 노동자 운동을 재건하자는 입장이었고 다른 하나는 농민의 이익을 지키자는 입장이었다 ― 중도파의 꿍꿍이속이 자못 궁금해졌다. 한동안 중도파는 트로츠키의 지지자들 (즉, 좌익반대파)에 반대해 우파와 동맹했다. 그래서 사람들은 우파와 중도파가 함께 자본주의 부활로 향해 나아가고 있는 것이라고 생각했다. 하지만 그 사이에 중도파는 자기 나름의 독특한 사상과 이해관계를 발전시키고 있었다. 1920년대의 당내 투쟁들은 단지 볼셰비키 당의 상이한 경향들 사이의 분파투쟁 이상의 것을 뜻했다. 그 투쟁은 관료를 하나의 계급으로 발전시키고 있었던 것이다.

관료의 부상(浮上)에서 획기적인 사건은 '일국사회주의' 교리의 발표였을 것이다. 만약 이 사상이 초기의 전당대회들에서 발표되었다면 말도 안 되는 얘기로 배격되었을 것이다. 한때 당 전체가 받아들이고 있었던, 트로츠키와 좌익반대파의 국제주의에 반대해 이제 스탈린 분파는 뻔뻔스러운 민족주의 철학을 중심으로 단결했다.

스탈린파 관료, 즉 중도파는 처음에는 우파를 좌파에 맞서게 했다. 그러나 그들은 곧 세력을 키워 좌우의 두 분파에 독자적으로 맞섰다. 그리하여 지노비예프와 카메네프, 그리고 레닌의 미망인인 크룹스카야가 트로츠키와 합세해 스탈린에 반대하는 통합반대파(United Opposition)을 형성했을 때 이미 스탈린은 그들이 저지할 수 없는 세력을 이루고 있었다. 통합반대파가 노동자 권력의 꺼져 가며 타다 남은 불을 상징했다면, 스탈린은 줄곧 강해져 온 실제의 살아 있는 세력을 대표했던 것이다. 스탈린의 통제장치들에 비하면 통합반대파는 마치 군대 없이 전장에 출정한 장군들 같았다.

관료는 레닌 사망 직후 자신들에 반대하는 사람들을 위축시키고 고립시키는 선전전(宣傳戰)을 전개하면서 권력 기반을 다졌다.

레닌의 장례식은 거의 종교의식에 가까운 것이 되어 버렸다. 거기서 스탈린은 거의 찬송가라 할 수 있는 조사(弔詞)를 낭독했다. 레닌이 생전에 말했던 것을 깡그리 무시하고, 그리고 그의 미망인 크룹스카야가 밝혔던 소망을 무시하고, 지배 분파는 레닌교(敎)를 창제했다. 그들은 레닌의 시신을 미라로 만들어 거대한 능(陵)에 안치해 거의 신격화(神格化)해 버렸다. 레닌의 저작은 더 이상 실제의 투쟁에 관련됨으로써 일상생활 속에서 검증받는 행동지침이 아니게 되어 버렸다. 그것은 당내의 이단자들을 숙청하기 위해 인용되는 성경 같은 것이 되어 버렸다.

최초의 표적은 트로츠키와 좌익반대파였다. 이들은 거짓말과 중상모략 그리고 으름장의 홍수 속에 휘말렸다. 집회에서 그들의 발언은 호통으로 침묵을 강요당했고, 이에 대한 그들의 항의시위는 강제 해산을 당했다. 스탈린 일파의 악마론에서 '레닌주의'라는 선(善)은 '트로츠키즘'이라는 악(惡)과 생사를 건 투쟁을 벌여야 하는 것이었다.

혁명을 지도한 두 인물 사이에 여러 해 동안 이루어졌던 협력은 완전히 잊혀졌다. 레닌이 트로츠키를 가리켜 "중앙위원회에서 가장 유능한 사람"이라 불렀던 사실과 스탈린을 서기장 자리에서 쫓아내자고 트로츠키에게 제안했던 사실은 전적으로 무시되었다. 유급 선전가 기구가 가동되어, 잊혀진 지 오래된 두 사람 사이의 견해 차이들을 발견하는 데 전념했다. 그 이데올로그들이 들추어 낸 트로츠키의 이견들은 '트로츠키스트들'의 숙청·유형에 정당성을 부여했다. 1930년대의 저 악몽 같은 마녀사냥으로 향하는 길이 닦였다. 그 말 같지도 않은 "트로츠키주의자 파시스트들"이나 "제국주의 첩자들" 따위 말이다.

트로츠키와 좌익반대파 지도자들이 출당당한 지 1년 뒤에 지노비예프와 카메네프의 추종자들도 똑같은 운명을 겪게 되었다. 당의 공인된 지도자였던 지노비예프는 레닌그라드 시당 제1서기의 직위를 박탈당했다. 마치 차르가 자기 정적들을 유형에 처했듯이 스탈린도 자신의 정적들을 하나하나 제거해 나갔다. 스탈린의 지시에 불복종하는 사람은 누구든지 구속되었다. 당내의 분위기는 완전히 바뀌었다. 과거의 자유 토론은 이제 옛날 이야기가 되어 버렸다. 의장이 "동의하지 않는 사람 있습니까?" 하고 물으면 그걸로 그만이었다. 감히 그럴 수 있는 사람들은 모두 제거되었으니까.

10월혁명의 지도자들은 축출당하고 그 자리는 나중에 출세한 자들이 메우게 되었다. 이들은 당 상근직원들로서, 관료에게 절대적인 충성을 바쳤다. 1923년에서 1929년까지 관료는 자신들의 이해관계가 노동자들의 이해관계와 일치하지 않는다는 사실을 깨달았다. 관료가 혁명의 오랜 수호자들을 축출하는 것은 노동자 민주주의의 전통을 계속 살리려 하던 마지막 사람들을 추방하는 것이었다. 스탈린의 일국사회주의론은 단순히 국제사회주의라는 목표로 향하는 또 다른, 좀 더 신중한 길이 아니었다. 그것은 전혀 다른 목표를 가지고 있었던 것이다.

새로운 지배계급

1928년은 모든 것을 청산한 한 해였다. 부농의 곡물 파업에 대한 대응으로서 스탈린파 관료는 정책을 급전환했다. 모든 것이 서방과의 경쟁이라는 목표를 위해 희생되었다. 스탈린 자신이 말했듯이,

속도를 늦추는 것은 뒤처지는 것을 뜻하고 뒤처진다는 것은 패배한다는 것을 뜻한다. 우리는 누구에게도 뒤지기 싫다. 천만에, 정말 그러고 싶지 않다. 옛 러시아 역사는 … 후진성 때문에 계속 패배당했다. … 몽고에 졌고 … 터키에 졌으며 … 폴란드·리투아니아 왕국에 졌다. 영·불의 자본가에게 졌고 일본에도 졌으며 도대체 이긴 게 없다. 후진성 때문에 말이다 — 군사적 후진성과 산업의 후진성과 농업의 후진성 … . 우리는 선진국보다 50년 내지 100년 뒤져 있다. 이 격차를 우리는 10년 안에 따라잡아야 한다.

농촌에서 관료는 농민의 경제력을 박탈하기 시작했다. 즉, 그들은 "부농(쿨락) 계급의 폐지"에 착수했던 것이다. 도시인들을 먹이기 위한 곡물을 강제 징발하기 위해서 무장 부대가 촌락에 투입되었다. 이들은 농업에 대한 국가 통제로서 강제 '집산화'를 실시했던 것이다. 농민의 재산은 모조리 몰수되었다. 많은 농민들이 이에 저항했던 것은 당연했고, 이들은 유례 없이 야만적인 탄압을 받았다. 조금도 보태지 않고 말해서 수백만 농민이 살해당했고, 그렇다고 해서 피살자 모두가 부농이었던 것도 결코 아니었다.

도시에서 관료는 노동자들의 생활수준을 낮추기로 단단히 작정하고 있었다. 1928년까지는 노동자들이 10월혁명이 획득한 성과의 덕을 보았다고 말할 수 있다. '3각공조체제'(troika)로 알려진 제도를

통해 노동조합과 공산당원 노동자들은 경영방침에 영향을 미칠 수 있었다. 노동자들은 여전히 파업권을 누렸고 파업 건수의 3분의 1가량은 승리로 끝났다. 당 관리의 봉급은 숙련 노동자의 임금과 똑같았다. 때로 국가는 노동자들의 통제에서 벗어나 움직이기도 했지만 그래도 노동자 권력의 흔적은 연명하고 있었다.

1928년 말쯤에는 3각공조체제의 실권이 축소되었다. 이제는 더 이상 파업이 허용되지 않았고 언론에 보도조차 안 되었다. 1930년 말부터는 노동자들은 허가 없이 일자리도 못 바꾸게 되어 버렸다.

좌익반대파의 강령에서 산업화는 노동자 권력과 소비에트를 부흥시키는 것을 뜻했다. 트로츠키는 20%의 성장률을 제안했다. 이제 스탈린은 그것을 40%까지 끌어올렸다. 그러나 민주주의와 국제주의를 폐기처분한 채 말이다. 스탈린주의 관료에게 산업화는 모든 것을 소련 국가의 국익에 종속시키는 것을 뜻했다.

스탈린과 그를 지지하는 관료들이 일으킨 것은 궁정 쿠데타처럼 상층부에서의 사소한 변화가 결코 아니었다. 여러 해에 걸친 내전과 반혁명, 기근, 제국주의의 봉쇄 등에 의해 노동계급이 사실상 궤멸되다시피 됨으로써 스탈린과 관료는 국가를 통제할 수 있게 되었다. 그들은 모든 반대파를 — 농민의 반대이든 10월혁명의 이상에 여전히 충실했던 당내 인사들이든 간에 — 분쇄하는 데 성공했다. 그리고 그들은 새로운 지배계급이 되었다. 1928년부터 관료는 혁명의 모든 성과를 그 잔재까지 철저히 파괴했다. 그러므로, 레닌 사후 4년 뒤인 1928년에 소비에트 러시아는 일종의 "제2의 혁명"에 돌입했는데, 이것은 스탈린주의 관료가 주도한 국가자본주의 반혁명에 지나지 않았다. 그리고 이 반혁명으로써 관료는 국가 자본가 계급으로 자기 자리를 굳혔던 것이다.

스탈린의 지지자들은 산업체와 공직과 경찰 그리고 군대를 통제했다. 그들에게 더 이상의 중대한 반대운동은 닥쳐오지 않았다. 그래서 별 저항 없이 국가를 통제했다. 그들은 정권을 찬탈할 필요가 없었다. 이미 자기들 손에 있었기 때문이다. 그들은 이미 반대자들을 당에서 숙청해 버렸고, 노동자 민주주의의 마지막 흔적조차 파괴해 버렸으며, 농민의 세력도 궤멸시켜 버렸던 것이다. 그들이야말로 러시아에서 유일한 권력이었다.

그들의 "제2의 혁명"은 실로 유혈낭자한 반혁명이었다. 1930년의 임금은 1937년에는 반으로 감축되었다. 임금 격차가 더 벌어졌다. 낙태와 이혼의 권리들이 부정되었다. 교육은 권위주의적 획일 속에 속박당했다. 해외의 혁명가들에게는 화를 안겨다 주는 정책이 강요되었고, 그런 자멸적인 정책 가운데 가장 비극적인 것이 바로 사회민주당과의 반나치 통일전선 거부 정책이었다. 나치의 승리에 대한 제1차적 책임은 스탈린과 코민테른이 져야 한다. 코민테른은 더 이상 국제사회주의 혁명투쟁의 무기가 아니었다. 이제 그것은 소련 대외정책의 도구였다.

스탈린은 소련을 일종의 거대한 강제노동수용소로 만들어 버렸다. 그는 혁명을 완전히 180도 뒤집어 버렸다. 1928년 당시 소련의 정치범은 — 주로 내전의 전범들과 반혁명 사범들 — 3만이었고 이 수치는 감소하고 있던 추세였다. 그리고 이들은 적절한 대우를 받았고 결코 강제노동형은 받지 않았다. 1931년쯤에는 2백만 명이나 수용소에 갇혀 있었고, 1933년에는 그 수가 5백만으로 늘어났다. 1942년에는 믿기지 않을 만큼 많은 수인 1천5백만이 강제노동수용소에서 부역했다. 그리고 이들은 결코 반혁명분자들이 아니었다. 그들은 노동자·농민·교사, 그리고 러시아혁명에 공감했던 사람들이었다.

1935년에서 1937년까지 일련의 기괴한 공개재판들을 거쳐 대량학살이 이루어졌는데, 이들은 러시아혁명을 지도한 "볼셰비즘의 오랜 수호자"들이었다. 모스크바 재판은 대중에 대항한 내전에서 관료가 완전히 승리했음을 뜻했다. 이로써 1928년에 시작된 스탈린주의 반혁명이 최종 승리를 거두고 관료가 대중적 통제로부터 완전히 자유로워졌다. 흐루쇼프는 나중에 1934년 소련공산당 17차 전당대회 대의원들에게 일어난 일을 이렇게 묘사했다.

> 1천9백66명의 대의원 가운데 1천1백8명이 체포되었고, 당 중앙위원회 위원과 전당대회에서 추천된 후보 중앙위원들 1백39명 가운데 98명, 즉 70%가 체포되어 총살당했다.

제17차 전당대회 대의원의 80%가 1921년에도 당원이었던 사람들이었는데, 이 위대한 시기 — 러시아혁명에서 국가자본주의 반혁명 사이의 기간 — 에 입당한 사람들은 모두 당에서 숙청당해 그 자리는 노동자 운동과 아무런 연계도 갖지 않았던 사람들로 대신 채워졌다. 스탈린주의 러시아는 소비에트 공화국의 절대적 대립물이었다. 레닌은 국가의 고사(枯死)에 대해 다음과 같이 말했다. 즉,

우리는 국가가 점점 말라 비틀어져 죽어가는 것을 보게 될 것입니다. 그리고 소비에트 국가는 결코 다른 국가들 같지 않고 오히려 광대한 노동자 코뮌 같은 것입니다.

이에 대한 스탈린의 해괴한 곡해를 들어 보자.

우리는 국가 강화를 통한 국가 철폐를 향해 나아가고 있다.

그런데 그는 정말로 국가를 강화했다. 그리하여 그것을 어떤 민주적 압력으로부터도 완전히 독립적으로 만들어 버렸다. 전면적인 전환기인 1931~1935년에 소비에트는 단 한 번도 소집되지 않았다. 반혁명과 그 직후 시기의 제1차 5개년계획(the First Five Year Plan)은 소위 "국가의 최고 권위"라는 최고회의(the Supreme Soviet)의 자문 한번 구하지도 않고 실행되었다!

스탈린에 대한 개인숭배가 점차 도입되고 있었다. 그는 "친애하는 지도자 동지", "영명하신 수령 동지", "태양처럼 위대한 영도자"가 되었다. 소련 사회는 제정 러시아 시대의 전제(傳制)로 되돌아가 버렸다. 차르 대신 "현명하신 서기장"이 꼭대기에 있고 그 아래 장군과 장관 그리고 관리들이 차례로 버티고 있는, 그리고 맨 밑에는 이러한 기생충들이 잘 먹고 잘 살 수 있도록 부를 창출하는 노동인민이 있는 전체주의 위계 사회로 말이다.

'평등'은 웃기는 소리가 되어 버렸다. 소련 외무장관 몰로토프는 냉소적으로 이렇게 말했다.

볼셰비키적 정책은 계급의 적의 공범들이며 사회주의를 적대하는 분자들인 평등주의자들에 대항하는 단호한 투쟁을 요구한다.

10월혁명을 폭발시킨 이상들 가운데 하나가 이제는 반혁명적 범죄가 되어 버렸다.

'사회주의'란 낱말 그 자체도 새로운 차르 스탈린과 그의 살인 체제에 의해 더러워지고 부패해 버렸다.

오늘의 우리를 위한 교훈

1917년의 러시아 노동자 국가와 오늘의 소련 관료주의 획일체 사이에는 완전한 단절이 존재한다. 그 사이에 괴상망측한 변혁이 일어났다. 국제사회주의 혁명에서 민족주의로. 소비에트 노동자 민주주의에서 당 기구의 독재로. 완전한 토론의 자유와 당 규율의 자유로운 수용에서 밋밋한 관료에 대한 맹목적이고 수동적인 복종으로. 영감으로 가득 찬 활기에서 인류의 유일한 희망에 대한 냉소적인 조롱으로.

서방과의 경쟁이 국제주의를 대체해 버렸다. 서방이 전투기를 가지면 소련도 전투기를 가져야 했고, 서방이 핵폭탄을 가지면 소련도 핵폭탄을 가져야 했다. 미국이 베트남을 진압해야 했다면, 그리고 영국이 아일랜드를 꼼짝 못하게 해야 했다면, 소련도 자신의 위성국가들을 — 헝가리·체코슬로바키아·아프가니스탄 등을 — 그렇게 해야 했다. 그리하여 소련은 체르노빌 핵발전소를 건설했고, 소련판 스리마일섬 사건도 겪었다. 그리고 그 사건은 지금까지 그 후유증을 남겨 놓고 있다.

서방이 '진보'를 위해 노동자들의 생활수준을 저하시켜야 했다면 소련 역시 그래야 했다. 1928년 이래로 소련은 다른 어떤 자본주의 열강과도 꼭 같이 행동했다. 다만, 차이가 있다면 그것은 사적 자본가가 아니라 국가관료가 노동자들을 감독했다는 것밖에 없었다. 스탈린 자신보다 소련 체제의 논리를 더 잘 표현한 사람은 없었다.

> 우리가 처해 있는 환경은 … 대내적·대외적으로 우리에게 급속한 산업성장률을 선택할 수밖에 없게 만든다.

관료의 역사적 역할은 소련 국가를 세계 유수의 열강으로 세우는 것이었다. 그러한 변혁에서 사회주의적인 것은 아무것도 없(었)다. 매우 비슷한 팽창이 일본에서도 일어났다.

1917년 러시아에서 생겨난 노동자 권력이 실패한 이유는 부르주아 이데올로그들과 일부 개량주의자들이 주장하듯이 독재가 사회주의혁명의 불가피한 결과이기 때문이 아니다. 러시아혁명이 패배한 이유는 사회주의가 세워질 수 있는 기초가 전쟁과 외국 군대의 개입과 기근 그리고 산업의 파괴 등에 의해 파괴되었기 때문이다.

노동자 없이 노동자 권력이 있을 수 없다. 그런데 노동계급이 궤멸되었던 것이다. 자원 없이 사회주의가 있을 수 없다. 그런데 러시아는 경제적 폐허 상태였고 전반적인 기근을 겪고 있었다.

볼셰비키 당이 처음에는 관료로, 그 다음에는 스탈린 하에서 새로운 지배계급으로 변신한 이유는 역시 부르주아 이데올로그들과 일부 개량주의자들이 주장하듯이 그것이 어떤 혁명정당도 그렇게 될 수밖에 없는 불가피한 사태이기 때문이 아니었다. 노동자 당은 노동자 계급으로부터 생명을 공급받는다. 그런데 그 계급이 파괴되었으니 러시아의 당은 고립되고 마침내 관료 엘리트가 되고 만 것이다. 수만 명의 사회주의자들이 이런 사태를 막기 위한 싸움에서 스탈린의 강제노동수용소에서, 사격병 앞에서 죽어갔다는 사실이 혁명을 이끈 당의 강고함과 사회주의적 헌신을 입증하는 것이다.

일단 관료가 정권을 장악하자 그들은 세계의 다른 모든 지배계급과 똑같이 행동했다. 1928년부터 독립적 노동조합들이 파괴되었고, 파업권이 폐지되었으며, 임금인상이 강제로 억제되었다. 이런 것들이 오늘날 노태우 정부의 정책이라는 사실은, 소련이 단지 여러 자본주의 열강들 중 하나일 뿐이라는 점을 보여준다. 다만, 차이가 한 가지 있다면 그것은 소련은 국가가 유일한 지배계급인 국가자본주의라는 점뿐이다. 즉, '주식회사' 소련(과 북한)은 소유와 경영이 분리되지 않은 데 반하여 '주식회사' 미국(과 남한)은 소유와 경영이 분리되어 있다는 비유로써 동서방 국가자본주의 사이의 차이가 지적될 수 있겠지만, 이 점은 산업의 국유화 비율의 양적 차이에서 비롯하는 비본질적 요인일 뿐이다.(바로 이 때문에 두 종류의 국가자본주의들 가운데 하나가 다른 하나보다 더 관료적인 반면 그 다른 하나는 나머지보다 더 전문경영인적이라는 특징이 두드러진다.)

소련은 더 이상 자본주의 나라 노동자들에게 비추는, 미래의 사회주의 사회를 가리키는 등대가 아니었다. 소련은 도둑질과 협잡과 전쟁 — 그것도 제국주의 전쟁 — 의 살상 경기에 출전하는 또 다른 경쟁자가 되어 버린 지 오래이다. 새로운 국가자본가 지배계급의 승리는 전 세계에서 여러 세대의 노동자들이 '사회주의'에 정나미가 떨어져 쳐다보지도 않게 만드는 비통한 결과를 가져왔다. 그것은 인류 해방의 꿈을 끔찍한 악몽으로 바꿔 버렸다. 트로츠키는 그가 암살당한 해에 이렇게 말했다.

스탈린주의는 볼셰비즘의 지도적 간부들을 처음에는 정치적으로 그 다음에는 육체적으로 박멸하여 지금의 지위에 이르렀다. 즉, 특권 향유자들의 기구를 쌓고 역사의 진보에 제동을 걸며 세계 제국주의의 대리인 역할을 하는 위치에 말이다.

오늘날 우리 사회주의자들은 러시아에서 일어난 일들을 노동자들에게 설명할 필요가 있다. 특히 스탈린주의자 또는 전(前) 스탈린주의자들이 어떤 의미에서든 — 긍정적으로든 부정적으로든 — 스탈린주의가 레닌주의의 정통적 승계자라는 주장을 계속 하고 다니며 노동자들을 헷갈리게 만드는 데 대해 그렇지 않음을 글로써, 말로써 설명해야 한다. 노동자들 가운데는 '혁명이란 게 도대체 그렇게 [즉, 러시아혁명의 운명처럼] 끝날 수밖에 없는 게 아니겠느냐'는 식의 질문을 하는 사람들이 꽤 있다. 우리는 그들에게 전혀 그렇지 않다고 대답한다. 지금 소련에서 일어나고 있는 일은 '잘못 비뚜로 나간 사회주의'가 부닥쳐야 하는 문제들이 아니다. 소련은 이미 60여 년 전부터 사회주의의 절대적 대립물로 전화해 왔다. 오직 새로운 노동자 혁명만이 소련을 바꾸어 놓을 것이다.

오늘의 세계는 60년 전의 세계보다 훨씬 더 많은 기술적 자원들을 이용할 수 있다. 세계는 부와 창의력의 엄청난 비축고를 보유하고 있다. 악착스레 노동하지 않고도 살 수 있는 세계는 러시아혁명 때도 그랬지만 특히 이제는 결코 꿈이 아니다. 그것은 하나의 가능성이 되었다. 러시아혁명은 그 가능성이 현실화할 수 있음을 보여준 실례였다. 오직 동서의 부패하고 이윤에 눈이 어두운 지배계급만이 잠재적 가능성이 현재화하는 것을 막을 수 있었다. 사회주의는 여전히 자본주의의 야만적 우선순위들에 대한 대안으로 남아있다.

볼셰비키의 사회주의 쟁취 투쟁에서 우리는 수많은 교훈을 이끌어 낼 수 있다. 우리가 전거로 삼을 경험이 거기에 풍부하게 저장되어 있는 것이다. 다른 무엇보다, 절망과 반공주의에 굴복하지 않는 결단과 이상주의가 우리가 본받을 수 있는 첫 번째 것이리라.

트로츠키는 혁명의 위대한 시절을, 그 흥망성쇠와 패배를 몸소 겪었다. 그런데도 그는 노동계급이 세계를 변화시킬 수 있다는 점을 추호도 의심하지 않고 자신의 신념을 지켰다. 그는 이렇게 말했다. "내가 살아 숨쉬는 한 나는 희망을 간직하리라."

스탈린주의의 모든 세균은 애당초 레닌주의에 내포되어 있었다고 말하는 사람들에게 사회주의자는 이렇게 대답한다. "글쎄, 그럴지도 모르지요. 하지만 레닌주의는 또한 다른 세균도 포함하고 있었습니다. 수많은 좋은 세균들을 말이죠. 이 좋은 균들은 바로 노동자 권력, 여성해방, 빈곤의 퇴치, 억압의 철폐, 사람들 사이의 새로운 동지애와 관용, 소유와 지배로부터 자유로운 남녀관계, 편견의 소멸, 위대한 혁명적 희생정신과 영웅정신 등등이죠. 한마디로 인간해방의 씨앗들이죠. 그런데 죽고 나서야 시체 해부로써 발견할 수 있는 죽음의 병원균들을 ─ 그것도 선천적으로 타고났을지도 모르는 ─ 가지고, 산 사람을 판단하는 것이 온당한 일입니까?"

볼셰비키는 싸웠고 이겼고 패배했다. 그들의 패배는 파시즘과 세계대전이라는 야만주의를 낳았다. 제2의 암흑시대가 도래한 것이다. 베를린에서 파리까지, 파리에서 카탈루냐까지, 카탈루냐에서 스탈린그라드까지, 스탈린그라드에서 한반도까지, 한반도에서 캄보디아까지, 캄보디아에서 아프가니스탄까지 … . 스탈린주의의 암울한 신화가 노동자 운동의 수많은 활동가들을 사로잡았다. 그래서 그들은 스탈린주의와 사회민주주의 사이에서 방황했다.

그러나 볼셰비즘의 정신은 근절되지 않았다. 볼셰비키가 여러 세대에 걸친 자신들의 선배 사회주의자들의 성공과 실패로부터 배웠듯이 오늘날 우리 혁명적 사회주의자들 또한 볼셰비키의 성공과 실패로부터 배우고 있다. 그리고 세계 자본주의가 한발 한발 위기의 수렁으로 빠져들고 있는 오늘날, 동서방의 지배계급들이 모두 세계 노동계급에게 부담과 희생을 떠맡기려는 이 때, 그 어느 때보다 우리 혁명적 사회주의자들의 국제사회주의 사상은 일상 현실에 유관성을 갖고 있음을 드러내고 있다. 그 어느 때보다 볼셰비즘이 적합한 행동지침이 되고 있음을 우리는 나날이 확인하고 있다.

스탈린주의는 죽었다. 트로츠키의 말대로 "서기장의 복수보다는 역사의 복수가 더 무서운 것"이다. 그러나 그 시체에서 나는 악취는

저절로 사라지지 않는다. 혁명가들은 그 악취가 다른 사회주의자들과 선진 노동자들을 질식시키지 못하도록 스탈린주의의 최후 잔영까지 제거해 버려야 한다. 그리고 어려울 때마다 이 말을 반복해서 속삭여 보자. "내가 살아 숨쉬는 한 나는 희망을 간직하리라."

스탈린주의는 레닌주의에서 비롯한 것인가?

소련에 관한 거의 모든 설명들이 1928년에 일어난 일들을 특히 주목할 만한 가치가 있는 것으로 여기지 않는다. 그러한 설명들은 스탈린 정치의 승리를 단순히 1917년 혁명의 논리적 결과로 본다.

현재의 소련 지도층과 로이 메드베데프(《역사가 판단하게 하라》, 새물결 출판사)처럼 그들을 온건하게 비판하는 사람들도 이와 똑같은 입장을 취한다. 그들은 스탈린의 정책들이 대부분 완전히 옳았던 것으로 보고, 집산화를 실시하는 데서 보인 '과도함'과 1934년 이후의 유혈 대숙청에 대해서만 이의를 제기할 뿐이다.

동유럽과 그 밖의 소위 "사회주의" 국가들의 지도층에 대해 보다 단호하게 비판하는 사람들 가운데도 역시 이와 동일한 주장을 펴는 사람들이 꽤 있다. 그들은 스탈린이 저지른 죄악이 혁명 초기에 사용된 방법들의 연장선상에 있는 것으로 본다.

이 글은 《도대체 사회주의란 무엇인가》(1991년 12월)에 실린 것이다.

이러한 주장들은 사실상 레닌주의가 스탈린주의를 낳았다는 것을 말하고 있는 것에 불과하다. 그러나 정말 그럴까? 볼셰비즘이 스탈린주의를 낳았을까? 이러한 질문들에 대답하려면 우리는 스탈린 반혁명(1928~29년)의 전야인 1927~28년에 어떤 일이 일어났는지를 알아야 한다.

스탈린이 사용한 방법들은 사회주의의 논리적 귀결이 아니라 사회주의의 의미 및 본질과 완전히 단절한 그 정반대의 것이었다. 이러한 단절은 1917년 혁명의 강령이나 스탈린이 고안한 이데올로기 때문에 일어난 것이 아니었다. 1927년에 소련은 엄청난 경제적·정치적 위기에 직면했고, 그리하여 스탈린과 그의 지지자들은 '실용적'으로 위기에 대처했다.

이러한 실용주의적 대응이 스탈린주의 체제를 낳았고, 스탈린을 포함해서 스탈린주의 체제를 지배한 사람들의 사고방식을 형성했다. 그리하여 '1929년의 스탈린'은 그의 정치의 일반적 성격과 그가 제안한 실천적 해결책의 유형에서 '1926년의 스탈린'과 매우 달랐다.

러시아의 역사를 보면서 1921~27년의 신경제정책(NEP) 하에서 경제가 커다란 성공을 거두었고 이러한 성공이 제대로 유지되기만 했더라면 모든 일이 순조롭게 잘 풀려 나갔을 것이라고 주장하는 견해가 있다. 이러한 주장을 하는 사람들은 부하린과 "시장 사회주의"가 스탈린주의에 대한 역사적 대안이 된다고 생각한다.

그러나 1927년에 소련을 강타한 위기는 신경제정책 시기에 쌓인 문제들이 낳은 결과였다.

1921년과 1925년 사이에 신경제정책을 통해서 러시아 경제는 상당한 속도로 성장할 수 있었다. 왜냐하면 공업과 농업의 부흥이 내전기의 경제적 피폐를 부분적으로 극복해 줄 수 있었기 때문이다. 이러한 경제 상태의 호전 덕택에 사회생활 일반이 안정되고 향상되었다.

경제가 좋아지기 시작해서 사회·정치 상황이 안정되었다. 폭력 사용의 범위가 상당히 줄어들었고 사회·경제 분야에서는 폭력이 더 이상 사용되지 않았다. 이것은 사회생활의 많은 측면들에 깊은 영향을 미쳤다. 억압, 특히 정치적 억압이 계속되기는 했지만 예방수단으로서의 대대적 공포정치라는 기술이 사실상 폐기되었다. 일상적인 평화적 시기의 법률체계와 사법 절차의 준수가 확립되었다. 모든 시민생활이 다시 등장했다. 신경제정책 시기의 독특한 문화가 자리를 잡게 되었고, 그리하여 레스토랑·제과점·오락장소 등이 생겼다. 예술활동과 이념활동이 한층 풍부하게 발전했다.

새로운 상황이 사회의 '하층민'들의 상태를 개선시켰는데도 부유한 사회계층의 숫적 증가 때문에 '하층민'들은 불만을 가지게 되었다. 처음으로 농민들은 부분적으로나마, 새로운 토지소유제도의 혜택을 누릴 수 있었다. 다시 산업이 돌아가고 있었기 때문에 노동자들은 새로운 노동조합법의 긍정적 측면들, 노동자의 새로운 권리들, 그리고 과거에 비해 공장에서 감독을 비교적 적게 받는 자유로운 상태를 경험했다.

바로 이 시기에 스탈린의 영향력이 증대했지만, 그렇다고 해서 스탈린주의가 하나의 정치체제로 자리잡지는 못했다. 스탈린은 강력한 권력을 갖고 있었지만, 그의 권력은 아직까지는 제한적이었다.

그러나 신경제정책 시기에 거둔 성공은 보수적 당 지도자들로 하여금 심화되는 문제들 — 농업(특히 곡물생산)의 취약성, 낮은 1인당 산업산출량, 도시의 매우 높은 수준의 실업, 높은 인플레율 — 을 보지 못하게 했다. 또한 군비지출의 수준(1차 대전 이전의 제정 러시아 국가의 절반 수준)은 서구 열강들 가운데 어느 하나가 공격을 개시할 경우 러시아를 제대로 방어하기 어려운 수준이었다.

그러한 조건들은 보다 급속한 공업화를 긴급한 과제로 제기했다. 그러나 이것을 달성하기에 충분한 자원들이 없었다. 제정 러시아 국가가 가외 자원을 얻는 원천으로 삼았던 외국자본·신용·차관의 유입은 서구 열강들이 러시아와의 무역을 금지하는 바람에 완전히 끊겼다.

처음에 러시아 지도자들은 이러한 문제들을 애써 무시하려 들었다. 그들은, 부하린의 말을 빌리면, 소련이 "달팽이 걸음"으로 "일국사회주의"를 향해 나아갈 수 있다고 주장했다. 1925년 말에, 높은 공업화율을 달성하려 했을 때조차 그들은 그것을 달성하기 위해서 필요한 자원들을 어디에서 얻을 것인가라는 핵심적 문제를 간과했다.

그들은 자기들이 어떻게든 어려운 상황을 벗어나 국내적으로는 특정한 목적을 위한 실용적 조치들을 통해 자원들을 얻을 수 있고 국제적으로는 최대의 후진국인 중국의 노동조합 관료와의 동맹을 통해서 고립을 벗어날 수 있을 것이라고 가정했다.

스탈린·부하린 지도부가 거둔 '성공' 덕분에, 1917년 이전에 가장 유명한 당 지도자들에 속하는 지노비예프와 카메네프가 1926년에 트로츠키와 손잡고 공동 반대파를 만들었을 때조차 그들은 자신들의 지위를 안전하게 보존할 수 있었다.

그런데 그때 갑자기 위기가 폭발했다. 위기의 직접적 원인은 대외 관계의 위기였다. 첫째, 스탈린과 부하린이 중국의 민족주의자 장제스와의 동맹에 대해 가졌던 믿음은 1927년 4월에 장제스가 상하이(上海)로 입성할 때 자신을 환영한 공산당 지도 하의 노동자 운동을 외면하고 수천의 노동자를 학살하면서 여지없이 깨졌다.

한 달 뒤 영국 정부가 새롭고 훨씬 더 강한 타격을 가했다. 그리하여 영국과 러시아의 관계가 단절되었고 사실상 모든 교역이 중단되었다. 그때까지 영국은 러시아의 가장 큰 무역 상대국이었고 영국 은행들은 러시아와 다른 나라들, 특히 독일과의 거래에서 중심적 역할을 했다. 공업화를 위한 재원을 구하는 문제를 쉽게 해결하기 위해 외국 무역을 이용할 수 있다는 희망이 하루아침에 사라졌다.

대외적 위기는 곧바로 국내적 위기로 전환되었다. 국제적 상황의 변화는 소련의 국내적 관계에 심각한 영향을 미쳤다. 당 지도부의 권위가 크게 실추되었다. 정치권에서 혼란과 방향감각 상실이 느껴졌다. 당 지도부는 갈수록 불안과 걱정에 휩싸였다. 환멸의 물결이 정부의 정치적 기반을 휩쓸었다. 탈당이 늘어 갔고 좌익반대파의 영향력이 커져 갔다. 전쟁이 임박해 있다는 공식 발표들 때문에 전쟁에 대한 공포감이 조성되었고, 그것은 매우 많은 사람들에게 영향을 미쳤다. 농촌 지역에서 사람들은 곡물을 감추기 시작했다. 많은 사람들이 상점으로 몰려가서 구할 수 있는 것은 무엇이든 샀다. 그나마 남아 있던 러시아의 공산품 비축량도 금세 줄어들었다.

이러한 상황에서 좌익반대파의 영향력이 일반적으로 생각하는 것보다 더 크게 증대했다. 반대파의 활동은 금세 확산되었다. 이바노보-보즈네센스크, 레닌그라드, 그리고 모스크바에서 산업노동자들의 대중집회가 조직되었다. 모스크바에 있는 어느 화학공장에서는 "스탈린 독재를 타도하자!" "정치국을 타도하자!"는 구호가 쏟아져 나오기도 했다. 우랄, 돈바스, 모스크바 섬유공업지대 그리고 모스크바 시에서 좌익반대파(이하 통상 단순히 '반대파'로 줄임)가 참여하는 지하 파업위원회가 조직되었다는 소문과 파업 노동자들을 위해 기금이 모아지고 있다는 소문이 나돌았다. 게페우(GPU: 소련의 비밀경찰)는 자신에게 반대파 당원들을 체포할 권리가 주어지지 않는다면 '질서'를 보장할 수도 없고 노동자들의 '사기저하'를 막을 수도 없다고 당 지도부에 보고했다. 반대파는 모스크바의 야로슬라프 역에서 자신의 지도자들 가운데 하나인 이반 스밀가에게 작별인사를 하기 위해 집회를 조직했다. 2천 명이나 되는 많은 사람들이 가다 말고 이 작별 시위로 발길을 돌렸다.

레닌그라드, 우크라이나, 남캅카스, 시베리아, 우랄, 그리고 반대파 정치 지도자들이 가장 많이 활동하고 있는 모스크바 등의 여러 도시들과 전국 각지에서 반대파의 활동이 강화되고 있다는 보고가 올라왔다. 산업노동자들과 젊은이들이 참여하는 불법 집회와 반합법적 모임들이 계속 늘어만 갔다.

1927년 10월 중순에 레닌그라드에서 10월혁명 10주년 기념식이 열리는 동안에, 반대파가 갑자기 열광적 지지를 받았다.

트로츠키, 지노비예프 그리고 다른 반대파 지도자들은 레닌그라드 노동자들이 행진을 하면서 지나가는 순간에 우연히 사열대에 올라갔다가 행진하는 노동자들한테 환영을 받고 10만의 군중이 자신들을 향해 환호하는 모습을 보게 되었다. 당국은 군중을 통제할 능력이 없었다.

당 지도부를 특히 걱정스럽게 만들었던 것은 물질적 요인들, 즉 엄청난 식량부족, 사람들이 식량과 의복을 마련하기 위해 사적(私的) 시장을 선호할 수밖에 없게 됨에 따른 물가상승, 공장에서 작업속도를 늘리고 3교대 근무제를 도입하도록 죄어오는 압력, 그리고 실업의 증가와 실직수당 지급의 제한에 대한 노동자들의 불만이 증가하는 시점에서 반대파의 영향력이 증가하고 있었다는 점이다.

여러 달 동안 당 정치국은 무엇을 해야 할지 몰라 허둥대기만 했다. 스탈린 분파는 외국인 투자를 유치하기 위한 노력의 일환으로서 서구 열강들에게 대외무역의 국가독점 폐지를 비롯한 대규모 양보조치를 제공하자는 쪽으로 방향을 바꾸었다. 그러나 아무리 많은 양보조치를 취해도 서구 열강들이 무역금지 조치를 해제하지 않는다는 사실만을 깨달았을 뿐이다. 부하린 분파 역시 정책을 180도 바꾸어 "쿨락(부농)을 비롯한 다른 자본주의적 요소들에 대한 공격"을 강화할 필요성을 주장했다. 다른 사람들은 당에서 반대파의 신망이 높아질까 봐 경제적 어려움을 공공연하게 얘기하는 것 자체를 두려워했다.

게페우는 반대파를 체포할 권리를 달라는 압력을 가했고, 그리하여 체포권이 부여되자 훨씬 더 강력한 탄압 활동을 벌였다. 스탈린은 자기 나름의 이유에서 처음에는 게페우의 체포권 행사 문제에 대하여 '중립'을 주장했으나, 부하린과 오르조니키제는 어떤 회의에서

"트로츠키가 있을 곳은 게페우 안의 감옥이다"라고 외치면서 스탈린의 중립적 태도에 반대했다.

그러한 혼란이 러시아를 위기에서 구해 줄 수는 없었다. 당 지도부는 사태가 악화되는 것을 그냥 보고만 있을 수는 없는 노릇이었다. 당지도부는 반대파와 갈수록 커져가는 노동자와 농민의 불만에 맞서서자신을 지지해 줄 하나의 사회계층 — 관료 — 의 지위를 보호하기 위해 그때그때 필요한 일련의 조치들을 취하지 않으면 안 되었다.

이러한 과정은 반대파에 대한 탄압으로 시작되었다. 당 지도부는반대파가 당의 집회들에서 자신의 견해를 내놓는 것을 막기 위해 '전투부대'를 이용했고, 반대파를 지지하는 노동자들을 해고했고, 반대파 지도자들을 당에서 쫓아내기 시작했고, 마침내 게페우가 당원들을 체포하거나 감시할 수 없다는 법률조항을 없앴다.

그러나 반대파를 지지하게 만든 노동계급의 불만에 대처하기 위해서는 그것만으로는 충분하지가 않았다. 거의 우연한 기회에 스탈린은 안전한 방법으로 노동계급의 불만에 대처할 수 있는 길을 발견하게 되었다. 도네츠크 탄전의 게페우 지부의 우두머리가 파업 물결을걱정하다가 마침내 일단의 엔지니어들과 기술자들을 엮어서 '파괴행위'의 혐의를 씌워 잡아넣었다.

도네츠크 탄전의 엔지니어들과 기술자들은 광산의 생산성을 증가시키라는 압력을 계속 받아 왔고, 그러한 압력은 마침내 일련의 사건들을 낳아 파업이 계속 터지게 만들었다. 당국은 '샤흐티 사건'으로 알려진 이 사건에 대한 재판을 통해서 많은 노동자들로 하여금광산의 끔찍한 노동조건이 기술자들 때문에 생긴 것이라고 비난하도록 만들 수 있었고, 그리하여 파업의 원인이 되었던 노동자들의 불만을 딴 데로 돌릴 수 있었다. 스탈린은 중급 관료들을 숙청하는 테러를 자행하여 자신의 지배를 보호할 수 있게 되었고, 그리하여 마침내 1930년대의 대숙청의 토대가 놓였다.

그러나 샤흐티 사건에 대한 재판은 대가를 치러야 했다. 샤흐티 사건으로 희생된 사람들 가운데는 몇몇 독일인 기술자들이 끼어 있었다. 그리하여 샤흐티 사건은 스탈린 정권의 국제적 고립을 심화시켰다. 얼마 전까지만 해도 대외무역 독점의 종식을 요구했던 스탈린은 이제 폐쇄적 '자급자족' 경제의 방향으로 나아가는 것을 생각했다.

농업의 강제 집산화로의 전환 역시 이와 비슷한 실용주의적 발상에서 비롯한 것이다. 전쟁에 대한 두려움 때문에 당 지도부는 과거보다 높은 공업화율을 달성하려 했다. 그러나 그것은 농촌에서 생산되는 곡물에 대한 대가로 지불되는 공산품 공급량을 줄인다는 것을 뜻하는 것이었다.

어쨌든 평년작을 밑도는 흉작이 닥치자, 농민들은 국가에 곡물을 납부하지 않았고, 그리하여 국가는 갑자기 위기에 직면하여 도시를 먹여살리지 못하게 되었고, 공업산출을 증가시키기는커녕 옛날 수준을 유지하는 것조차 어렵게 되었다. 당 지도부가 당시의 상황에 대처하기 위해 사용할 수 있는 유일한 수단은 하나밖에 없었다. 그것은 당기구 자체와 게페우의 억압적 권력이었다.

1927년 12월과 1928년 1월에 지역 당간부들은 농촌에 가서 농민들에게 식량을 내놓으라고 설득하지 않으면 문책을 당할 것이며, 필요하다면 뺏아오기라도 해야 한다는 지시를 받았다. 1928년 3월에 게페우는 경제생활과 당조직들의 활동을 감시할 수 있는 특별한 권한을 얻었다. 이로써 소련은 국내 생활조건과 권력구조의 근본적 변화를 향한 거대한 일보를 내딛었다. 경제, 정부, 당이 운용되는 전반적인 분위기가 근본적으로 바뀌었다. 경제위기에 대처하기 위해 실시된 비상조치들은 경제적·사회적 관계의 형태를 바꾸어 놓았다.

이런 정책으로 가장 먼저 고통을 입은 쪽은 농촌이었다. 정부 관리들과 게페우가 농가를 돌면서 곡물창고를 뒤지고 식량을 빼앗고 저항하는 사람들을 체포함에 따라 일종의 내전 같은 상황이 벌어졌다. 그러나 농촌의 위기는 또한 노동자들의 생활조건에 대한 공격을 낳지 않을 수 없었다.

1927년에서 1928년으로 넘어오는 겨울에 국가가 식량을 빼앗자 농민들은 1928년 여름과 겨울에 국가에 공급하는 곡물량을 줄였다. 그러자 스탈린은 당기구와 게페우를 동원하여 다시 농민들을 탄압하고 가축을 도살했다. 도시에 대한 식량공급이 크게 줄어들자 노동자들의 생활조건도 크게 악화되었다.

한편, 1927년에 갈팡질팡 헤매던 당 지도부는 이제 둘로 쪼개졌다. 수상인 리코프와 노동조합 의장인 톰스키 같은 사람들은 스탈린의 조치들을 못마땅하게 생각했다. 그들은 정치국에서 '온건파'를 만들어, 노동자와 농민에 대한 강제적 공격 그리고 그와 동시에 이루어진 게페우의 탄압과 테러의 사용이 증가하는 추세에 저항하려 했다.

마침내 부하린은(후일 부하린을 찬양하는 사람들이 통상적으로 주장하는 것보다 훨씬 더 늦은 시기에) 스탈린과 결별하여 '온건파'

에 가담했다. 한동안 그들은 다수를 차지하는 듯이 보였다. 그러나 그들은 스탈린을 누르고 다수파가 될 수 없었다.

그 이유는 그들이 노력을 기울이지 않았다거나 스탈린이 완전히 예외적인 일탈로 나갔다는 것이 아니었다. 진정한 이유는 그들이 위기에서 벗어날 수 있는 자신들의 독자적인 강령을 갖고 있지 못했다는 점이다.

신경제정책 시기에 채택된 정책들을 고수하는 것은 전진이 아니었다. 왜냐하면 바로 그러한 정책들이 러시아를 외부의 침략을 막을 수 없는 상태로 내몰았고 산업을 확충하기 위한 국내 자원들을 동원할 수 없는 상태로 내몰았기 때문이다. 그래서 "온건파는 실제의 사회 상황과 그것이 부과하는 한계들을 평가하는 일을 계속 회피했다."

이것은 언제나 스탈린이 자신의 승리를 정당화하기 위해 즐겨 사용하는 주장이다. 일련의 비상조치들과 특정한 목적을 위한 실용적 조처들을 통해서 스탈린은 산업을 건설할 수 있는 방법을 발견했다. 그러나 그것은 매우 야만적인 결과를 가져왔다.

인구의 대다수를 믿을 수 없을 만큼 궁핍한 상태로 내몬 매우 심각한 사회·경제 위기 상황에서, 스탈린의 정책은 인간적 요소와 인간의 욕구를 돌보지 않는다는 사실을 보여줄 수밖에 없는 것이었다. 스탈린의 정책은 도덕적·물질적·인간적 손실을 그 크기가 얼마이건 상관하지 않고 주저없이 받아들였다. 스탈린의 사회경제적 개념들은 정부의 행동에 대한 대중의 저항이 갖는 교정 효과를 무시하는 모든 착취체제에 공통된 사고방식의 수준으로 후퇴한 것들이었다.

최종 확정된 1차5개년계획은 소련경제가 사용할 수 있는 실제의 자원들에 대한 평가에 바탕을 둔 것이 아니라 소련의 중공업과 국방력을 구축하기 위해 필요한 것에 바탕을 둔 것이었다.

그러한 계획이 뜻하는 바는 너무나 분명한 것이었다. 계획 완수는 산업노동자들과 농민의 생활조건과 노동조건에 대한 매우 야만적인 공격에 직접 좌우되는 것이었다. 이것은 가난과 굶주림을 양산하고야 말 계획이었다.

그러한 정책을 수행하는 것은 단지 소련 사회의 다른 세력들에 대한 억압만을 뜻하는 것이 아니었다. 그것은 또한 당기구 자체의 내부적 변화를 필요로 했다.

다수의 대중과 자신의 당에게 공포정치를 자행하면서 스탈린은 자신이 세운 경제적·정치적 목표들을 달성하기 위해 필요한 수단을 얻었다. 사회는 예전과는 매우 다른 새로운 특징들을 갖기 시작했다. 인간 삶의 가치는 땅에 떨어졌고 가장 나쁜 형태의 사회적 속박이 다시 등장했다. 스탈린의 정책이 실행되려면 인민으로부터 분리되고 인민에 대해 적대적인 지배적 사회계층이 필요했다. 지배계층 가운데 인민의 이익을 대변하거나 고려하려는 사람들은 전부 탄압받았다.

스탈린주의에 대한 대안은 없었을까? 좌익반대파의 정책은 당시의 위기를 적어도 부분적으로나마 예측할 수 있었고 그에 대처할 자기 나름의 강령도 갖고 있었다. 그러나, 결국 좌익반대파는 패배하고 말았다. 무슨 이유로 그랬던 것일까?

1920년대 초반 당기구의 관료화 때문에 반대파는 '평화적' 수단으로는 권력을 장악하기에 충분한 통제력을 얻을 수 없었다. 당기구에 속해 있으면서도 노동계급과 일정한 연계를 맺어 왔던 톰스키 같은 사람들조차 노동계급으로부터 분리된 계층으로 굳어져 버렸다. 그런 사람들의 처지는 노동조합 상층부의 관료들의 처지에 비유될 수 있다. 그러나, 동시에, 반대파는 직접적이고 비평화적인 권력 획득 방법을 사용하지 않았다. 반대파는 1927년에 노동계급 저항의 중심적 역할을 했고, 1928년에 불법화되고 지도자들이 추방된 이후에조차 그랬다. 예컨대, 트로츠키의 명성은 계속 커졌다. 많은 사람들이 '트로츠키'라는 이름을 스탈린의 정책들에 반대하는 지속적이고 공공연한 투쟁의 상징으로 여겼다.

그러나 노동계급 자체가 전체적으로 사기저하되어 있었다. 도시의 실업 노동자들의 수가 국가소유 산업에 고용된 노동자들의 수만큼이나 많았다는 점을 기억해야 한다. 이러한 조건 속에서는 노동자들의 분위기가 매우 급속히 바뀔 수 있었다. 1927년 여름에 반대파를 거의 절망적으로 지지하던 것에서 겨우 몇 달 뒤 샤흐티 재판을 통해 퍼진 반동적인 흥분의 분위기로. 전투적 노동자들이 해고되고 게페우에 의해서 체포당함에 따라, 공장에서 그들이 일하던 자리를 집단적 투쟁의 전통이 전혀 없는, 농촌에서 갓 올라온 농민들이 대신 차지하게 되었다. 마지막으로, 이미 1928년에 반대파의 가장 유명한 지도자들 가운데 일부 — 특히 지노비예프와 카메네프 — 가 스탈린에게 다시 무릎을 꿇는 바람에 반대파가 무척 약해졌다는 점을 지적해야 한다.

1927년에 노동자들이 들고일어나 좌익반대파를 지지한 것은 침체되어 가는 노동자 운동도 여전히 마지막 숨은 내쉴 수 있다는 사실을 보여 주는 본보기이다. 그러나 마지막 숨을 내쉬는 것이 어떻게 승리로 이어지지 않을 수도 있는가도 보여 주는 실례이다.

그렇다면 1928년이라는 결정적 전환기에 다른 계급세력들은 어떤 역할을 했을까? 1918-21년 사이에 반혁명과 외국의 침략에 대항하는 투쟁의 과정에서 노동계급이 대거 죽은 결과, 권력이 노동계급의 가장 선진적인 투사들, 즉 볼셰비키 당과 상당수의 구 제정 출신 관료들의 수중에 들어가게 되었다.

1920년대 초, 당 간부들 자신들이 그들과 함께 일하는 사람들의 영향력을 반영하기 시작했고, 그리하여, 1917년 혁명의 이념을 계속 받아들이려는 사람들 — 좌익반대파 — 에 반대하기 시작했다.

이 시기에, 1917년에 아무 역할도 하지 않은 수많은 분자들을 포함하고 스탈린이 이끄는 당기구가 사회 위에 군림하기 시작했다. 그러나 당기구는 아직 노동자 운동의 관료나 농촌에서 농민의 이익을 대변하는 사람들과 완전히는 관계를 단절하지 않았다.

소련은 여전히 1921년 레닌이 "관료적으로 일그러진 노동자 국가"라고 표현한 모습들의 일부를 갖고 있었다. 그래서, 노동자, 농민, 도시 프티부르주아지, 당관료, 이들 모두가 신경제정책 시기의 경제 회복으로 일정하게 이익을 얻었고, 그랬기 때문에 스탈린과 그의 동맹자들이 트로츠키와 좌익반대파를 고립시킬 수 있었다.

1927년, 위기의 폭발은 반대파를 격퇴한 여러 세력들 사이에 분열을 일으킬 수밖에 없었고, 그리하여 당의 통일은 형식적으로만 유지되었다. '온건파'는 노동자, 농민 그리고 관료들의 물질적 이해관계를 조정하는 옛날의 행동을 반복하려 했다. 그러나 이것은 외국의 위협과 그것에 대처하기 위한 국내 자원들의 부족이라는 사태 앞에서 더 이상 가능하지 않았다.

노동계급은 때때로 좌익반대파에게 수동적 지지를 보냈음에도 불구하고 위기에 대해 자기들 나름의 해결책을 제공할 수 있다는 자신감을 갖고 있지 않았다. 농민은 선천적으로 국가적 해결책을 제공할 수 없었고 수동적 저항만을 할 수 있었을 뿐이다.

도시의 프티부르주아지는 갈갈이 찢어져서 독립적 행동을 할 수 없었고 그래서 국가권력을 누릴 수 없었기 때문에 당기구가 그들을 반대파를 제압하는 수단으로 이용할 수 있었다.

이렇게 스탈린의 관료를 제외한 나머지 사회세력들이 마비되었기 때문에 스탈린의 관료는 국가자본주의라는 탈출구에 도달하게 되는 일련의 실용주의적 조치들을 실행할 수 있었다. 그리하여 관료는 마침내 사회 위에 군림해서 가장 냉혹한 착취체제를 수립하고 노동계급과 농민을 희생시켜 자본을 축적할 수 있었다.

이리하여 관료는 신경제정책 하에서는 불가능했던 방법으로 소련이 강력한 군사력을 보유하게 할 수 있었다. 그러나, 그렇게 함으로써 관료는 1917년에 노동자와 농민이 획득한 성과들의 마지막 잔재들마저 파괴하고 야만적이고 비이성적인 계급사회를 세우는 대가를 치렀다.

이렇게 해서 소련은 1928년에 국가자본주의 반혁명을 통해 관료적 국가자본주의로 전환했다. 이 과정은 러시아 한 나라 안에서만 본다면 자본주의로의 역행이었지만, 1930년대에 세계 자본주의가 띠고 있던 도도한 경향과 관련지워 본다면 그 추세에 완전히 들어맞는, 말하자면 '국제정세'에 '올바르게' '조응'하는 사태전개였다.

지금까지 보아 왔듯이, 레닌주의가 스탈린주의를 낳았다거나 1928년 이후의 소련 사회가 1917년의 혁명을 통해 들어선 사회의 연장선상에 있다거나 1917년의 혁명이 스탈린주의를 낳았다는 주장은 모두 역사적 추상주의에 지나지 않는다.

제3부
트로츠키의 반스탈린 투쟁

러시아 혁명은 어떻게 패배했는가?

전 세계 대중은 1917년 10월 러시아 혁명에 열광했다. 제1차세계 대전의 참혹한 학살이 일어나는 와중에 노동자평의회와 병사평의회가 러시아를 통치하게 된 것이다.

신생 소비에트 정부는 전쟁을 멈췄고 포괄적 개혁을 단행했다. 공장위원회는 기업을 접수했다. 농민은 토지를 얻었다. 여성에게 세계 어느 곳보다 많은 자유를 허용하는 선구적 법안이 통과됐다.

새 정부는 전 세계 모든 노동자와 피억압자들에게 혁명에 함께하자고 호소했다. 진정한 사회주의자라면 이러한 고귀한 시도를 지지할 수밖에 없었다.

하지만 처음부터 신생 사회주의 정권은 엄청난 문제에 봉착했다. 백군은 야만적 내전을 시작했고 모든 주요 자본주의 정부가 백군을

콜린 바커. 격주간 〈다함께〉 46호, 2004년 12월 22일. https://wspaper.org/article/1714.

지원했다.

러시아는 이미 제1차세계대전에서 열강 중 가장 많은 병사를 잃었다. 내전의 사망자 수는 더 많았다. 빈곤이 러시아를 휩쓸었다. 5백만 명이 발진티푸스로 죽었다.

도시 인구가 격감하면서 1917년 혁명을 이끌었던 노동계급이 사라졌다. 가장 탁월하고 헌신적인 노동계급 활동가들이 혁명을 방어하기 위해 죽어갔고, 다른 이들이 새로운 사회 조직을 운영할 수밖에 없었다.

내전에서 승리하는 과정에서 혁명적 체제는 내부로부터 부패하기 시작했다. 시간이 갈수록 삶의 모든 분야에서 감독과 통제가 대중민주주의를 대체했다. 1920년에 이러한 상황을 보면서 레닌은 매우 솔직하게 말했다. "우리 국가는 심각한 관료적 퇴보에 시달리는 노동자와 농민의 국가이다."

레닌과 동료들이 계속 지적했듯이 만약 혁명이 확산하지 않는다면 혁명은 패배할 것이었다. 러시아 혁명은 결국 고립됐다. 러시아 내에서는 레닌이 "관료적 퇴보"라고 묘사했던 상황이 더 심각해졌다.

주요 당 지도자 스탈린은 1920년대 중반에 볼셰비키의 국제주의를 포기했다. 그는 이제 "일국사회주의"가 가능하며 바람직하다고 선언했다.

1920년대 말까지는 레닌의 묘사["관료적으로 퇴보한 노동자 국가"라는]가 러시아 현실과 잘 맞아떨어졌다. 하지만 1920년대 말에 이르러서 스탈린은 완전히 새로운 방향을 추구하기 시작했다. 스탈린은 러시아가 주요 자본주의 나라들을 "따라잡아야 할 뿐 아니라 능가해야 한다"고 선언했다.

이러한 새로운 정책은 5개년개발계획으로 구체화됐다. 이러한 급속한 공업화 정책을 위해 대중의 삶이 잔인하게 공격당했다. 1920년 대 내내 실질임금이 증가했지만 이제는 줄었다. 1917년에 농민들은 토지를 얻었지만 이제는 강제 농업집산화를 통해서 다시 박탈당했다. 평등주의는 공식적으로 반사회주의적 정책으로 낙인찍혔다.

스탈린은 '사회주의 건설'이라는 미명 하에 위로부터의 반혁명을 주도했다. 1917년의 대중민주주의와 관련된 유산은 모두 철저하게 파괴됐다. 수백만 명의 노예 노동자가 일하는 강제노동수용소가 세워졌다. 1930년대 숙청 과정에서 스탈린의 보안경찰은 진정한 1917년 의 기억을 상징하는 주요 공산주의자들을 모두 체포하거나 살해했다.

비극이게도, 전 세계의 많은 공산당원과 심지어 사회당원들도 스탈린의 거짓말을 믿었고, 소련의 끔찍한 상황을 사회주의로 여기며 옹호했다.

좌파 중에서 스탈린에 반대했던 사람들은 무슨 일이 일어났는지 이해하기 위해 노력했다. 스탈린의 가장 중요한 반대자였던 레온 트로츠키는 여전히 레닌이 1920년에 정식화한 공식을 따라 소련을 "퇴보한 노동자 국가"라고 불렀다. 트로츠키에게 국유 재산의 존재는 비록 매우 왜곡된 형태이지만 무언가 사회주의적인 요소가 남아 있는 것으로 보였다. 트로츠키는 소련에서 신생 지배계급이 탄생했다는 주장을 거부했다.

미국의 맥스 샥트먼 같은 이들은 스탈린 치하의 러시아가 계급 착취에 바탕을 두고 있다고 지적했지만, 중공업과 군비증강을 강조하고 대중의 소비를 희생시키면서 진행된 스탈린의 공업화 정책을 설명할 수 없었다.

제2차세계대전이 발발하면서 문제가 더 복잡해졌다. 이제 스탈린은 동유럽으로 지배를 확대했고, 러시아를 본딴 체제를 건설한 다음 자기 꼭두각시를 앉혔다. 이들도 노동자 국가일까? 만약 그렇다면 이제 사회주의에는 노동자 혁명이 필요 없게 되는 것이다.

1940년대 말에 토니 클리프는 소련과 동유럽 위성국가들에 관한 가장 탁월한 마르크스주의적 분석을 내놓았다. 클리프는 스탈린주의 러시아가 어떤 의미에서도, 심지어 퇴보한 형태의 노동자 국가도 아니라고 주장했다.

영국에서 1984년 광부들을 공격했던 석탄청처럼 국유화된 산업이 사회주의를 뜻하지 않는 것처럼 국가 소유 자체가 사회주의적인 것은 아니었다. 19세기에 이미 마르크스와 엥겔스가 지적했듯이 자본주의는 국가 소유를 포용할 수 있다.

스탈린은 "따라잡아야 할 뿐 아니라 능가해야 한다"는 대명제에 소련 사회를 종속시키기 위해 특수한 형태의 자본주의 발전 경로를 택했다. 스탈린주의 러시아는 고강도 노동계급 착취를 통해 1930년대에 급속한 경제성장을 이루었던 계급사회였다.

그러나 자본주의의 특징에는 계급 착취뿐 아니라 경쟁도 포함된다. 소련을 '그 자체로' 이해하는 것은 불가능하다. 소련은 경쟁적 세계경제의 일부였다.

소련에서 주요 경쟁 메커니즘은 군사적 경쟁의 형태를 띠었다. 그렇기 때문에 경제성장에서 식량이 아니라 총이 우선순위를 차지했다.

또, 소련과 위성국가들은 세계경제의 일부로서 경제 위기를 겪었다. 1950년대부터 동독·폴란드·헝가리·체코슬로바키아 등지에서 발생했던 거대한 봉기의 배경에는 이러한 경제 위기가 있었다.

결국 1989~1991년 동안 때때로 거대한 대중 혁명(가령 루마니아)과 함께 스탈린주의의 전체 체계가 붕괴했다.

이러한 비극적 경험으로부터 두 가지 교훈을 배울 수 있다. 첫째, 사회주의는 반드시 국제적이어야 한다. 그렇지 않으면 안으로부터든 밖으로부터든 파괴당할 것이다. 둘째, 사회주의와 가장 광범한 민주주의는 밀접하게 연관돼 있다.

좌익 반대파의 역사(1923~1933)

머리말

좌익 반대파는 러시아 공산당 내의 한 분파로서, 소련 내에서 점차 심각해지고 있던 관료주의의 확산 위협에 대항하여 레닌주의의 노선을 방어했다. 스탈린이 이끄는 타락한 세력에 맞서서 레온 트로츠키의 지도로 전개된 이 투쟁은 제3인터내셔널(이하 코민테른이라고 일컬을 것임)을 통해 확산되었으며, 1930년에는 국제 좌익 반대파의 창설로 이어지게 된다. 이 국제적 분파는 1933년 7월 이후 제4인터내셔널 건설 준비 조직으로 그 위상을 바꾸었다.(이 소책자에서는 제4인터내셔널에 대한 비판은 지면상 다루지 못했다.)

이 소책자가 현재 주요한 역사적 관심의 대상을 다루고 있음은 새

이 소책자는 1933년에 발간된 좌익반대파의 노동자 교육 교재를 국제사회주의자들이(IS)이 1991년에 개작한 것이다.

삼 강조할 필요가 없을 것이다. 물론 여기서 다루고 있는 몇몇 사건은 지금에 와선 아득한 옛일로 느껴지고, 또 여기에 등장하는 많은 이름들은 그 인물들이 과거 한때 좌익 반대파와 노동운동에서 아무리 유명했다고 하더라도 지금 우리 세대에게는, 그것도 남한 좌익에게는 생소하게 느껴질 것이다.

정치적·이론적 측면에서 이 소책자의 어떤 부분은 문제점이 있다는 지적을 받을 수 있다. 이러한 사실을 짚고 넘어가는 것은 가치있는 일일 것이다. 아마도 가장 주목되는 점은 이 소책자에는 "평화 공존"에 대한 언급이 전혀 없다는 점일 것이다.

"사회파시즘"론으로 대표되는 소종파 초좌익주의로부터 우경 기회주의의 대명사라 할 수 있는 "인민전선 정책(Popular Frontism)"의 계급협조주의와 "평화 공존"으로 스탈린주의가 정책을 전환한 것은 히틀러가 승리한 뒤인 1935년 코민테른 7차대회에서였다. 그 대회는 그 정책을 "새로운" 노선으로 결정했다.

그러나 "평화 공존" 정책은 만개(滿開)하지 못했다. 그 정책은 스탈린의 "일국 사회주의" 건설 이론과 실천에 근거한 것이기 때문에 1924년의 상태로 원상복귀하게 된다. 그러므로 이 소책자를 읽으면서 "평화 공존"의 궤적을 추적하는 것은 쉬운 일이다.

스탈린 분파의 주요한 특징 중 하나는 반대 세력의 압력에 밀려 우왕좌왕하는 우유부단한 경향이었다. 그러한 경향으로 인해 스탈린 분파는 소련 내의 부농이나 중국의 국민당 같은 부르주아 정치집단에게 무원칙하고 매우 위험한 양보를 했다. 그러나 스탈린 분파는 좌익반대파의 압력을 수용하기도 했는데(그들 나름의 방식으로), 예를 들면 좌익반대파가 제기한 공업화와 경제계획 들을 접수했던 것을 들 수 있다.(좌익 반대파의 공업화 계획 및 여타 경제계획들과 스탈린의 강제 산업화[공업화와 농업 집산화]가 그 속도와 방식뿐 아니라 그 계급적 내용에서도 달랐다는 점은 간략하나마 여러 번에 걸쳐 지적될 것이다.)

1928년 이후부터, 국가권력을 쥐고 있고 구시대의 지배계급처럼 행동하는 관료의 정책 변화는 우익 내지 좌익 분파의 압력에 대해 항상 민감하게 반응하는 정치적 중도주의 분파의 정책 변화와는 질적으로 달랐다. 이 소책자에서 우리는 정치적 측면을 강조하는 "관료적 중도주의"라는 개념을 사용했는데, 이것은 당 관료가 반혁명으로 국가를 장악한 뒤 경제적 착취자로 변신한 것이 정치의 진로에 얼마나 심각한 영향을 끼치는지를 명확히 평가하는 데 방해가 된다.

이러한 각도에서 보면 스탈린은 관료(1928년 이후부터는 국가자본주의 지배계급)의 주요 대표자이며, 부하린이 이끄는 관료 분파보다 오히려 더 우익이었다. 관료는 레닌 시대의 프롤레타리아 민주주의 시절로부터 계속 되어온 다양한 정치 경향들을 "숙청해" 버렸다. 관료 체제화의 물결은 레닌 사후의 소비에트 테르미도르로 시작해서 1928~36년에는 10월혁명 세대들을 모조리 숙청하는 것으로 이어졌으며, 1940년 트로츠키 암살로 그 절정을 이루게 된다.

트로츠키는 더 이상 "관료적 중도주의"라는 개념을 쓰지 않았다. 트로츠키는 1937년 10월 10일에 미국 트로츠키주의 운동 지도자 제임스 캐넌(James P. Cannon)에게 보낸 편지에서 "관료적 중도주의"라는 개념이 얼마나 부적절한 표현이 되었는가에 대해 언급했다.

"몇몇 동지들은 아직도 '관료적 중도주의'라는 용어로써 스탈린주의의 성격을 규정하고 있습니다. 이 규정은 이제는 완전히 시대에 뒤떨어진 것입니다. 국제 무대에서 스탈린주의는 더 이상 중도주의가 아니고 가장 천박한 형태의 기회주의이자 애국 사회주의입니다. 스페인을 보십시오!"

이 소책자가 다루는 시기에 일어난 여러 사건들 가운데 가장 특기할 만한 것은 기세 등등한 파시즘의 손 아래 독일 노동자 계급이 겪은 비참한 패배이다. 야만적인 독일 자본가들의 반동은 직접적으로는 독일 프롤레타리아의 무기력 탓에 가능했다. 그것은 이번에는 제2인터내셔널 정당의 비겁한 배신과 스탈린주의가 지배한 공식 공산당의 타락 때문이었다. 그러므로 혁명적 사회주의의 관점에서 보았을 때 독일에서 파시즘의 승리에 대한 책임은 스탈린주의가 져야 한다!

독일 공산당의 붕괴 때문에 대중은 자신들이 따르던 코민테른으로부터 멀어졌고 다소의 영향력을 미치던 마지막 남아있던 지부들조차 코민테른에서 이탈했다. 이 조직에서 살아남은 사람들은, 마치 수많은 상처를 입고 피흘리며 쓰러진 전몰용사처럼, 스탈린주의 관료에 의해 숨통이 막혀 다시는 혁명적인 세력으로 일어설 수 없게 되었다.

독일 프롤레타리아와 공산당은 자신들의 패배로 인해 그 뒤 10년 동안 타락과 혼란 그리고 스탈린주의적 기관이 강요한 관료적 중도주의라는 엄청난 대가를 치르게 되었다. 독일 노동자 계급은 이제 히틀러의 주구들로부터 극악무도한 고통을 받아야만 했고, 결과적으로 전세계 노동자 계급 또한 크게 좌절할 수밖에 없었다. 파시즘의 승리가 필연적이었기 때문은 아니었다. 그와는 정반대로, 좌익 반대파가 끊임없이 주창했던 통일전선 운동으로써 — 그들은 이 운동에 대한 호소 때문에 반혁명분자들인 "사회 파시스트들"이라고 비난받았다 — 독일 프롤레타리아가 동원되었더라면, 나치는 파산하여 결코 권력에 오를 수 없었을 것이다. 노동자 계급이 나아갈 길을 한편에서는 사회민주주의자들이 다른 한편에서는 스탈린주의자들이 커다란 걸림돌이 되어 막았다. 혁명적 사회주의의 입장에 서서 보면, 스탈린주의는 혁명의 가속기가 아니라 브레이크로 작용했던 것이다.

이 머리말에서 우리는 새로운 문제들에 대해 아주 간단한 언급만을 하고자 한다. 왜냐하면 좌익반대파 운동을 충분하게 서술할 수 있기 위해서는 보다 치밀한 분석이 필요하기 때문이다. 따라서 여기서는 간략하나마 아래와 같은 설명에 만족하기로 하자. 즉, 독일의 사건들, 관료적 자기 만족과 냉담, 그리고 연이어 일어난 스탈린주의와 그 당들의 오류와 분열 심화 등은 우리를 다음과 같은 불가피한 결론들로 이끈다.

첫째, 제6차 대회부터 코민테른(코민테른)은 스탈린주의에 의해 질식당했으며 파산에 이르러 그 안에서 마르크스주의의 기초를 회복 내지 재건하는 것은 완전히 불가능하게 되었다.

둘째, 스탈린주의 당들은 너무도 타락해 버렸고 중국에서, 그에 곧이어 독일, 오스트리아, 불가리아, 체코슬로바키아에서, 이미 그 당시에 — 또 지금도 어느 곳에서든 그러하지만(현재 남아프리카공화국 공산당이 좋은 예이다) — 무능력함을 입증했다. 그들은 또한 앞으로도 어떠한 나라들에서도 투쟁을 지도할 수 없을 것이다.

셋째, 이 같은 사실, 즉 스탈린주의 당들의 무능력에 대한 진단은 특히 구소련의 상황에 가장 적절하게 부합할 것이다. 왜냐하면 구소련에서는 관료 지배계급에 대한 위험이 몇 배로 커져서 국가자본가들은 계획했던 개혁들을 변변히 실행해 보지도 못한 채 개혁 이전상태로 뒷걸음질 치려고 하고 있기 때문이다.

과거의 경험에 대한 추적과 현재 세계의 모든 상황들은 진정한 혁명가들로 하여금 타락한 스탈린주의적 조직과 단호히 그리고 완전히 관련을 끊고 전세계의 국가에 새로운 공산당들과 새로운 코민테른을 건설하기 위한 준비 작업에 착수하도록 자극할 것이다.

1933년 7월 좌익반대파는 당의 한 공식적인 분파로서 활동하던 정책을 버리고 엄숙하게 이 위대한 역사적 임무에 모든 것을 바치기로 했다. 좌익반대파는 그 풍부하고 포괄적인 경험들, 즉 10년간의 혁명운동에서 하나의 조류로 존재하면서 발전시킨 구체화된 혁명이론과 비판들을 새로운 운동에 바치기로 한 것이다.

좌익반대파는 마르크스, 엥겔스에서 시작된 이론과 실천의 직접적인 계승자이자 실행자가 될 것임을 믿어 의심치 않았으며, 더 나아가 그 완전한 결실을 인류 해방을 위한 세계혁명에서 성취할 것임도 확신했다.

그들이 잘못한 게 있다면 트로츠키가 소련에 대해 규정한 바 — "타락한 노동자 국가" — 를 믿어 의심치 않았고, 역시 트로츠키를 좇아 인터내셔널이 국민국가의 틀을 초월한 진공에서부터 건설되기 시작할 수 있다고 확신했던 것이었다.

그러나, 그들의 오류는 그들의 숭고한 정신 앞에 빛을 잃는다. 그들은 사면이 적으로 에워싸인 암울한 상황에서도 "내가 살아 숨쉬는 한 나는 희망을 간직하리라."는 트로츠키의 정신을 좇아 그들은 삶을 노동자의 자주적 자기해방에 바치기로 했다. 이것이야말로 좌익반대파와 시공(時空)을 전혀 달리하는 우리가 오늘날 그들의 전통을 재발굴해 비판적으로 계승하려 하는 이유이다. 스탈린주의의 전통만을 물려받은(우리가 현재 알고 있는 한) 남한 사회주의자에게, 그나마 완전히 희화(戲畵)가 되어 버린 지금, 좌익반대파의 필사적인 노력은 그 자체만으로도 귀감이 되기에 부족함이 없을 것이다.

1. 좌익반대파와 공산주의 운동

국제 공산주의 운동은 1920년대말과 30년대초에 엄청난 위기를 겪었다. 코민테른은 1919년 모스크바에서 창설된 이후 몇 번의 위험한 시기를 경험했다. 그러나 우리는 분명한 특징에 근거해 이 시기를 두 부분으로 나눌 수 있다. 한 시기는 성장의 진통을 겪은 시기로 볼 수 있는 인터내셔널 초반 5년 동안의 시기였다. 인터내셔널이 일관되지 못하여 비(非)공산주의적인 요소들을 청소하느라 5년이 지나갔다. 둘째 시기는 거의 끊임없는 쇠퇴 위기에 빠져들어간 후반 9년 동안의 시기였다. 이 기간 중에 당으로부터 혁명적 분파가 제거되었다.

역사에 대한 최소한의 안목을 가진 사람이라면 이 위기를 통해 입은 상처를 쉽게 식별할 수 있을 것이다. 초기의 코민테른은 레닌과 트로츠키의 지도 하에 그 명성과 권위 그리고 성공을 모든 곳에 드높이던, 힘차게 성장하는 운동이었다. 후기의 인터내셔널 지도부는 그것을 침체와 타락으로 떨어뜨렸다. 세계대전 이래 자본주의가 세계를 뒤흔드는 전대미문의 가공할 위기를 겪는 동안 인터내셔널의 무기력함이 드러나게 되었다. 스페인에서는 대중봉기가 일어나서 인해 공산주의자들이 프롤레타리아의 자주적 해방을 위한 투쟁을 지도할 수 있는 좋은 기회를 얻게 되었다.(단, 거기에는 아직 조직화된 공산당은 존재하지 않았다.) 또한 영국, 프랑스, 미국, 체코, 스칸디나비아 나라들, 폴란드, 중국, 인도 — 이 모든 나라에서 대중적 정당, 또는 대중을 장악하기 일보직전에 있던 당들이 모두 공산주의를 승인하고 주창했음에도 불구하고 인터내셔널 지부들은 무기력의 고통에 몸부림치고만 있었다.

사소한 몇몇 예외를 제외하고는 인터내셔널 설립 초기에 활동하던 세계 공산주의 지도자들은 이미 1932년말경이면 단 한 명도 당에 남아있지 못했다. 소련 공산당도 예외일 수는 없었으며, 오히려 그러한 현상의 진원지였다. 모든 곳에서 공산당은 혁명적 사회주의 세력을 걸러내는 체와 같은 역할을 했는데, 자본주의 위기의 과정에서 노동자 계급의 새로운 사회주의 분파가 이 체에 부어지기만 하면, 그들은 관료주의와 잘못된 정책이라는 구멍을 통해 걸러져 사라지게 될 뿐이었다. 인터내셔널 설립 후 거의 13년이 지난 뒤, 조직원 수가 대폭 감소된 인터내셔널의 대다수 성원들은 당에 입당한 지 2년 이상이 되는 경우가 없었다. 대부분의 고참 당원들은 행방불명이 되거나 축출당했던 것이다.

자신의 계급적 이익을 자각하고 있던 노동자들에게 이 같은 사실이 통탄할 상황이었다고 할 수밖에 없는 것은 어째서인가? 그것은 다음과 같은 이유들 때문이었다.

공산주의는 모든 노동자 계급의 희망이다. 자본주의의 지배를 전복하지 않고서는 어떠한 무계급 사회주의 국가도 쟁취할 수 없다. 이목적을 달성하는 것은 노동자 계급의 역사적 임무인 것이다. 계급의적과 투쟁하고 있는 노동자들의 요구에 부응하는 가장 명확하고 효과적인 도구는 바로 혁명 정당인 것이다. 그러한 당은 하루 아침에 만들어지지도, 한 사람에 의해 만들어지지도 않는다. 그러한 당은 혁명적 사회주의자들이 노동자 계급 내의 가장 진보적이고 가장 전투적이며 가장 잘 훈련된 투사들을 포용해 내면서 계급의 이익을 대표하여 철저히 투쟁할 때 성장할 수 있는 것이다.

지배계급이 대중을 더 이상 복종시킬 수 없을 때, 지배계급이 대중의 가장 기본적인 일상적 요구조차 만족시켜 주지 못할 때, 그리고 대중이 그들 자신의 계급 정당으로 혁명정당에 그들의 신뢰를 옮겼을 때, 노동자 계급 정당의 전열은 최후의 전투를 할 수 있을 만큼 힘을 얻고 강화되는 것이다. 프롤레타리아가 지배계급의 위치로 올라설 때 인류 역사의 새로운 장이 열릴 것이다. 왜냐하면, 노동자는 인류 전체를 해방시키지 않고서는 자기 자신을 해방시킬 수 없는 존재이기 때문이다. 이 위대하고 가슴 벅찬 투쟁에서 프롤레타리아를 이끌기 위해서 현대 역사는 가장 고도로 발달했고 또 유일무이한 지도자로서 공산당을 출현시켰다.

노동자의 이익을 대변한다고 주장하는 또 다른 당은 사회민주당 (사회당)이다. 그러나 실제에서 그 당은 그 구성원만 노동자들이지 당의 성격은 자본주의의 개량을 통한 유지에 투신하는 부르주아적 노동자 당이다. 그 당은 "민주주의 전체"에 대한 수호로부터 "민주주의 일부"에 대한 수호, 즉 '개개 자본주의 조국'에 대한 수호로 전환했다. 그 당은 자기 나라의 노동관료와 중간계급의 입장에 서서 세계 프롤레타리아의 이익을 희생시키고 있다.

전쟁 동안 사회민주당들은 제국주의가 노동자 계급의 대열 속에서 움직이도록 한 주요한 수단이었다. 사회민주당들은 각기 자국 지배계급의 이익을 위해서 제국주의 전쟁을 지지했다. 전쟁 후 사회민주당들은 혁명적 프롤레타리아를 진압하는 흉포한 싸움들에서 자본가 계급 편에 설 수 있는 기회를 한 번도 놓치지 않았다. 필요하다면 군대를 동원해서라도.

코민테른은 창립 때부터 사회민주당의 배반에 대하여, 노동자 계급 속에서의 타락과 퇴보 현상에 대하여, 그리고 관료주의와 기회주의에 대하여 무자비한 전쟁을 수행할 것을 선언했다. 공산당들은 사회민주당들의 반동에 맞서는 전투를 수행하면서 탄생하고 성장했다. 사분오열된 전세계 혁명운동 대열은 러시아 혁명과 코민테른의 깃발 아래 재결합되었다. 사회민주당들이 권력을 휘두르며 퍼뜨렸던 반동의 암흑 속에서 공산당은 노동자 계급의 전진에 서광을 비추었고, 또한 사회민주당들이 프롤레타리아의 목에 단단히 옭아맨 계급 협조주의의 올가미를 끊어버렸다. 대중은 다시 한번 계급투쟁의 길로 이끌렸다. 프롤레타리아가 활동하는 모든 분야에서 — 노조에서, 파업에서, 시위에서, 협동조합에서, 의회에서, 그리고 스포츠 단체에서 ─ 공산주의자들은 노동자들의 억눌렸던 정신을 일깨웠으며, 새로운 용기를 북돋아 주었고, 새로운 사상으로 눈을 뜨게 했고, 새로운 투쟁성을 고취시켰다. 전후 모든 나라들에 닥친 반동의 물결에도 아랑곳하지 않고 오직 신생 공산당의 운동만이 부르주아 계급의 착취와 억압에 대하여 경고했다. 노동자 계급은 부르주아지의 공격에 완강히 저항하면서 부패한 낡은 사회를 폐지하고 새로운 사회를 건설하기 위한 선제공격을 개시하라고.

공산주의 ─ 러시아 볼셰비키 혁명에 의해 다시 주창된 사상인 ─ 는 이전에도 지금도 착취당하고 억눌린 자들의 희망이다. 그러나, 만일 공산당이 프롤레타리아의 자주적 해방을 위한 투쟁을 성공적으로 지도할 능력이 없다면 다른 어떠한 세력도 자본주의의 지배를 종식시킬 수 없을 것이다. 이것이 코민테른의 상태와 발전이 모든 노동자들에게 결정적인 영향을 미쳤던 이유이다. 공산당의 내부 논쟁과 내부 투쟁은 그런 까닭에 결코 사적인 문제가 아니었다. 그것은 전체 노동자 계급과 관련되어 있었다.

좌익반대파는 코민테른의 위기로부터 탄생한 것이다. 좌익반대파의 노력은 곧바로 그 위기를 해결하는 데로 향했다. 이 막중한 임무를 수행하는 데는 가능한 많은 공산주의자와 계급의식적인 투사들의 협력이 필요했다. 이러한 협력을 이루어 냄으로써 좌익반대파가 내세운 가치를 단순히 심정적인 것 이상으로 만들기 위해서는, 공산당 발달의 가장 중요한 그 시점에서 공산당이 겪은 위기의 본질과 기원을 이해할 필요가 있다. 이것을 고찰하는 과정에서 독자는 사건들의 실제 경위에 대한 좌익반대파의 입장을 확인할 수 있을 것이다. 이런 과정을 통해서 우리는 혁명운동에서 서로 대립하는 여러 견해들을 명쾌하게 이해할 수 있을 것이다.

2. 당내 민주주의를 위한 투쟁

코민테른과 마찬가지로 좌익반대파도 세계 혁명의 진원지 러시아에서 형성되었다. 레닌과 함께 러시아 혁명과 코민테른의 걸출한 지도자였던 레온 트로츠키가 지도한 좌익반대파는 처음 1923년에는 공산당 내의 하나의 독특한 그룹의 형태를 띠고 있었다.

노동자 국가는 그 당시 어려운 시기를 겪고 있었다. 볼셰비키 정부는 1921년에 채택한 신경제정책(N.E.P.)으로써 이럭저럭 국가 경제를 복구하여 상당한 성공을 거두었다. 프롤레타리아 독재의 사활이 걸려 있는 노동자와 농민의 관계도 강화되었다. 혁명 세력이 내전과 제국주의 침공에 대항하여 투쟁한 때인 "전시 공산주의" 시절의 경직성도 대부분 극복되었다. 그러나 이와 동시에 새로운 문제들이 발생했는데, 그것들은 때때로 매우 심각하여 위기 국면의 양상까지 보였다.

트로츠키가 만들어 낸 새로운 용어를 빌자면, 노동자 국가는 '협상(가위 모양) 위기'를 통과하고 있었다. 협상 위기는 공산품 가격의 상승과 농산물 가격의 하락에 의해 생긴 간격에서 시작되었다. 문제는 두 부문의 가격이 서로 밀접한 조화를 이루게 하는 것이었다.

공장은 생산물을 처분하는 데 어려움을 겪었고, 따라서 생산은 저하되었다. 임금은 점점 적게 지불되었고 또한 가치가 하락된 돈으로 지급되었기 때문에 노동자들의 요구를 만족시킬 수 없었다. 실업이 증가했을 뿐 아니라, 노동자와 농민들이 물건을 구입하기가 점점 어려워져 갔다. 노동자들의 불만은 파업의 형태로 표출되기조차 했다.

이러한 상황들은 공산당원들의 불만도 야기했다. 반혁명이 격파되고 신경제정책의 효과가 나타나기 시작한 후, "전시 공산주의" 분위기가 국가 경제에서는 많이 제거되었지만 당내에서는 여전히 존재하고 있었다. 내전 때문에 당에 강요되었던 매우 군사적인 체제는 전쟁을 극복하는 데는 도움이 되었지만 다른 측면에서는 국가를 더욱 큰 위험에 빠뜨렸다. 임명된 관리들의 거대한 위계 체계가 선거에 의해 자유로이 선출되었던 당 기구를 대체하게 되었다. 일반 당원의 창의성과 독립성은 짓눌리고 있었다. 관료 제도가 철저히 구축됨으로 인해 멘셰비키나 무정부적 조합주의(아나코생디칼리즘)의 색채를 띠고 있는 분파 그룹들이 은밀히 형성되었는데, 색조상의 차이는 있다 하더라도 그 분파들의 존재 자체는 당원들의 깊은 불만을 반영하는 것이었다.

레닌은 관료주의의 위협과 당내 민주주의의 결핍이 초래한 위험에 대해 그가 병으로 인해 실제적 당 활동에서 물러서기 전에 공개적으로 지적한 바 있었다. 레닌은 관료주의와 관료에 대한 통렬한 비판 문건을 썼을 뿐 아니라, 트로츠키에게 당내에서 이 파괴적인 암적 요소를 쓸어내기 위한 정풍운동을 벌여야 한다고 강력히 권고하기도

했다. 레닌이 이끌었던 10차 당대회는 이미 당내 민주주의 정책의 단호한 집행을 위한 결의를 채택했다. 그 결의를 재천명한 12차 당대회 이후에도 그것은 여전히 사문(死文)으로 남아 있었고, 그러한 상황은 조금도 호전되지 않고 더욱 악화되어 갔다.

그 당시 당내의 상황에 대한 묘사는 당을 지배하던 분파의 충성스런 지지자였던 부하린 자신이 한 바 있다.

만일 우리가 조사를 실시해서 우리의 당 선거에서 '찬성합니까?' '반대합니까?'라는 의장의 일방적인 질문이 몇 번이나 있었는가를 조사해 본다면, 우리는 당 조직 선거의 대부분이 그러한 일방적인 선거였음을 쉽게 알 수 있을 것이다. 왜냐하면, 선거가 사전 토의 없이 진행될 뿐 아니라 '누가 반대하는가?'라는 공식에 따라서 진행되었기 때문이다. 그리고 권력자들에게 반대하는 것은 바람직하지 않은 일이기 때문에 그 문제는 바로 거기에서 끝나게 된다.

만일 우리의 당 회합에 대한 질문을 한다면 그것이 어떻게 진행되고 있는가 하는 것일 것이다. 회합의 의장단을 선출하는 경우를 예로 들어 보자. 지구 위원회에서 몇 동지가 나와서 명단을 제출하고는 묻는다. '누구 반대 의견 있습니까?' 아무도 반대하지 않는다. 그리고 업무는 끝난 것으로 간주된다. … 그 날의 주어진 일정에 따라서 일사천리로 진행된다. … 의장이 묻는다. '누구 반대 있습니까?' 아무도 반대하지 않는다. 결의안은 만장일치로 채택된다. 이것이 우리 당 조직이 일상적으로 겪는 상황인 것이다. 그것은 커다란 불만의 파도를 일으키지 않을 수 없다. 나는 당의 최하급 지부들에서 일어난 몇 가지 예를 제시했다. 똑같은 일이 별로 다른 점 없이 우리 당 상급 기관들에서도 일어나고 있다.

이러한 상황에 접한 트로츠키는 국가 경제와 당의 상태에 대한 그의 견해를 표명한 서한을 1923년 10월 8일 당 중앙위원회로 보냈다. 그가 제기한 주요한 사상의 대부분을 인정한 46명의 당 지도자들은 그들이 서명한 편지를 트로츠키에게 보내어 지지를 표명했다. 이에 덧붙여 그는 당시 상황에 대한 일련의 논문들로 이우어진 《새로운 진로》라는 소책자를 출판했다. "새로운 진로"라는 제목은 트로츠키가 당에 촉구했던, 경제 분야와 당 내부에서의 방향 전환을 규정하기 위해 쓴 표현이었다. 트로츠키가 이끈 이 투쟁은 — 이 싸움에서 트로츠키는 즉시 "모스크바 반대파"라는 분파에 합류하게 된다 — 노동자 민주주의를 요구한 결의안의 실행과 계획경제에 기초한 농업과 공업의 조정에 중점을 두었다.

당을 지배하고 있던 분파의 말도 안 되는 주장과는 반대로, 좌익 반대파의 요구와 멘셰비키가 "순수 민주주의"를 위해 벌였던 투쟁 사이에는 하등의 공통점이 없었다. 멘셰비키와 사회민주당은 언제 어디서나 러시아의 프롤레타리아 독재를 타도하고 자본주의적 "민주주의" 체제를 재건하자는 측의 입장에 섰다. 러시아 사회민주주의자들의 이러한 행동은 세계 도처의 사회민주주의자들이 보여준 작태와 마찬가지로 배신적이고 가증스러운 행동들이었다.

좌익반대파는 당과 프롤레타리아 독재의 관료적 타락을 막기 위해서 노동자 민주주의를 요구했다. 1923년의 트로츠키의 경고들은 "역사는 모든 종류의 타락을 안다."는 레닌의 말을 부연설명한 데 지나지 않는 것이었는데도, 그 뒤 산산이 분열하게 될 바로 그 똑같은 "고참" 볼셰비키와 "레닌주의 중앙위원회"에 의해 중상모략이라고 비난받았다.

노동자 민주주의를 재건하고 당과 프롤레타리아 독재를 불구로 만들기 시작한 관료주의의 독소를 제거하기 위한 강령에는 또 하나의 중요한 측면이 포함되어 있었다. 즉, 처음부터 강령에는 경제적으로 낙후된 러시아의 공업화를 가속시켜야 한다는 견해가 포함되어 있었다.

트로츠키는 노동자 국가가 대규모 기계 공업의 기초를 다지기만 하면, 원시적으로 조직되고 경영되어 온 농업으로 인한 장애를 극복하고 사회주의를 향한 탄탄대로로 들어설 수 있다고 지적했다.(물론 국제 혁명을 미리 전제하고서 말이다.) 그러한 대규모 공업의 기초 위에서 프롤레타리아는 값싼 공산품에 대한 농민의 수요를 충족시켜 줄 수 있을 것이다. 대다수 농민을 착취하는 부농(쿨락)의 경제적·정치적 비중을 체계적으로 줄여 나가는 정책을 통해, 대공업 기술장비를 갖춘, 농업의 사회주의적 변환을 본격적으로 시작할 수 있을 것이다.

이 목표를 달성하기 위해서 트로츠키는 철도 수송의 효율을 높이기 위해 1920년에 실시했던 계획경제가 성공적으로 완수되었음을 지적하면서, 국가 경제의 중앙집중화와 국가 경제를 조화롭게 지도하기 위한 국가적 장기 경제계획의 수립을 주장했다.

지노비예프는 1924년 1월 6일에 행한 연설에서 그 논쟁의 본질을 밝히지 못했다. 지노비예프는 그 당시 열렬한 반트로츠키주의자였으며 또한 다수파 스탈린-부하린-지노비예프의 대변인이었다.

동지들, 아름다운 계획을 붙들고 늘어지려는 트로츠키의 완강한 고집은, 좋은 계획은 만병통치약이라는 낡은 관념을 맹목적으로 믿는 모습으로밖에 보이지 않는다. 그의 입장은 많은 제자들을 대단히 감동시켰다. 요즈음 우리는 일부 제자들에게서 '중앙위원회는 아무런 계획도 갖고 있지 못하다. 중앙위원회는 실로 계획을 수립해야 한다!'라고 주장하는 것을 들을 수 있다. 러시아 같은 나라에서 경제 재건을 이룬다는 것은 우리의 혁명에서 실로 가장 어려운 문제이다. … 우리는 수송 업무를 제르진스키가 관리하도록 하려 한다. 경제 부문은 리코프에게, 재정은 소콜니코프에게 맡기려 한다. 반면에 트로츠키는 '국가 계획'을 가지고 모든 것을 다 하려고 한다.

다수파가 좌익반대파와 충돌했던 다른 모든 경우와 마찬가지로, 이 문제에서도 계급투쟁 과정은 트로츠키와 그의 동료들이 제기한 관점이 정당했음을 수없이 증명해 주었다. 다수파는 좌익반대파의 계획경제 강령에 대하여 그들이 가진 유일한 무기인 조소와 욕설과 매도로써 대항했다. 그들은 그 당시에는 전체 공산주의 운동을 동원해서 이 강령에 반대했지만, 결국 몇 년 후 그들은 어쩔 수 없이 이 강령 전체를 채택할 수밖에 없게 된다. 그러나, 국가자본주의라는 완전히 다른 방식으로.

좌익반대파가 제기한 문제들을 놓고 좌익반대파의 올바른 관점을 분쇄할 수 없었던 당 지도자들은 온갖 데마고기에 호소했다. 트로츠키가 실제로 썼던 글은 원래 모습을 알아볼 수 없을 만큼 변형되고 왜곡되었다. 그가 젊은 세대의 공산주의자들을 지도부에 흡수하여 지도부에 생명력을 재충전하려고 했음에도 불구하고, 그의 입장은 마치 "젊은 당원들"과 "늙은 당원들"을 서로 대립하게 하려는 입장인 것처럼 당에 제시되었다. 바로 이것이 기회주의적 관료들의 진부한 속임수인 것이다. 트로츠키가 지적한 것은 당내에 수많은 분파가 생긴 본질적 이유가 평당원의 창의성과 비판을 억눌렀기 때문이라는 점이었는데도 그는 근원적으로 분파를 유지·존속시키려 한다는 죄를 뒤집어썼다. 트로츠키가 말했던 것은 역사상 타락의 위험에서 제외되어 있는 지도부는 없으므로, 당은 관료주의의 등장을 저지하기 위해 단호한 조치를 취해야 한다는 주장이었으나, 당 관료들은 트로츠키가 "당은 타락했으며 혁명은 이미 관료주의에 의해 침몰되어 버렸다."라고 선언했다고 곡해했다. 트로츠키는 "도시가 농촌을, 노동자가 농민을, 공업이 농업을 지도해야 한다"라고 주장했음에도 불구하고 그의 주장은 마치 그가 "농민을 과소평가"하는 것처럼 반동적인 비난에 의해 왜곡되었다.

당 지도자들은 그들이 장악하고 있는 커다란 기구들을 통해서 당원의 대다수가 자신들을 지지하도록 만들 수 있었다. 또한 그들은 코민테른의 기구를 통제함으로써 외국의 당들에게 좌익반대파의 의견을 기각시키도록 하기가 더욱 용이했다. 정말로 외국의 당들에서는 당원의 10분의 1조차도 트로츠키가 실제로 무엇을 썼고 무엇을 주장했는지 전혀 모르는 상태였던 것이다.

당 관료 지도자들이 당내에서 좌익에 대항하여 다수파를 쉽게 확보할 수 있었던 원인 중 하나는 러시아의 이 논쟁과 거의 같은 때 하나의 중대한 사건이 터졌기 때문이다. 그 사건은 바로 1923년 10월 독일 공산당의 패배를 말한다. 이 사건은 러시아의 논쟁뿐 아니라, 그 이후 몇 년 동안 국제 공산주의 운동에도 커다란 영향을 주게 되었다.

3. 10월의 교훈

1923년 가을 독일 프롤레타리아는 그들에게 더할 수 없이 유리한 혁명적 상황을 맞게 되었다. 그 때까지 공산당은 착실히 성장해 왔던 반면 지배계급에게는 나날이 새로운 어려움들이 닥쳐 왔다. 프랑스가 루르(Ruhr)를 점령함으로써 일종의 소규모 세계 대전이 다시 일어났으며, 이것은 베르사유 조약에 의해 심화되어 가고 있던, 유럽 자본주의 국가들 사이의 모든 모순을 극한까지 몰고 갔다. 트로츠키가 "독일 부르주아지가 이 '헤어날 수 없는' 처지에서 탈출할 수 있었던 것은 오로지 공산당이 부르주아지가 바로 이 때 '헤어날 길 없는 상태에 처해 있음'을 이해하지 못하여 필수적인 혁명적 결단을 내리지 못했기 때문이다"라고 말한 대로, 독일의 혁명적 상황은 무르익어 있었다.

그러나 공산당은 경험 부족으로 말미암아 부르주아지의 상태가 어떤지 이해하지 못했고, 따라서 필수적인 혁명적 결단을 내리지 못했다. 혁명적 상황의 만조기가 10월에 다가왔다. 점진적이고 정규적으로 당의 역량을 축적해 간다고 하는 타성에 깊이 젖어 있었던 지도부는 완전히 소극적인 자세를 취하거나 구태의연하게도 옛날의 페이스를 그대로 유지하고만 있었다. 반면에 필사적이었던 부르주아지는 군대를 이끌고 공격해 와서 작센(Saxony)과 튀링겐(Thuringia)의 사회당·공산당 연립정부를 전복시켰는데, 이때 독일 공산당은 총한 번 쏴 보지도 못하고 부르주아 군대에게 결정적인 승리를 넘겨주었다. 이 결정적인 순간에 공산당 지도자들은 수치스럽게도 퇴각명령 신호를 내렸다. 평당원들은 절망에, 대중은 혼란에 빠져 버렸다.

독일의 당 지도자들이 추구한 정책은 브란들러(Brandler)와 탈하이머(Thalheimer)에겐 새삼스러운 일도 아니었다. 그 정책들은 코민테른과 러시아 공산당의 지도부로부터 하달된 것이었다. 이 두 지도부는 같은 분파(스탈린 일파)에 속해 몇 달 전부터 트로츠키에 대한 전쟁을 함께 하고 있었다. 우유부단하고 소심하며, 어떤 계급이 한 명의 군인이라도 더 많이 확보했는지 알아보려고 바리케이드 양쪽의 군인들의 숫자를 헤아리고 앉아 있던 독일 공산당의 이 치명적인 정책은 자기들과 마찬가지로 소심하고 우유부단한 러시아 당 지도자들에 의해서 주입된 것이었다.

여기에 스탈린이 독일 상황에 대해 1923년 8월 지노비예프와 부하린에게 보낸 글이 있다. "공산당이 현단계에서 사회민주당의 도움 없이 권력을 잡으려 해야 할까? 그들은 이미 그럴 준비가 되어 있는가? 내 의견으론 이것이 문제이다. … 만약에 독일에서, 이를테면 부르주아 권력이 무너지고 공산주의자들이 권력을 잡는다면, 그들은 곧 붕괴하고 실패할 것이다. 이것은 '최선'의 경우이다. 그러나 '최악'의 경우 그들은 산산조각이 나서 내팽겨쳐질 것이다. 문제는 브란들러가 대중을 교육하려 한다는 것이 아니다. 문제는 오히려 우익 사회민주주의와 더불어 부르주아들이 틀림없이 이 교육 시위를 대량학살로 변화시킬 것이며(그들은 현재 그럴 가능성을 모두 갖고 있다) 그리하여 그들을 전멸시킬 것이라는 점이다. 확실히 파시스트들은 졸고 있지 않다. 그러나 파시스트들이 먼저 공격한다면 우리에겐 더욱 유리하다. 이것으로 인해 모든 노동자 계급은 공산주의자 주위에 재집결할 것이기 때문이다.(독일은 불가리아가 아니다.) 우리가 가진 정보에 의하면 독일 파시스트들은 허약하다. 내 판단으로는 독일인들을 고무할 것이 아니라 제지해야 한다." 스탈린이 한 일은 단순히 그의 분파의 모든 성원들의 머리에 맨 먼저 떠오른 생각을 편지에 적어 놓은 것뿐이다. 지노비예프와 스탈린은 결정적인 순간이 오기 몇 주, 몇 달 전에 트로츠키가 독일 당 지도자들에게 보낸 비판들을 간과해 버리고 말았다. 반대로, 그들은 갑자기 브란들러와 탈하이머에 대한 변호로 비약해 버렸다. 1923년 10월 러시아 당 중앙위원회 전체회의가 독일 패배가 있기 몇 주 전에 출간한 공식 문건에는 이렇게 씌어 있다.

트로츠키 동지는 중앙위원회 회의를 떠나기 전, 모든 동지들을 매우 흥분하게 한 연설을 했다. 그는 이 연설에서, 독일 공산당의 지도부는 무가치하며, 독일 공산당의 중앙위원회는 숙명론에 빠져 있으며 아둔하기 짝이 없다고 단언했다. 게다가 트로츠키 동지는 이런 상황 속에서라면, 독일 혁명은 실패할 운명에 처해 있다고 주장했다. 트로츠키 동지가 한 이 연설은 놀라운 인상을 주었다. 그러나 이 연설은 독일 혁명과는 관계없는 러시아 당 중앙위원회 전체회의에서 발생한 하나의 해프닝에 불과하며, 그 연설은 객관적 상황과는 모순되는 것이었다는 것이 대부분의 동지들의 의견이었다.

10월의 결정적인 패배 직후에 브란들러와 탈하이머는 지노비예프와 스탈린의 희생양이 되었다. 그들의 노선은 사실은 코민테른 지도부에 의해 제기된 것이었음에도 불구하고 독일의 패배는 그들만의 책임으로 전가되었다. 관료가 독일 패배에 대해 분석한 내용은 처음부터 끝까지 독일 정세에 대한 책임은 오직 브란들러의 오류에 있다는 규정뿐이었다. 또한 이러한 분석은 매우 편리한 것이었는데, 왜냐하면 스탈린과 지노비예프는 그렇게 분석함으로써 일어난 사태 — 그뿐 아니라 혁명을 실패로 이끌었다는 사실 — 의 무거운 책임을 자신들의 어깨로부터 독일로 떠넘길 수 있었기 때문이었다.

비록 스탈린과 지노비예프 등은 독일 패배에 대한 분석이라는 자신의 임무를 방기했지만, 독일의 10월을 고찰하는 임무는 트로츠키가 쓴 '10월의 교훈'에서 훌륭히 수행되었다. 이 문건의 정수는 봉기 전야의 러시아 볼셰비키가 어떠한 문제에 부딪혔으며 그들이 어떻게 그 문제를 성공적으로 해결했는가 하는 것과, 독일과 불가리아의 당들이 어떠한 문제에 부딪혔으며 또 그 문제의 해결에 어떻게 실패했는가 하는 두 경우를 교묘하게 대비시켜 분석한 데 있다.(10월의 패배가 있기 한 달 전인 9월에는 불가리아 공산당도 당이 몇 년 후퇴할 정도의 심한 타격을 받았다.) 공산당들에게 프롤레타리아의 봉기에 관한 첨예한 문제들에 대해 교육하기 위한 목적으로 쓰여진 그의 연구를 요약하면서, 트로츠키는 후에 이렇게 말했다.

1923년 독일의 패배에는 당연히 많은 그 나라 나름의 특수성이 포함되어 있었다. 그러나 그것은 또한 총체적 위험을 경고하는 전형적인 모습도 많이 보여주고 있었다. 이 위험은 무장봉기 전야의 혁명지도부의 위기로 규정할 수 있다. 프롤레타리아 당의 심층부는 그 본질상 부르주아 여론에 의해 흔들리지 않는다. 그러나 당 지도부와 당 중간층의 일정 부분은 틀림없이 언제나, 많든 적든 부르주아지의 물질적·사상적 공격에 패배하게 된다. 그러한 위험은 쉽게 제거되지 않을 것이다. 참으로 부르주아지에 대항하기 위한 만병통치약은 없다. 그럼에도 불구하고, 부르주아지와 투쟁하는 제1보는 부르주아지의 본성과 근원을 파악하는 것이다. '10월 이전'의 시기에 모든 공산주의 당들에서 우익 그룹들의 발전이 눈에 띄게 두드러진 것은 한편에서는 이 '비약'이 내포한 커다란 객관적 어려움과 위험 때문이기도 했지만, 다른 한편에서는 부르주아 여론의 맹렬한 공격의 결과이기도 했다. 거기에 또한 우익 그룹들의 존재 의미가 있는 것이다. 그리고 그것이 바로 가장 위험한 순간들마다 공산당 내에 우유부단과 동요가 발생했던 이유이다. 우리의 경우 1917년 당시 당 지도부의 극히 소수가 그러한 우유부단과 동요에 사로잡혔지만 그것은 레닌의 명쾌한 이론과 활동력에 의해서 극복되었다. 독일에서는 그 반대로 지도부가 전반적으로 동요했고, 그러한 동요는 당으로 그리고 계급 전체로 파급되었다. 따라서 독일은 혁명적 상황을 놓쳐 버렸다. … 물론 우리는 이 결정적인 역사적 순간에 나타난 독일 지도부의 위기와 비슷한 아픈 경험을 앞으로도 하게 될 것이다. 이 피할 수 없는 위기를 극소화하는 것이 공산당과 코민테른의 가장 중요한 임무 중 하나인 것이다. 이 임무는 1917년 10월의 경험과 그 당시 당내 우익 반대파의 정치적 내용이 파악되고, 1923년 독일 당의 경험과 비교 검토될 때만 완수될 수 있다. 바로 이것이 '10월의 교훈'을 집필한 목적이다.

러시아 당 지도자들이 전력을 다해 회피하려 했던 것이 바로 이러한 분석의 내용이었다. 누구나 트로츠키가 1917년의 러시아 당내 우익에 대해 언급했을 때 그가 언급한 사람들이 볼셰비키 봉기 이전의 몇 달에 걸쳐 레닌과 트로츠키가 당에서 추진했던 사회주의 혁명에 대해 반대 입장에 서 있던 지노비예프, 카메네프, 리코프, 톰스키, 스탈린 등의 인물들이었음을 알고 있었다. 또한 누구나 독일의 패배라는 이 지극히 중요한 국면에 대해 조사하게 되면 이들 당 지도자들의 혁명적 내용과 역량이 1917년에 비해 그다지 나아지지 못했다는 사실이 드러나게 될 것을 알고 있었다.

결과적으로 독일과 불가리아의 패배가 노동자 계급과 공산주의 운동에 준 값진 교훈을 도출해 낸 것은 코민테른의 지도부가 아니었다. 코민테른은 자신의 엄청난 오류를 덮어버리기 위해 발명해 낸 "트로츠키주의"에 대항해 싸우기 위해 노동자 계급과 공산주의 운동을 희생시키기로 했던 것이다. 공식 출판물들은 트로츠키의 입장을 비난·왜곡하고, 자신들의 '레닌주의의 순결성'에 대해 찬미하며, 그리고 모든 인터내셔널이 좌익반대파의 입장에 반대해야 한다고 촉구하는 내용으로 일관된, 당 지도자들의 논설과 연설문들로 가득 차 있었다.

코민테른이 트로츠키에 대해 어떻게 행동했는가 하는 하나의 예를 미국 공산당 내의 투표에서 찾을 수 있다. '10월의 교훈'이 영어로 번역된 적이 없을 뿐더러, 미국 당 지도부나 당원의 99%가 이 논문을 구경해 보지도 못했음에도 불구하고, 그들은 "레닌주의의 오랜 수호자"의 편에 서서, 즉 트로츠키의 견해를 비난하는 입장에 서서 엄숙한 한 표를 행사하도록 강요받았던 것이다. 이러한 부패한 체제는 그 후에 더욱 확산되고 신성화되어 나중에는 관료와 좌익반대파 사이의 논쟁이 있으면 당연히 좌익반대파의 의견이 틀린 것으로 간주될 정도가 되어 버렸다. 관료의 견해는 공산주의 노동자들에게 공개되는 일이 절대로 없었지만, 관료는 결국 노동자들의 거센 공격을 받을 수밖에 없었다.

이러한 당의 부패는 좌익반대파에 대한 반대 운동이 시작된 이후 강제 집산화까지의 기간을 구별짓는 특징이 되었다.(그 이후 당은 더 이상 공산주의 정당이 아니라 자본주의 정당이 되었다.) 그것은 달리 표현할 길이 없다. 오로지 잘못된 견해를 지키려는 사람들만이 반대 입장을 가진 사람들을 억압하기 위해서 관료적 수단을 동원할 수밖에 없게 된다. 왜냐하면, 객관적이고 민주적으로 조직된 토론 속에서는, 잘못된 견해는 집중포화를 받게 되어 견딜 수가 없게 되기 때문이다.

4. "일국 사회주의" 이론

1923년 9월 불가리아 봉기의 실패와 독일의 10월 패배가 있은 지 몇 달 뒤 에스토니아(Esthonia)의 레발(Reval) 봉기가 격파됨으로 말미암아 유럽에서는 커다란 파급 효과를 가진 새로운 발전 단계가 열리게 되었다. 독일의 패배는 숨쉴 공간을 찾아 헤매던 부르주아지에게 그 공간을 제공했다. 몇 달 후에 도스 계획(Dawes Plan)으로 들여온 금이 투여됨으로써 약화된 독일 자본주의 체제는 다시 활기를 찾았다. 영국에서는 맥도널드(McDonald) 노동당 정부가 처음으로 권력을 잡게 되었다. 프랑스에선 자유당의 에리오(Herriot) 내각이 수립되었고, 이로써 독일에 대한 새로운 "루르 침공"의 위험은 사라졌다.

치명적인 독일 패배가 가져다준 엄청난 영향들 중에서 아마도 다음과 같은 것은 쉽게 예상할 수 있을 것이다. 전후(戰後)의 혁명의 만조기는 확실히 지나갔다. 유럽에서는 부르주아 민주주의적 평화주의의 시대가 열리고 있었다. 중부 유럽에서 공산주의 운동은 패배의 경험들로 인해 최소한 약화되었고, 이 패배들로 인해 사회민주주의가 되살아나게 되었다.

이 시기의 이 같은 징후들을 코민테른 지도부는 하나도 알아차리지 못했다. 트로츠키가 인터내셔널은 새로운 상황에 걸맞는 새로운 노선을 선택해야 한다고 지적했을 때, 코민테른 지도부는 그를 청산주의자라고 공격했을 뿐이었다. 1924년 코민테른 제5차 대회에서조차도, 스탈린, 지노비예프, 부하린과 그 밖의 트로츠키 반대자들은,

혁명적 상황이 바로 눈앞에 있으며 10월의 패배는 단순한 에피소드에 불과했고 좌익 반대파는 혁명에 대한 신념을 상실했다고 주장했던 것이다.

시간이 흐를수록 이 경솔한 분석은 차가운 눈총을 받게 되었다. 혁명의 물결이 뒤로 물러섰음이 모두에게 명백해졌다. 좌익반대파를 청산주의자들이라고 비난했던 사람들의 마음 속에는 서유럽의 혁명의 도래가 멀고먼 뒤로 연기된 것이 아닌가 하는 불안한 확신이 떠올랐다. 관료들이 생각하기에 그들에게 남아있는 할 일은 이미 정복된 곳 ─ 러시아 ─ 을 강화하는 것이었다. 안건 서류철의 제일 밑에 깔려 있는 서유럽 혁명이라는 문제는 더 이상 힘을 낭비하지 말아야 할 뿐이었다.

"일국 사회주의" 이론이 나타나게 된 것은 바로 이러한 상황과 당 관료의 중도파와 우파가 휩싸여 있던 비관적 분위기 속에서였다. 공산주의 운동에서 우익과 중도 분파들로부터 좌익반대파를 구분짓는 근본적인 문제를 다룬 이 이론에 따르면, 비록 선진국에서 프롤레타리아가 국가 권력 장악에 실패한다 할지라도 단지 하나의 국가, 즉 소련에서만도 계급 없는 사회주의 사회가 건설될 수 있다는 것이다.

이 이론의 단순한 공식이 보여주는 것은 이 이론의 창시자가 세계 혁명에 대한 신념을 완전히 버렸을 경우에만 이 이론이 만들어질 수 있다는 점이다. 유럽에서 어떤 한 나라의 노동자들이 권력을 잡는 것보다 더 빨리 러시아가 무계급 사회를 완성하는 것은 불가능하다.

적색 노동조합 인터내셔널(Red International of Labour

Unions)의 지도자인 로좁스키가 유럽의 안정은 몇 십 년 동안 계속될 것이라고 한 것은 그의 동료들의 마음 속에 제일 먼저 떠오른 생각을 표현한 것뿐이었다.[이것은 스탈린주의자들조차도 자본주의의 안정화(미래가 불확실한)가 도래했다는 사실을 인정할 수밖에 없었던 때인, 도스 계획이 실시된 지 얼마 후의 일이었다.] 만약 실제 상황이 이렇다면 "우리는 전쟁과 프롤레타리아 혁명의 시대에 살고 있다"는 레닌의 언명은 더 이상 소용없는 말이 될 것이다. 어느 경우이든 혁명은 아득히 멀리 있었다. 그렇다면 러시아 바깥의, 일어나지도 않을 혁명에 힘을 쏟는다는 것이 무슨 의미가 있겠는가?(특히 '국내적'으로 할 일이 쌓여 있는 이 때에, 그리고 더욱이 "우리 혼자 사회주의 사회를 건설하는 데 필요한 모든 선행 조건을 모두 갖고 있는" 이 때에 말이다.)

이전에는 공상적 사회주의자들과 민족주의자들만이 "일국 사회주의" 이론을 주장해왔다. 그러나 독일에서 최후의 한계까지 세계경제와의 관계를 점차적으로 줄여 간다는 "자립적 민족경제" — 마오쩌둥은 이것을 "자력갱생"이라고도 불렀다 — 이론은 다름아닌 히틀러 파시스트들의 반동적인 공상이었다!

공산주의 운동에서는 1924년 레닌이 죽기 이전까지는 이러한 이론이 결코 받아들여지지 않았다. 마르크스와 엥겔스는 그들의 모든 저서에서 "일국 사회주의"라는 생각에 대해 정확히 논박했다. 스탈린이 "일국 사회주의" 건설의 가능성은 "1915년 레닌에 의해 처음으로 제시되었다"고 했을 때조차도, 스탈린은 과학적 사회주의의 창시자들 — 마르크스와 엥겔스 — 은 결코 "일국 사회주의" 이론을 인정하지 않았음을 시인할 수밖에 없었다.(또한, 뒤에 밝혀지듯이, 레닌이 위와 같이 "일국 사회주의" 건설의 가능성을 얘기했다는 것도 전혀 근거 없는 말이다.)

볼셰비키 당이 1917년 혁명을 수행했던 강령에는 이러한 "일국 사회주의" 이론에 대해서는 전혀 언급되어 있지 않다. 부하린과 당 중앙위원회의 감독 하에 1921년 채택된 러시아 청년 공산주의자 동맹(Young Communist Leage of Russia)의 강령에도 "러시아는 세계 프롤레타리아 혁명을 통해서만 사회주의에 도달할 수 있으며 우리는 현재 그 발전의 시기에 들어섰다"라고 선언되어 있다. 1922년 코민테른 제4차대회에서 부하린과 탈하이머가 제출한 인터내셔널 강령의 초고에도 "일국 사회주의" 건설의 가능성에 대해서는 한마디도 언급되어 있지 않다. 같은 대회에서 만장일치로 채택된 러시아 혁명에 대한 결의문은 이렇게 선언했다. "우리는 프롤레타리아 혁명은 일국 내에서는 결코 완전히 승리할 수 없으며, 프롤레타리아 혁명은 세계 혁명으로서 국제적인 승리를 쟁취해야만 함을 프롤레타리아에게 각인시킨다."

"일국 사회주의" 이론의 주창자인 부하린은 1919년에 이렇게 말했다. "[사회주의의 완성은 말할 것도 없고] 생산력의 지대한 발전은 프롤레타리아가 몇 개의 큰 나라에서 승리함에 의해서만 시작될 수 있다." 레닌은 "우리의 업무 중 많은 부분에서 또 우리의 모든 연설과 모든 출판물"에서, "러시아는 선진 자본주의 국가들과는 다르다. 러시아에는 소수의 근로 노동자와 압도 다수의 소농이 존재한다. 이런 나라에서 사회주의 혁명은 두 가지 조건이 갖추어질 때만 가능하다. 첫째, 하나의 혹은 몇몇 선진국의 사회주의 혁명이 적절한 시기에 지원해 주어야 한다는 것, 둘째 독재 권력을 세우는, 즉 국가 권력을 장악하는 프롤레타리아와 다수 농민 간의 협력이 이루어져야 한다. 다른 나라에서 혁명이 도래하지 않는 한, 농민과의 협력만이 러시아의 사회주의 혁명을 구해낼 수 있다.”라고 주장했다.

“일국 사회주의” 이론을 처음으로 공식화한 스탈린 자신도 그의 '레닌주의의 기초'에서 다음과 같이 썼다. “사회주의의 주요 과업 ― 사회주의적 생산의 조직 ― 은 여전히 우리 앞에 놓여 있다. 몇몇 선진국 프롤레타리아 사이의 공동 노력 없이 과연 이 과업이 달성되고 사회주의의 궁극적 승리가 얻어질 수 있는가? 아니다. 그것은 불가능하다. … 사회주의의 최종적 승리와 사회주의 건설의 조직화를 위해서는 일국(一國), 특히 러시아 같은 농업국 단독의 노력만으로는 불충분하다. 이것을 위해서는 몇몇 선진국 프롤레타리아 사이의 공동 노력이 필요하다.”

스탈린이 이 명백하고 확실한 결론을 뒤집고, 나중에는 국가적 찬송가로까지 연결되어 버리는 주의 깊은 하나의 공식을 내놓은 것은, 그 해에 출판된 '레닌주의의 문제'에서였다. “승리한 한 나라의 프롤레타리아가 프롤레타리아 권력을 강화하기 위해 농민을 설득해 낸 다음에는, 즉각 사회주의 사회를 건설할 수 있고 또 그래야 한다.”

아무도 이 반동의 모태에서 성장하고 패배주의자의 심리상태에 기초하여 나타난 이 이론의 본질과 기원에 대해 좌익반대파가 규정한 바를 반박할 수 없다. 좌익반대파는 소련에서 사회주의 사회를 건설하기 위해서는 선진국 프롤레타리아 혁명의 도움이 필요하다고 주장했다. 스탈린·부하린과 함께 코민테른의 국제기구는 ― 외국의 군사 개입만 없다면 — 다른 나라 노동자들의 국가적 지원 없이도 사회주의 사회를 건설할 수 있다고 주장했다. 따라서 이러한 외국의 침략을 막고 소련의 국경경비대로 행동하는 것만이 공산당의 주요 업무가 되어 버렸다. 이전에는 여러 당들의 주요 과업은 각기 자국에서 혁명을 성공시키는 것이었으며, 그러한 승리는 세계 사회주의 혁명(러시아 사회주의 혁명을 포함한)의 승리를 위한 가장 확실한 보증이었다. 그러나 지금은 여러 공산당들은 단지 소련의 "우방들"의 위치로 격하되고 말았다.

이 이론적 논쟁의 "현실적 중요성"은 매우 큰 것이다. 사회주의는 하루 아침에 건설되는 것이 아니다. 오직 프티부르주아 무정부주의자들만이 부르주아 국가가 붕괴되기만 하면 곧바로 "자유 사회"가 건설될 것이라고 믿는다. 마르크스주의자는 "사회주의 조직화의 길은 기나긴 길이며 사회주의 건설의 과업에는 많은 고된 작업과 우리가 충분히 지니지 못한 많은 실제적인 지식을 필요로 한다. 더욱 발전될 다음 세대조차도 아마도 사회주의로의 완전한 이행은 달성하지 못할 것이다."라는 레닌의 말을 잘 알고 있다. 스탈린이 주장한 것처럼 다른 나라의 프롤레타리아가 부르주아지를 분쇄하기 전까지 러시아 프롤레타리아가 그 기나긴 여정을 "홀로" 가는 것이라면, 세계 프롤레타리아 혁명은 막막한 미래로 연기될 — 최소한 마음 속에서는 — 것이다.

좌익 반대파는 확신했고 선언했다. "러시아의 계급 철폐와 사회주의 사회의 건설의 실현보다도 서구의 프롤레타리아 혁명의 실현이 훨씬 더 가까이에 있다. 만약 그것이 더 가깝지 않다면, 러시아의 프롤레타리아 혁명은 사형선고를 받은 것과 진배없는 일이다!"

사고방식상 조금의 "회의주의"나 "러시아 혁명의 성공에 대한 의심"이라고는 전혀 갖지 않았던 레닌은 이 단순한 진리를 여러 번 되풀이했다. "우리는 하나의 국가에서 살고 있는 것이 아니라, 여러 국가들로 된 하나의 체제 안에 살고 있다. 따라서 어느 때이건 간에 소비에트 공화국이 제국주의 국가들과 나란히 존재한다는 것은 상상할 수 없는 일이다."

이 국제주의는 무엇인가? 그것은 세계 노동자들을 말에 불과한 상상의 사슬로 묶는 감상적인 것이 절대 아니다. 그것은 세계경제의 발전에서 직접 생겨나는 것이다. 자본주의의 제국주의 단계와, 그것의 세계 규모로의 확장, 자본주의를 유지하기 위한 수출·수입의 절대적인 중요성, 지구 끝까지 퍼져가는 거대기업, 각국 간의 상호 의존. 이런 것들은 세계경제의 단지 몇 가지 특징들이다.

자본주의는 사회주의 혁명을 위하여 크고 작은, 낙후되거나 진보된 몇몇 나라에서만 성장하지 않았다. 자본주의는 전세계적 규모로 사회주의 혁명을 위해 성숙되어 왔다. 이러한 사실은 인터내셔널 건설 준비 작업의 기반을 만들 뿐 아니라, 위대한 프롤레타리아에 의해 낡은 사회가 변혁될 수 있는 기반을 창조한다.

그러나 만일 각국이 일국 내의 프롤레타리아의 노력과 물자만으로 폐쇄된 사회주의 사회를 건설할 수 있다면, 국제주의는 단지 경축일 연설문에나 쓰여질 감상적인 문구에 지나지 않게 될 것이다. 만약 낙후된 러시아 혼자서 사회주의 사회를 완성할 수 있다면, 더 발전된 독일, 프랑스, 영국, 그리고 틀림없이 미국에서도 마찬가지로 각기 혼자서 사회주의 사회를 건설할 수 있을 것이다. 그렇다면 공산주의자들의 활동에서 그렇게 고도로 중앙집중된 인터내셔널의 건설을 준비하는 것이 무슨 필요가 있겠는가?

더구나 지금까지의 모든 사회, 특히 현대 자본주의 사회는 국제 상호관계와 국제 상호의존이 점차 증대되는 방향으로 발전되어 왔다. 국경이라는 껍질 속에 그냥 눌러 앉아 있는 것이 아니라, 각국이 세계경제의 나머지 부분들과 자신을 묶어주는 연결고리들을 만들어 냄으로써 자본주의는 최고의 발전단계에 이르렀으며, 가장 높은 경제적 수준에 이르렀다. 미국, 프랑스 혹은 인도의 경제는 세계경제의 일국적 표현에 불과하다. 문화, 기술, 생활수준이 가장 낮은 나라들은 세계경제에서도 최소의 역할을 담당하고 있으며, 그 역(逆)의 경우도 마찬가지이다.

사회주의는 자본주의가 도달했던 최고의 번영, 문화, 기술, 생활수준보다도 더욱 광범위하고 높은 발전을 필요로 한다. 사회주의는 계급의 철폐뿐 아니라 노동자와 농민 사이의 그리고 도시와 농촌 사이의 격차 제거와 농업의 산업화를 통한 농경의 폐지를 의미한다. 그러나 이것은 바꾸어 말하면 사회주의 사회는 자본주의 사회보다 훨씬 더 발전한 것이어야 함을 의미한다.

"일국 사회주의" 이론은 소련이 세계의 나머지 국가들로부터 완전히 독립함으로써 사회주의가 이룩될 수 있다는 것을 의미한다.(스탈린의 대변자들도 이 사실을 명확히 진술했다.) 그러나 이것은 앞으로 나아간 자본주의 발전을 거꾸로 되돌림으로써만 가능한 일이다. 이러한 반동적이고 공상적인 생각에 반대하여 마르크스주의자는 사회주의로의 길은 미래의 사회주의 세계경제뿐 아니라 바로 현재의 자본주의 세계시장의 조건 속에서 세계경제에 참여하는 것을 전제로 한다고 주장한다. 왜냐하면, 레닌에 의하면, "우리는 이 자본주의 세계경제에 종속되어 있고, 그것과 연관되어 있으며, 그것으로부터 도피할 수 없기" 때문이다.

스탈린주의 이론에 대하여 좌익 반대파는 마르크스와 엥겔스의 고전적 공식인 영구혁명을 다시 제안했다. 진보적인 부르주아지가 일단 권력을 잡자 "질서"를 확립하고 혁명의 진보를 멈추게 하려 했던 시기에 과학적 사회주의의 창시자들이 프롤레타리아의 이익을 대변하기 위해 처음으로(1848년) 제시한 이 공식은 1차 러시아 혁명 직후에 트로츠키에 의해서 윤곽이 잡혔다. 그의 견해에 의하면, 다가오는 러시아 혁명은 차르 전제 타도 후 부르주아 민주주의 단계에서 머무를 수 없으며, 단호히 프롤레타리아 독재라는 사회주의 단계로 나아가야 한다. 단지 한 나라에서의 사회주의가 직면하는 모순과 러시아가 당시 후진 농업국이었다는 점 때문에 이 단계에서 머무르는 것도 불가능하며, 문제는 오직 국제적인 영역에서만 해결될 수 있다. 따라서 일국적으로 고립된 사회주의 공화국이라는 유토피아적 목표와는 거리가 먼 프롤레타리아는 그 깃발에 영구혁명의 슬로건을 새겨 넣을 것이다. 즉, 한 나라의 프롤레타리아 독재는 프롤레타리아 혁명이 전세계적 규모로 확산 — 적어도 몇몇 선진 자본주의 국가들로의 확산 — 되느냐 그렇지 않느냐에 달려 있는 것이다.

그러나 만일 서구에서 프롤레타리아 혁명이 늦어진다면 우리는 그때 무엇을 해야 할 것인가? 소련 내의 권력을 포기할 것인가? 이것이 스탈린이 내놓은 난제였다. 천만에! 일국적 유토피아를 믿지 않았던 레닌과 트로츠키는 6년 동안을 프롤레타리아 독재를 위해 선두에서 싸우면서, "포기"할 것을 한번도 생각해 본 적이 없었다. 그들이 제안했었고 또 좌익반대파가 제안한 것은 프롤레타리아가 최초로 정복한 요새에서 권력을 지켜내는 것이었다. 이 요새 안에서는 다른 나라 노동자들의 도움을 기다리면서 국가 내의 사회주의적 요소(특히, 생산과 정치과정에 대한 노동자의 민주적 통제)를 자본주의적 요소에 대항하여 강화시켜야 한다. 이것은 프롤레타리아 주도 하에 "두 개의 지렛대"를 이용하는 것을 의미한다. 여기에서 긴 지렛대는 세계혁명을 뜻하고 짧은 지렛대는 국내에서 사회주의 경제의 토대를 세우고 강화하는 것을 뜻한다.

러시아 혼자서, 또한 유럽, 아시아, 미국의 혁명에 무슨 일이 일어났는지를 고려하지 않으면서, 5년 안에 "사회주의는 완성될 것이다"라는 과장된 환상을 떠벌리는 관료에 속아넘어갈 사회주의자는 이제 하나도 없을 것이다.

1928년에 결국은 코민테른의 기본 강령으로 채택된 이 유해한 이론은 소련 내외의 혁명운동에 커다란 피해를 주게 된다. 이 이론으로 인해 공산주의 운동은 1924년 이후에 계속되는 대실책, 패배, 파국, 그리고 후퇴로 고통받아야만 했다. 이 이론이 끼친 커다란 피해들 가운데 하나가 1926년 영국 총파업이었다.

5. 1926년 영국 총파업

독일의 10월 패배 이후 좌익 반대파는 곧이어 혁명적 정세는 끝났다는 견해를 제출했다. 반면에 1924년 코민테른 제5차 대회에서 채택된 공식적 견해는 이제 혁명적 파고가 최초로 일어나기 시작했다는 것이다. 결정적인 독일 혁명 패배 4개월 후, 지노비예프는 "독일은 명백히 극심한 내전에 접근해 가고 있다."라고 선언했다. 스탈린은 여기에다 "결정적인 투쟁이 이미 끝났으며 프롤레타리아가 이 투쟁들에서 패배당했으며 부르주아지는 결과적으로 더욱 강대해졌다는 것은 잘못된 견해이다."라고 덧붙였다.

그들 자신이 벌인 대실책과 잘못된 결정 때문에 자본주의가 안정되었다는 사실에는 전적으로 눈이 먼 채로, 당료들은 혁명적인 격변과 내란이 곧 일어날 것이라는 황당한 전제를 깔고 코민테른을 지도했다. 그러나 제5차대회의 견해가 전적으로 틀렸다는 것이 장님에게조차 확실해지자, 관료들은 자신의 위신을 유지하기 위해서 혁명적인 사건들을 조작해냄으로써 그들의 예언을 짜맞추려 했다. 한마디로 제5차대회의 관념적 급진주의는 상투적 미사여구로써 간부들을 기회주의로, 또 혁명과 거의 아무런 관련도 없는 운동과 사람들을 혁명적 색채로 색칠해 버린 것이다.

혁명이 예언된 곳인 독일과 불가리아에서 혁명이 일어나지 않았기 때문에, 혁명이 일어나지 않은 곳에서 혁명을 발견해 내기 위한 계속적인 노력이 필요했다. 따라서 이 시기에는 3대륙에 걸친 소심한 소부르주아지나 노동자 정치인들조차 혁명운동의 일원으로 환영받게 되었다.

네브라스카의 그린(Green), 유고의 라디치(Raditch), 이탈리아의 미글리올리(Miglioli) 같은 부르주아 농민 지도자들이 "적색 농조 인 터내셔널(Red Peasants' International)"이라는 잡동사니 안에서 "혁명적 농민 지도자"로서 환영받았다. 코민테른은 계급의식으로 깨 어나고 있는 대중의 거센 투쟁정신으로부터 노동자 정치인들, 평화 주의자들, 그리고 부르주아 민족주의자들을 보호하기 위한 피난처 로서 "반제국주의 세계연맹"이라는 것을 만들었다. 미국 백악관의 로 비스트들, 아랍의 왕자들, 이집트의 민족주의자들, 영국의 노동관료 들, 프랑스의 프리 메이슨단과 부르주아 저널리스트들, 독일과 체코 와 오스트리아의 의사, 변호사, 게릴라 지도자들, 그리고 멕시코의 실각한 정치인들 — 이들 모두가 코민테른의 대합실에서 천국을 발견 한 것이다. 심지어 중국 부르주아지의 국민당은 트로츠키의 반대에 도 불구하고 코민테른에 들어와 형제당으로 인정받게 되었다.

제5차대회의 허구적 체제를 지탱하기 위하여 온갖 수단이 동원 되었는데, 그 중에서도 영러 위원회(Anglo-Russia Committee, A.R.C.)가 가장 유해한 것이었다. 그 위원회는 영국과 러시아의 노동 조합 협의회들로 구성되었으며, 1924년 말에 영국 노동조합 대표단 이 소련을 방문함으로써 만들어진 것이다.

이 위원회의 근본 목표는 국제 노동조합 연맹의 설립을 추진하는 것이었다. 1927년 좌익 반대파는 다음과 같이 말했다. "영러 위원회 의 창설은 어느 시점에서는 완전히 올바른 조치였다. 노동자 대중이 좌익적인 내용으로 발전해 가고 있었기 때문에, 혁명 운동 초기의 부르주아 자유주의자들처럼 자유주의 노동자 정치인들도 대중에 대한 영향력을 유지하기 위해 붉은 휘장을 몸에 두르고 좌익을 향해 한발 접근했다. 따라서 그 시점에서 그러한 자유주의 노동자 정치인들을 당겨내는 것은 전적으로 올바른 일이었다."

그러나 위원회의 범위와 역할은 원래 목표와는 훨씬 동떨어진 쪽으로 빠르게 확장되었다. 스탈린과 부하린은 명확히 규정되고 제한된 목표를 위한 혁명적 조직과 개량주의적 조직 사이의 일시적 동맹인 위원회가 담보해낼 수 없을 정도의 커다란 임무와 목표를 위원회에게 부여했다. 위원회는, 1926년 스탈린의 말을 빌자면, "새로운 제국주의 전쟁에 대항하는, 그리고 우리 나라에 대한 간섭, 특히 유럽 제국주의 국가 가운데 가장 강력한 영국의 간섭에 반대하는 노동자 계급의 광범위한 운동조직"으로 승격되어 버렸다. 당의 모스크바 위원회는 "위원회는 새로운 전쟁을 개시하려는 국제 부르주아지의 모든 노력에 대항하여 투쟁하기 위한 프롤레타리아의 국제적 역량을 포용하는 조직적 중심체가 될 것이다."라고 선언했다.

퍼셀(Purcell), 쿡(Cook), 힉스(Hicks), 스웨일즈(Swales)와 시트린 스트라입(Citrine Stripe) 등의 영국 노동운동 지도자들을 제국주의 전쟁에 대항하는 세계 노동자 계급의 혁명적 조직가로 그리고 소련의 방위를 위한 지도자로 세운다는 이 계획에 좌익 반대파는 반대했지만, 소용없는 일이었다. 늘 그랬던 것처럼, 좌익 반대파의 반대 주장은 다루어지지 못했다. 오히려 통일전선 정책에 반대하고 오스틴 체임벌린(Austin Chamberlain)에게 매수된 것이 아니냐는 비난을 받았을 뿐이다.

영러 위원회의 위상과 역할에 대한 스탈린의 과장은 "일국 사회주의" 이론에서 직접 나온 것이다. "일국 사회주의" 이론에 의하면, "만약" 외국의 군사 개입을 면할 수만 있다면 러시아는 그 자신의, 일국적으로 고립된 사회주의 경제를 세울 수도 있다는 것이다. 이 이론에 근거하여 스탈린주의자들은 미친 듯이 "반개입주의자"를 찾아 헤매게 되었고, 각국 공산당은 소련의 국경수비대로 바뀌게 되었다. 영국에서 퍼셀은 혁명투사들의 공격을 받게 되자 이를 막기 위해 소련과의 동맹을 필요로 하게 되었다. 그는 군사개입에 대항한 투쟁의 조직자로서 환영받았는데, 왜냐하면 이 군사개입은 러시아의 "일국 사회주의" 건설을 막을 가능성이 있었기 때문이다. 노동조합 연합은 재빨리 영국의 개량주의자와 러시아의 관료 사이의 일시적이 아닌 장기적인 정치적 연합으로 전환되었다. 부르주아지의 앞잡이인 영국 노동당 정치인들에게 코민테른은 갖은 찬사를 보냈다. 코민테른은 영러 위원회를 전쟁과 간섭에 반대하는, 세계 프롤레타리아의 충실한 방어벽이라고 불렀다. 오직 좌익 반대파만이 "국제적 상황이 점점 더 첨예화될수록 영러 위원회는 점점 더 영국과 국제 제국주의의 무리로 변질될 것이다."라고 경고했다. 이후의 사건들은 이 경고의 올바름을 충분히 입증했다.

영러 위원회에 닥친 최초의 심각한 시련은 1926년 영국 총파업이었는데, 그것은 위대한 광산 노동자 파업이 한창 진행되는 과정에서 일어났다. 금속은 불꽃 속에서 가장 잘 시험되듯이, 러시아에 대한 우정, 영국 노동자들에 대한 충절과 영국 제국주의에 대한 적개심은 총파업이라는 불길 속에서 혹독한 시험을 맞게 되었다. 그리고 좌익

반대파가 경고한 것처럼, 영국의 우익뿐 아니라 좌익인 영국 노총 중앙집행위원회(General Council)조차도 불명예스러운 비겁과 배신, 지배계급에 대한 흔들림 없는 충성심, 그리고 혁명적 프롤레타리아에 대한 증오와 공포를 드러냈다.

지배계급의 힘이 자기 자신에게 있는 것이 아니라 오히려 노동자 지도자들이 노동계급 속에서 향유하고 있던 권력으로 이전하게 된, 혁명적 상황이 벌어지게 되었다. 그러나 총파업 9일 후에 중앙집행위원회는 조심스러운 그러나 치명적인 타격을 가해 왔다. 극도로 투쟁적인 노동자들의 분위기와 불쌍하고 도울 길 없는 부르주아지 앞에서, 그리고 수많은 군인들이 파업을 깨기 위해 진군하기를 거부하는 사태가 벌어진 상황 앞에서, 부르주아지의 모든 노동조합 하수인들은 운동을 분쇄할 방법을 국왕의 장관들과 의논하기 위해 정부청사로 달려갔던 것이다.

좌익 노동 지도자들이 둘러쓰고 있었던 "붉은" 휘장은 애국적 열광에 의해 벗겨졌다. 파업중인 노동자들에게 러시아가 보낸 자금은 "저주받은 러시아의 금"이라는 모욕스러운 말과 함께 정중히 거절되었다. 붉은 기는 재빨리 내려지고 그 대신 유니언 잭이 올려졌다. 퍼셀 일당은 "투쟁을 위한 프롤레타리아의 국제적 역량을 포용하는 조직적 중심체"가 아니라 절망적인 상태에 빠진 지배계급이 의존하기에 가장 적합한 버팀목이었음이 증명되었다. 스탈린주의의 오류와 좌익 반대파 입장의 옳음을 입증해 주기에 이것보다 더 좋은 예는 없었을 것이다.

열정적인 투쟁과 배반의 그 시기에 위원회는 대체 어디에 있었는가? 그것은 단지 평화주의의 도구였으며, 전투 시기에는 아무런 가치도 없는 것이었다. 더 정확히 말해서, 위원회는 혁명가들과 러시아에게는 무가치한 것이었으며 동료였던 영국인 배신자들에게는 분명한 가치를 가지고 있었다. 퍼셀과 스웨일즈 그리고 힉스는 영러 위원회에서 볼셰비키 대표자들과 형식적이고 값싼 협력을 함으로써, 그들에게 부여된 권위를 최대한 이용했던 것이다.

영러 위원회는 영국 대중이 그들의 그릇된 지도자들의 사슬로부터 해방되도록 도와주기는커녕 이 그릇된 지도자들을 "볼셰비키" 방패 — 대중 그 가운데 특히 공산주의자들의 공격을 막아주는 방패 — 로 떠받들었다. 퍼셀은 자국 공산주의자들의 공격을 받고는 "러시아 공산주의자들은 다르다. 그들은 당신들처럼 우리를 공격하지 않는다. 그와 정반대로 그들은 우리와 함께 화목한 회담을 갖는다."라고 함으로써 쉽게 자신의 배신을 변명할 수 있었다.

좌익 반대파는 영러 위원회가, 특히 영러 위원회의 러시아 대표 측이 영국 노동자들 사이에서 얻고 있는 신뢰를 기반으로 하여 영국 지도자들의 배신을 폭로해야 한다고 즉각 요구했다. 좌익 반대파는 퍼셀 일당이 더 이상 러시아 노동조합 뒤에 숨지 못하도록 퍼셀 일당과 확실하게 관계를 끊을 것을 요구했다. 스탈린과 부하린은 이 분리를 격렬히 반대했다.(몇 년 후에 그들은 정반대로, 퍼셀은 물론 아직도 반동적 지도자를 추종하는 사회민주주의 노동자들과의 일체의 통일전선을 격렬하게 반대하게 된다.) 총파업에 대한 수치스러운 배신 이후에도 일 년 이상이나 스탈린은 퍼셀과의 "통일전선"을 계속 주장했다. 영러 위원회는 영국의 러시아 간섭을 예방해 줄 것이고, 따라서 소비에트 공화국으로 하여금 자기 국경 안에서 사회주의를 건설하게 해 줄 것이라고 착각했던 것이다.

이 치명적인 노선은 1927년 4월에 열린 영러 위원회의 베를린회담까지도 계속되었다. 위원회는 영국 포함이 남경을 폭격한 것에 대해서 항의했는가? 위원회는 런던 주재 러시아 무역기구인 Arcos에 대한 경찰의 폭력에 대해서 항의했는가? 위원회는 영국 총파업과 광부파업 기간 동안 영국 친구들의 배신에 대해 한마디라도 언급했는가? 아니다! 위원회는 이런 일들을 전혀 하지 않았다. 그렇게 하기는커녕, A.R.C. 위원회는 경악스러운 러시아-영국 공동성명을 발표했다.

1. 노동조합 운동의 유일한 대표자와 대변인은 영국 노동조합 협의회와 노총 중앙집행위원회(General Council)뿐이다.

2. … 동시에, 영러 위원회에서 맺어진 두 나라 노조 운동 사이의 형제적 동맹은, 각국 노조운동 지도조직으로서 권리와 자율권을 침해 또는 제한해서도 안 되며, 할 수도 없으며, 그들의 내부 사건에는 절대로 간섭해서는 안 된다.

이 문서는 영국 공산주의자들과 특히 소수파 운동에게 엄청난 타격을 줄 수밖에 없었으며, 퍼셀 일당이 부르주아지에게 다시 한번 결정적인 항복할 기회를 주었다. 퍼셀 일당은 서로 번갈아가며, 결정적인 모든 순간마다 볼드윈(Baldwin)과 부르주아지에게 항복해 왔던 작자들이다. 이 모든 것들이 "일국 사회주의"라는 이름으로 자행된 일들이었다. 영국에서 공산당이 혁명적으로 행동하지 못한 것과, 영러 위원회의 경험으로부터 근본적 교훈을 이끌어 내는 것을 금지한 것, 그리고 그 결과가 운동에 끼친 결정적 패배는 영국 공산주의 세력을 수년간 후퇴시켰다.

영러 위원회는 이러한 망상들을 볼셰비즘이라고 받아들인 사람들에게 잇딴 실망을 가져다 주었다. 영러 위원회(A.R.C.)는 통일전선이 그런 식으로 만들어져서는 안 된다는 고전적인 예이다. 좌익 반대파의 관점이 옳았음이 입증된 것은 러시아와 코민테른의 지배체제가 관료주의적·개량주의적 타락의 새로운 길로 접어드는 비싼 대가를 치르고 이루어졌던 것이다.

그러나, 영국의 패배가 이러한 값비싼 대가의 마지막 것은 아니었다. 왜냐하면 같은 시기에 스탈린의 정책은 중국 혁명을 망쳐버리고 파멸적인 결과를 가져왔기 때문이다.

6. 중국 혁명의 비극

중국의 제2차 국민혁명(1925~1927년)의 모든 역사가 쓰이면, 그것은 러시아 당과 코민테른의 스탈린-부하린 지도부에 대한 끝없는 비난의 기록이 될 것이다.

중국 노동자와 농민의 눈앞에 승리가 와 있었다. 그러나, 역사상 미증유의 사건이 발생했다. 러시아 혁명과 코민테른의 공식적인 권위를 둘러쓴 지도부는 마치 단단한 담장처럼 혁명의 진로를 방해했다. 스탈린과 부하린은 프롤레타리아가 권력을 장악하는 것을 막아버렸다. 그 아류들은 1917년 4~5월 러시아 혁명기에는 레닌에 의해 볼세비키 당내 투쟁을 통해서 격파되었기 때문에 그러한 엄청난 오류를 미처 저지를 수 없었다. 그러나, 그들은 중국 혁명에서는 그 당시와 똑같은 엄청난 오류를 저질렀고, 비극적 결과를 초래했다.

중국 혁명의 가장 중요한 시기에 지배분파의 정책은 트로츠키가 말한 대로 "멘셰비즘을 중국의 정치 용어로 번역한 것"이었다. 스탈린과 부하린과 마르티노프의 이론은 다음과 같이 요약할 수 있다.

그들의 이론은 중국이 반식민지 국가로서 제국주의의 멍에를 짊어지고 있으며 제국주의는 모든 계급들을 똑같은 정도의 가혹함으로 짓누르고 있다는 관점에서 출발했다. 부르주아지는 제국주의에 대항하여 혁명전쟁을 지도하고 있었고, 노동자와 농민 대중의 지원을 받아야 한다. 이 투쟁에서 승리는 "노동자·농민의 민주주의 독재"를 통해 이루어질 수 있을 것이다. 따라서 "4계급 블록"으로써 "혁명적인 반제국주의 통일전선"을 형성해야 한다. "4계급 블록"은 노동자, 농민, 소부르주아, 일부 대부르주아로 구성된다. 이 '블록'의 구현자는 쑨원(손문)이 죽은 뒤 장제스와 왕징웨이가 이끄는 국민당이다. 스탈린은 국민당이 "혁명적 의회"이며 "노동자와 농민의 당"이며 중국 공산당은 종속 그룹으로 국민당에 입당해야 한다고 주장했다.

위의 논리에 따르면, 부르주아지가 외국 강도들에 대항하여 반제국주의 전쟁을 지휘하고 있기 때문에 내부의 계급투쟁은 해소된 것으로 여겨야 한다. 왜냐하면 노동자와 공산당이 중국 부르주아지에게 어떤 공격이라도 감행하는 것은 "4계급 블록"을 분열시킬 것이기 때문이다. 그래서 스탈린은 중국 공산당이 파업 투쟁 강제 중재 제도를 제정하기까지 한 국민당 정부에게 조용히 복종할 것을 강요했다. 같은 이유로, 농민 운동도 모스크바로부터 전송되어 온 억압적인 지령에 의해 제지되었다. 마찬가지 경우로서, 공산당은 소비에트를 조직하지 말라는 명령을 받았다. 그 이유는, 첫째로, "소비에트는 프롤레타리아 독재의 권력기구이기" 때문이었고, 둘째로 소비에트를 구성한다는 것은 "혁명의 중추"(스탈린이 부르주아 국민당 정부를 지칭한 바대로 하면)를 내던지는 일이기 때문이었다.

이것이 코민테른 지도자들의 지침이었다. 그리고 그것은 곧바로 부르주아 반혁명의 승리를 초래했으며, 스탈린 자신이 선택한 소위 "동맹자"들에 의해서 중국 프롤레타리아와 농민의 전위들이 대량 학살되는 참담한 결과를 낳았다.

"4계급 블록"은 실제로 무엇이었는가? 그것은 스탈린 일당이 선택한 조직 형태였다. 그 "블록" 내에서 진정한 혁명 전위인 공산당은 경시되었고 손발이 묶여 중국 부르주아지에게 양도되었다. 이 "블록" 안에서 중국 공산당은 독자성을 전혀 유지하지 못했다. 당은 국민당과의 공동성명서에서, 공산당은 국민당과 단지 "약간의 세부사항"에서만 다를 뿐이며, 어떤 희생을 치르더라도 "반제국주의 통일전선"은 유지되어야 하고, 공산당은 쑨원의 소부르주아 민중주의 이념을 비난하지 않을 것을 맹세한다고 발표했다. 혁명의 폭풍의 절정기에서 공산당은 일간 신문도 갖지 못했고 심지어는 주간 정기간행물조차도 불규칙하게 출간하는 등 미약한 역할만을 수행했다. 장제스의 국민당 군대가 점령한 모든 영토 지구 내에서 공산당과 노동조합은 계속 불법 상태로 남아 있었다.

부르주아지에 대항하여 공산당은 대중을 선동하고 준비시키는 지도자가 되지 못했다. 그와는 반대로, 공산당은 노동자들이 부르주아 "동맹자"에 대항하여 파업하는 것을 견제하고, 농민들이 부농을 쫓아내고 땅을 차지하려고 봉기하는 것을 예방하는, 부르주아지의 도구가 되었다. 스탈린은 혁명적 상황에서 무기력했을 뿐 아니라, 중국 공산당이 프롤레타리아와 농민 대중을 부르주아지에게 넘겨버리도록 하는 오류를 범했다.

좌익 반대파는 어떠한 의견을 주장했는가? 중국은 반식민지 상태에 있기 때문에, 중국은 제국주의에 대한 투쟁을 민주주의 혁명의 즉각적인 임무로 해야 한다는 사실을 출발점으로 삼았다. 하지만, 좌익 반대파는 관세 자치권을 주장하는 민족 부르주아지와 제국주의자들 간에 불가피하게 합의가 이루어질 것이며, 그들은 중국 대중에 대한 공동의 공포심 때문에 결합할 처지에 있다고 지적했다.

민주주의 혁명은 제국주의의 질곡으로부터의 해방이라는 임무뿐 아니라, 농지 문제의 해결이라는 임무를 부여했다. 그러나, 중국에서 농촌 고리대금업자와 지주는 도시의 대부르주아, 매판 자본가, 그리고 외국 부르주아와 밀접하게 연결되어 있기 때문에, 토지 혁명은 이 모든 세력에 대한 격렬한 투쟁에 의해서만 수행될 수 있다. 부르주아, 혹은 소부르주아라도 이 문제의 해결을 위해 대중을 이끌 것인가? 그 반대일 것이다. 중국의 프롤레타리아만이 해방과 독재 권력 수립을 위한 투쟁에서 농민을 지도할 수 있다. 프롤레타리아에 의해 농민 투쟁이 지도되는 전술들을 구사하는 것이 필수적이며, 프롤레타리아의 전위는 독립적인 공산당을 조직해야 하고 다른 어떤 당에도 종속되지 않고 독립적으로 행동할 수 있어야 한다.

혁명의 승리를 위해 프롤레타리아와 공산당은 무엇을 확보해야 하는가? 첫째로, 그들 자신의 기구와 그들 자신의 국가 기관에 대한 신뢰를 확보해야 한다. 국민당 군대가 노동자의 군대가 아니고, 국민당이 노동자의 당이 아닌 것처럼, 광둥 정부도 노동자의 정부가 아니다. 그들은 부르주아지의 군대이며, 부르주아지의 당이다. 상하이에서의 장제스 쿠데타 이후, 국민당의 '좌익'이 만든 우한 정부도 마찬가지였다.

따라서 당시 혁명적 상황에서 노동자와 농민은 어디서나 소비에트를 구성해야 했다. 그리고 그들은 이미 본능적으로 소비에트를 건설하기 위해 싸우고 있었다.

스탈린 일파는 4계급 블록 노선을 진척시키기 위해 러시아 당과 인터내셔널의 모든 기구를 좌익 반대파 분쇄기구로 바꿨다. 장제스가 믿음직한 동맹자임을 증명하기 위해, 스탈린과 마르티노프에서부터 말단 관리까지 동원된 국제적 캠페인이 벌어졌다. 장제스가 상하이에서 프롤레타리아를 대량 학살한 다음에, 그 캠페인의 명예로운 주인공 자리는 장제스 대신 왕징웨이가 차지했다. 공산당의 모든 출판물들은 이들 부르주아 군벌들을 "우리들의" 장군이라고 칭송했다.

러시아 정치국의 결정에 의해 "동지당"으로서 코민테른에 입회가 허락된(트로츠키의 외로운 반대 주장에도 불구하고) 국민당은 공산주의로부터 단지 한 발자국밖에 떨어져 있지 않은 당으로 세상에 소개되었다. 인터내셔널 내에서 스탈린주의는 극에 달해 있었기 때문에, 장제스 군대가 반혁명의 승리를 위해 프롤레타리아의 피를 바치려고 상하이로 들어왔을 때 프랑스 공산당은 "상해 코뮌" 건설을 축하하는 전문을 그에게 보냈다!

중국에 독자적 공산당을 세워야 한다고 제안한 좌익 반대파는 심한 비난을 받았다. 이 제안은 국민당과 결별하는 것이고, "우리의 동맹을 포기하는 것"이며, "통일전선"에서 부르주아지를 쫓아버리는 행위이며, 단계를 뛰어넘는 일이라고 스탈린과 부하린은 부르짖었다. 그들은 부르주아지를 지지해야 하고 블록을 유지해야 한다고 주장했다. 블록 내에서 지배한 것은 부르주아지였고, 지배당한 것은 프롤레타리아였음에도 불구하고, "민족 혁명"을 위해서 이 치명적인 "세부사항"(레닌의 말을 빌자면 "결정적인 작은 것")은 완전히 간과되었다.

심지어 장제스의 2차 쿠데타 이후에도 스탈린은 완고하게 그 노선을 고집했다. 다만, "반제국주의 혁명"을 지도할 것으로 기대했던 장제스의 "국민당 중앙" 대신에 "토지 혁명"을 지도할 것으로 기대되는 왕징웨이의 "국민당 좌익"으로 대체되었을 뿐이다. 장제스가 외국 군대와 힘을 합쳐 대중에 대항하기 위해 상하이로 군대를 보낸 뒤 "좌익" 부르주아지의 정부가 우한에 세워졌다.

"멘셰비즘"의 무서운 실험이 이제 "더 큰 규모"로 진행되었다. 스탈린은 부르주아 정치인들의 우한 정부를 남쪽의 "혁명의 중추"라고 불렀다. 스탈린에 의하면, 우한 군벌은 "프롤레타리아와 농민의 민주주의 독재"로 발전해 가고 있었다. 그리고, 만약 이것이 사실이었다면, 우한 지역에서 소비에트를 형성하자는 좌익 반대파의 제안은 범죄적인 모험이 되는 것이다. 왜냐하면, 만일 우리가 이미 "민주주의 독재"

를 세웠다면, 권력 기관이자 궁극적으로 현체제의 전복을 목표로 하고 있는 소비에트를 건설해서 뭐하겠다는 것인가? 이것이 바로 스탈린주의자들이 주장한 방식이었다.

우한 정부로 두 명의 공산당 각료가 — 한 명은 노동부 장관으로 다른 한 명인 탄핑산(譚平山)은 농업부 장관으로 — 파견되었는데, 탄핑산(譚平山)은 "트로츠키주의"와의 싸움에서 모스크바와 중국에서 두각을 나타내고 있던 인물이었다. "토지 혁명 기관"인 이 부르주아 정부는 이후 어떻게 활동했는가? 그것은 혁명적 대중의 무지와 미조직화와 나약함이라는 은혜에 의해서만 존재할 수 있는 모든 부르주아 정부들의 상투적인 활동방식 그대로였다. 이 부르주아 정부는 노동자·농민의 운동을 분쇄하려 했으며, 이 과정에서 장관의 자격으로 중국 부르주아지를 섬기고 있던 두 공산당원 볼모들로부터 훌륭한 도움을 받을 수 있었다. 우한 정부는 공산당원 장관과 반트로츠키 전문가를 농민 봉기를 제압하기 위한 무장 부대의 선봉으로 세웠고 그들을 농촌으로 파견함으로써 "농업 혁명의 조직화"를 진행시켰다! 이 에피소드는 중국 혁명에서 스탈린주의가 밟았던 반혁명적 노선을 잘 드러내 준다. 공산당 전위는 스탈린에 의해서, 부르주아지가 대중을 항복시키기 위해 휘두른 곤봉으로 변해버렸다.

장제스가 상하이 노동자들의 목을 치기 위해 칼을 갈고 있던 바로 그 순간에, 모스크바에서 스탈린은 장제스를 찬양하고 그가 성실한 동맹임을 선언했으며 장제스에게 대항하는 방법을 제안한 좌익 반대파를 비난했다. 스탈린은 당연히 우한 정부에 실망할 수밖에 없었다. 그것은 장제스의 발걸음을 따라 걷는 한 도달할 수밖에 없는 필연적인 과정이었다. "국민당 좌익"의 지도자들도 한꺼풀만 벗기면 그들의 형제인 우익(장제스)보다 조금도 더 혁명적이지 못했다는 것이 드러났다. 레닌이 1917년 4월에 쓰레기통에 던져버린 공상적인 "프롤레타리아와 농민의 민주주의 독재"가 10년 후 중국에서 프롤레타리아와 농민의 목을 죄는 올가미가 되었음이 증명되었다.

스탈린은 그의 "노동자·농민의 당"으로써, 그의 "반제국주의 통일전선"으로써, 그의 "4계급 블록"으로써, 그의 "혁명적 의회인 국민당"으로써, 그의 "민주주의 독재"로써, 그리고 프롤레타리아 지도 하의 소비에트 건설을 반대함으로써 중국에서 반동적 역할을 훌륭히 수행해 냈다.(1917년 러시아 혁명에서는 체레텔리와 체르노프가 이 반동적 역할을 수행하려 했으나 실패했다.) 투쟁의 모든 국면에서 좌익 반대파는 시련에 부닥친 마르크스주의 원칙을 지켰다. 결국 중도파 기구가 좌익 반대파의 주장을 분쇄했지만, 그 과정에서 그들은 중국 혁명을 짓밟았을 뿐이다.

7. "계획 경제": 강제 집산화

좌익 반대파는 국제적 영역에서 스탈린주의에 반대한 투쟁을 지도하는 동시에 국내에서는 관료의 정책들에 반대하여 치열한 투쟁을 전개했다. 소련과 국제 공산주의 운동의 역사에 대해 온갖 거짓말로 가득찬 왜곡된 교육을 받아온 "공산"당 지지자들은 곧잘 5개년 계획의 의심할 나위 없는 성공을 예로 들며 좌익 반대파의 비판을 반박한다. 그러나 그들 가운데 십중팔구는 당 지도부가 그 계획을 채택하도록 하기 위해 좌익 반대파가 수년간 벌인 투쟁(1923-1928년)을 모르고 있다.

소련 경제에 "계획경제"가 처음 도입된 것은 1920년 7월경으로 거슬러 올라간다. 당시 모든 철도 체계는 파괴되어 비참한 잔해만이 남아 있었다. 당은 트로츠키에게 수송체계의 복구를 위임했고, 트로츠키는 1920년 7월에 일련의 체계적 복구 방안의 첫번째로서 그 유명한 "명령 제1042호"를 발표했다. 이 체계적인 방안들은 혼란과 파괴 상태의 수송체계에 질서와 조화를 가져다 주었다. 레닌은 이 것을 다른 산업부문에 대한 모범적인 성공의 예라고 평가했다. 트로츠키가 그 경험을 토대로 보고서를 제출했고, 또한 엠샤노프(Emshanov)와 함께 테제들을 작성했다. 또한 이 문서들은 "'수년 앞을 예측한다는 것이 무슨 소용이 있는가?'라고 생각했던 회의론자들"에 반대했던 레닌의 열렬한 지지를 받았다.

장기 계획 문제는 1923년에 트로츠키에 의해 더욱 구체적으로 제기되었다. 당시 레닌이 이미 당 활동에서 물러난 상태였기 때문에 그의 도움을 받을 수 없었던 트로츠키는 국가경제를 공업화시키고, 낙후되고 분산되어 있는 농업을 집산화하기 위해 심혈을 기울여 만든 계획의 요강을 당에 제출했다. 좌익 반대파를 반대하던 자들은 계속하여 다음과 같은 모순된 주장을 되풀이했다. 그들의 주장은 첫째, 트로츠키는 러시아에 사회주의 건설을 반대했다는 것과, 둘째 그의 제안은 너무 극단적인 것이라서 국가경제, 특히 농업의 산업화를 달성할 수 없다는 것이었다.

1923년 이래 좌익 반대파는 사회주의의 유일한 물질적 토대는 농업까지 재조직화할 수 있는 대규모 기계공업뿐이라고 지적했다. 세계 혁명이 지연되고 있던 당시 상황에 비추어 볼 때, 러시아의 후진성을 탈피하기 위한 신속한 공업 발전은 특히 절박한 문제였다. 또한 좌익 반대파는 광범위한 농민 대중이 분화 과정을 겪고 있으며, 이 과정에서 부농(kulak)은 점차 강대해져 위험한 존재로 부각되고 있으며 이들 부농의 위협을 분쇄할 수 있는 것은 빈농의 조직화와 빈농의 집단 농장으로의 체계적인(그러나, 강제적이지는 — 스탈린이 나중에 그랬듯이 — 않은) 유입뿐이라고 주장했다. 그래서 좌익 반대파는 농업을 지배하고 재조직할 수 있으며 농민의 욕구를 저렴한 값에 충족시켜 줄 수 있고, 소부르주아 계급을 점차 고사(枯死)시켜 버릴 수 있는 경제적 토대를 마련해 줄 공업화 추진을 주장했다.

관료 집단은 이에 대하여 어떤 응답을 했는가? 미래의 몇 년간에 대한 계획을 수립한다는 "환상적 생각"을 납득할 수 없는 이들 "현실적인" 인물들은 트로츠키를 맹렬히 비난했다. 리코프는 코민테른 제5차 대회에, 트로츠키의 제안은 레닌주의로부터의 소부르주아적 탈선이며 러시아 당 지도부는 할 수 있는 모든 일을 다 해왔고 공업과 농업의 현장에서 예상되는 모든 일을 해왔다고 보고했다. 스탈린은 좌익 반대파의 주장에 대해, 농민이 바라는 것은 계획이 아니라 풍년을 위한 충분한 비라는 냉소적인 대답을 했다. 점증하는 부농의 위협은 코웃음으로 무시되었다.

그러나 부농의 힘은 점차 강대해지고 있었으며 농촌에서 큰 영향력을 행사하고 있었다. 더구나 그들은 부하린 같은 우익을 통해 당에 자신들의 이데올로기를 침투시키고 있었다. 좌익 반대파의 처음 2년 동안의 투쟁은 레닌그라드 프롤레타리아 봉기로서 그 결실을 맺게 되었다. 이 봉기를 통해 노동자들은 그들의 지도부들 ─ "트로츠키주의" 반대 운동의 창시자인 지노비예프 같은 인물들 ─ 로 하여금 1923년에 좌익 반대파와 블록을 형성하도록 촉구했다. 그러나 부농과 그들의 도시 동료인 네프맨(Nepman: 신경제정책의 혜택을 받아 부흥한 중간계급)들의 침투에 대해 레닌그라드 프롤레타리아가 느낀 위협을 경직되어 있는 관료 집단은 전혀 느끼지 못했다. 스탈린-부하린 지도부는 농촌을 체계적으로 산업화해야 한다는 제안을 채택하지는 않고 오히려 부농 육성하는 노선들을 추진해 나갔다. 결국 나중에야 부농의 급성장에 겁을 집어 먹은 지도부는 권위주의적이게도 법령에 의해 부농들을 단번에 "숙청"시켜 버리려고 하게 된다.

이미 부(富)를 축적한 농민들에게 부하린은 다음과 같은 충고를 부르짖었다. "스스로 부유해지도록 노력하라!" 칼리닌은 빈농은 부를 축적하지 않기 때문에 게으르고 쓸모없는 존재들이라고 비난하고 "경제적으로 강력한 농민들," 즉 부농의 성실과 근면을 칭송하는 연설을 했다(1925년 4월). 〈프라우다〉지는 "부유한 농민, 즉 부농(kulak)들의 경제적 가능성은 자유롭게 보장되어야 한다."고 주장했다. 당 지도부의 전반적 분위기와 잘 어우러져 있던 그루지야 소비에트의 농업 인민위원회는 토지의 탈(脫)국유화를 위한 계획을 입안했다. 1926년 스탈린주의의 부농 노선은 매우 강력히 추진되어, 부농이 농민을 착취하는 내용의 결의안이 소비에트 중앙위원회에서 승인

되었다. 이 기간 내내 좌익 반대파를 반대하던 자들은 공업화와 집산화는 안중에도 없는 "트로츠키에 대한 반대파"로서 오히려 그 정책들을 철저히 반대하는 노선을 추진했다. 그러나 바로 얼마 후 이들 관료 집단은 그들이 그토록 반대했던 트로츠키의 계획경제를 기만적으로라도 채택할 수밖에 없게 된다. 그리고 완전히 곡해된 방식 — 국가자본주의를 위한 원시적 자본축적이라는 — 으로서.

좌익 반대파 블록이 1927년 강령을 채택하기 이전인 1925년에 트로츠키는 비록 고립된 노동자 국가(소련)의 기초 위에서이지만 프롤레타리아 독재의 수중에 경제적·정치적 권력을 집중시키는 것이 사회주의의 발전에 가져다 줄 엄청난 가능성에 대해 자세히 설명했다. 《러시아는 어디로?》라는 소책자에서 그는 소비에트 공화국은 "사회주의적 축적"에 근거한 독립된 재생산만으로도 자본주의 하에서는 불가능한 빠른 산업성장을 이룩할 수 있다고 주장했다. 그가 예언한 연간 20% 성장 가능성(6년 후에 이 예언은 아주 정확한 계산이었고, 충분히 성취될 수 있음이 증명되었다)에 대해서 스탈린과 당대회에 모인 관료들은 말도 안 되는 얘기라고 조롱을 퍼부었다. 그들의 공식적 입장은 부하린이 러시아의 사회주의는 "거북이 또는 달팽이의 걸음과 같은 속도"로 건설될 것이라고 한 말에 잘 나타나 있었다.

좌익 반대파의 1927년 강령은 좌익 반대파가 당에 제출한 것들 가운데 가장 정성을 들였고 가장 명확한 제안이었다. 그리고 의심할 바 없이 바로 이 점이 그 제안이 그토록 극심한 공격을 받은 이유 가운데 하나였다. 좌익 반대파의 1927년 강령은 관료들에 의해 공식적으로 발표 금지당했고 출판도 금지당했다. 그 강령을 등사하여 배포하는 것은 구금이나 유형에 처할 수 있는 범죄로 취급되었다. 1930년대 시베리아에는, 2년 뒤에는 스탈린 자신이 그 대부분을 채택할 수밖에 없었던 — 기만적·왜곡적 방식이지만 — 강령들을 유포했다고 해서 유배되어 있는 볼셰비키들이 있었다. 강령에서 좌익 반대파는 리코프와 크르지자노프스키가 작성하고 당 지도부가 채택한 제1차 5개년 계획이 명백히 잘못된 것임을 주장했다. 이 소극적이고 무가치한 계획은 첫 해의 성장률로서 9%를 제시했고 그 후로 점점 낮아지는 성장률을 제시하여, 계획의 마지막 연두에는 4%의 성장률을 제시했다.

후에 매우 현실적이며 적절한 것으로 증명된 좌익 반대파의 대담한 제안들은 스탈린 일파의 혹독한 비난을 받았다. 도처에서 좌익 반대파의 대표자들은 관료들의 비웃음 섞인 질문공세를 받았다. "당신들은 도대체 어디서 물자를 충당할 것인가?"라는 질문을. 그러나 당시의 계획이 마침내 실행에 옮겨졌을 때는 좌익 반대파가 공업 발전을 위해서 애초에 제시했던 비용보다 훨씬 많은 비용을 지출했다. 그리고 좌익 반대파가 부농들로부터 강제대부를 받고 총경비와 관료제적 기관들을 축소함으로써 물가를 낮추고 대외무역 독점을 교묘히 이용하여 물자를 충당하자는 제안을 했으나, 관료들은 "반혁명주의 트로츠키주의자들"에게 심한 비난을 퍼부었을 뿐이다.

프랑스 혁명 당시 반동세력들은 농민들을 선동하여 "약탈적인 자본가"에 대한 프랑스 농민들의 낙후되고 반동적인 편견들을 불러일으킴으로써 도시 장인(匠人)들과 소부르주아지의 지배를 분쇄하려고 했다. 이러한 데마고기는 반동 세력들의 두드러진 특징인 것이다. 과거 1923년 이후 반동의 기초를 딛고 권좌에 올라선 관료들 또한 그들의 본성에 걸맞게 똑같은 수단을 사용했다. 스탈린, 리코프, 그리고 쿠이비셰프는 좌익 반대파가 "농민을 강탈하기 위한" 제안을 했다는 내용의 포고문을 전러시아 인민에게 발표했다. 또한 관료들이 농촌 전체에서 좌익 반대파를 비판하는 반동적 선전을 수행하는 한편, 스탈린과 부하린은 혼동에 빠진 도시 프롤레타리아에게 부농으로부터의 위협은 조금도 없으며 설령 위험이 있다 해도 걱정할 만큼은 아니라고 확언했다. 전문 통계학자들이 부농들의 '대단치 않은 비율'을 증명하는 도표를 만드는 작업에 동원되었다. 따라서 집산화의 필요성은 철저히 무시되었다. 1928년 말에 관료 기구의 주요 농업 "전문가"이며 농업 인민위원인 야코블레프는 좌익 반대파를 비판하며 집단 농장은 앞으로 오랫동안 "개인 농민 농장들의 바다에 떠 있는 자그마한 섬"으로 남아있을 것이라고 선언했다. 좌익 반대파 지도자들이 축출된 제15차 당대회에서 리코프는 다음과 같은 질문으로 좌익 반대파를 공격했다. "만약에 부농들이 그토록 강대하다면 어째서 그들은 우리나 다른 사람들을 공격하지 않는가?" 이후에 입증되었듯이 리코프는 그리 오래 기다릴 필요가 없었다.

결국 리코프와 스탈린이 세운 5개년 계획이 실행에 옮겨진 지 몇 달 만에, 그 계획이 잘못된 것이라고 비판했던 것이 올바른 것임이 밝혀지게 되었다. 관료들은 그 계획을 사실상 모조리 수정할 수밖에 없었다.

만약 좌익 반대파가 수년간 투쟁하지 않았더라면 그 정도나마의 발전이 가능했을까? 만일 스탈린-부하린 블록이 좌익 반대파의 견제를 받지 않고 그대로 방치되었더라면 스탈린-부하린 블록은 10월 혁명에 대해 적개심을 품고 있는 부농과 다른 계급들이 이끄는 대로 반동과 민족주의의 수렁으로 계속 더욱더 깊이 빠져들었을 것이라고 믿는 데에는 상당한 근거가 있다.

5개년 계획의 성공, 즉 권력을 확고히 장악한 관료가 산업 발전 영역에서 이룬 보기 드문 성장은 오로지 좌익 반대파의 끊임없는 투쟁을 기만적으로 흡수·동화해서 농민을 말살하고 노동자를 쥐어 짰기 때문에 가능했다.

8. 우익과 중도파 사이 동맹의 붕괴와 "제3기"의 시작

좌익 반대파에 대한 국제적인 반대 투쟁은 중도파와 우익에 의해 공동으로 전개되었다. 이러한 연합은 자신들을 "레닌주의의 순수함을 지키는 오랜 수호자"로 자처한 스탈린과 부하린의 연합이 대표했다.

그것은 단지 허구적 통일이 아니었다. 국내 정책과 국제 정책 모두에서 그리고 원칙과 전술 모두에서 이 지배 블록의 두 분파는 공통의 입장을 견지했다. 그들은 손을 맞잡고 "트로츠키주의"에 대항했고 퍼셀 및 장제스와 협력했다. 그들은 함께 "일국 사회주의" 이론을 주장했고 "두 계급, 즉 노동자와 농민의 당"이란 괴상한 이론을 옹호했다.

그런데, 관료가 권력을 잡을 수 있게 했던 반동의 물결이 1927년 말에 퇴조해 감에 따라 국제 프롤레타리아 대열은 좌익으로 이동하게 되었다. 1928년 러시아에서 일어난 '부농의 무혈 폭동'은 노동자들에게 커다란 충격을 주었으며, 이에 노동자들은 당 지도부가 좌익으로 전환하도록 압력을 가했다. 이것이 스탈린으로 하여금 5년 동안 견지해 오던 부농 노선 또는 네프맨 노선을 완전히 바꿀 수밖에 없게 만든 상황이었던 것이다. 스탈린은 우익의 무명 대표들을 조심스레 공격하는 것으로 시작해서, 매우 신속히 우익의 지지자들을 제거함으로써 1929~1930년에 이르러서는 우익의 실제 지도부인 리코프, 부하린, 톰스키를 정면 공격할 수 있게 되었다.

예기치 않은 공격으로 어리둥절해 있는 대중 앞에, 스탈린은 이 세 명의 우익 지도자들을 자본주의 부활의 기수로 고발했다. 다시 말해, 코민테른 의장과 소비에트 정부의 수뇌, 그리고 소비에트 노동조합의 지도자가 스탈린에 의해 테르미도르 반혁명의 앞잡이로 선고되었던 것이다. 그러나 스탈린이 5년 동안이나 당내 좌익에 대항하여 가장 밀접한 불가분의 동맹관계를 맺어왔던 것은 다름아닌 이 3인조였다.

만약 스탈린이 우익을 고발한 것이 조금이라도 의미를 갖는다면, 그것은 그 고발이 다름아닌 중도 분파 자기 자신에 대한 잔혹한 고발이었다는 사실이다. 중도 분파가 5년 동안 자본주의 부활주의자들과 확고한 결속을 이루었다는 명백한 사실에 대해 도대체 그들이 볼셰비즘 앞에 어떤 변명을 할 수 있단 말인가? 역사상 어느 곳에서 진정한 혁명적 분파가, 불과 24시간 사이에 사악한 반동의 옹호자로 밝혀질 분파와 불가분의 블록을 형성한 경우가 있었던가?

지도부의 두 분파가 원칙상 공통의 토대를 가지고 있었다는 사실을 볼 때, 그리고 스탈린이 우익을 제거하기 위해 좌익 반대파의 이데올로기 병기고에서 많은 부분을 도용할 수밖에 없었다는 사실을 볼 때(우익은, 트로츠키가 1926년 예언한 대로, 스탈린을 주저없이 "트로츠키주의자"라고 비난했다.), 중도파인 스탈린의 우익 반대 운동은 우익 폭로인 동시에 치명적인 자기폭로였다. 또한 좌익 반대파 투쟁의 정당성을 무의식적으로 찬사하는 것이었다.

러시아 당 제15차 대회 전체가 좌익 반대파를 괜시리 두려움을 조장하는 사람들이라고 비난한 이유가 다름아니라 "점증하는 부농의 위험성"을 경고했다는 점은 주목할 만하다. 마치 리코프가 "만약 부농이 그렇게 위험한 존재라면 왜 그들은 우리를 공격하지 않는가?"라는 어리석은 질문으로 좌익 반대파를 비웃었던 것과 같이, 몰로토프는 성급하게도 1927년 12월에 부농은 전혀 새로운 것이 아니며 그들에 대해서 새삼스럽게 경계를 하거나 특별한 조치를 취할 필요는 없다고 말했다. 몰로토프는 부농의 중대성을 끝까지 무시하며 "부농이 존재한다는 것은 모든 사람이 인정한다. 그러나 그것에 대해 얘기할 필요는 없다"고 주장했다.

부하린-스탈린-몰로토프-리코프가 부농을 트로츠키의 비판으로부터 보호해 주고 있는 동안 부농은 엄청난 힘을 축적하게 되었고, 불과 몇 주일 후 그들은 소비에트 전체를 뒤흔든 엄청난 위력의 시위를 일으키게 된다. 1928년 1월 당대회 직후, 좌익을 당으로부터 제거하는 데 성공함으로써 용기를 얻은 부농들은 "무혈폭동"이라 일컫는 사건을 일으켰다. 강대해진 부농들은 비축된 저장 곡물의 인계를 거부했고, 사실상 다음과 같이 선언했다. "만일 소비에트 권력이 우리가 요구하는 대로, 프롤레타리아 국가가 동결시킨 곡물가격을 인상하지 않는다면 우리는 우리가 비축하고 있는 농산물을 풀지 않고 도시들을 기아에 빠뜨리고 노동자 계급의 중심지들을 굴복시키고 말 것이다!"

그들의 저항은 매우 효과적이었다. 그 결과 상황이 급박해져서, 실로 몇 십 년 만에 처음으로 소비에트들은 마을의 곡식을 무장군대에 의해 징발당할 수밖에 없었다. "스스로 부유하게 되라!"는 관료의 공식 입장, 부농을 대수롭지 않게 치부해 버린 타락한 자기만족, 적절한 시기에 경고를 했던 좌익 반대파에 대한 탄압 — 이 모든 것들은 현실에 의해 산산이 부서지고 말았다. 이제 깨어난 노동자 계급의 혁명적인 정신은 좌익 반대파 탄압이나 그 밖의 어떤 수단으로도 완전히 억누를 수 없게 되었으며 관료의 방해에도 불구하고 꿋꿋이 전진해 가고 있었다. 이제까지 견고했던 우익-중도 블록을 깨뜨린 실질적 충격은 바로 이러한 아래로부터의 압력이었다. 국내외의 자본주의적 요소들에 대해 굴복해 오던 이전의 노선을 강제 집산화로써 기만적·폭압적으로나마 청산함으로써, 우익은 지배력을 상실했으며 노선에 변화가 생겼다.

이렇게 대중이 왼쪽으로 움직이는 것에 기초하여 스탈린 분파는 "제3기"라는 새로운 국면을 열게 되었다. 이것은 당황한 관료들이 기회주의에서 모험주의로 탈출을 시도한 것이며 소련과 국제적인 규모에서 대실책이었다.

이 시기는 엄밀히 말하면 코민테른 역사에서 제6차 대회(1928년 7월 17일-9월 1일)의 선언으로 시작되는 것이 아니라, 그보다 먼저인 1928년 초 코민테른 9차 총회에서의 선언으로 시작된다. 그 당시 유럽에서는 노동자 계급의 대중 투쟁이 부활하려는 최초의 조짐이 발견되었으나, 그것은 더 발전하지 못하고 조짐으로 끝나고 말았다. 특히 독일에서는 공산당에 대한 지지표가 증가하고 있지만 동시에 사회민주당에 대한 찬성표도 증가하고 있었다. 그러나 다른 나라들은 중국처럼 아직도 회복하지 못한 패배의 고통에서 몸부림치고 있거나 프랑스나 미국처럼 일시적인 경제 부흥의 마취 효과에서 깨어나지 못하고 있었다.

코민테른 제9차 총회는 국제 노동운동의 발전단계를 정확히 규명하는 대신, 중국 혁명이 "새롭고 더욱 높은" 단계로 발전했다고(반혁명적으로가 아니라 혁명적으로!) 선포했고, 게릴라 모험주의에 대해 허황된 보증을 했고, 텔만과 그 밖의 코민테른 대변자들의 입을 통해 전세계의 노동 대중은 "점점 더 급진적이 되고 있다"고 선언했다. 혁명운동을 타성적이고 평면적 시각으로 보는 이러한 경솔한 생각들에 대해 비판이 제기되었지만, 그 비판들은 좌익 반대파에서 나온 것이기 때문에 아무 소용이 없었다. 트로츠키가 운동의 실제 상황을 명쾌한 시각으로 분석한 보고서가 좌익 반대파를 통해 제6차 대회에 제출되었지만, 모여 있는 대표들에게 배포되지도 못했다.

1928년 중반에 제6차 대회는 9차 총회 강령을 몇 걸음 더 진행시키는 어리석음을 범했다. 공식적으로는 제6차 대회에서 중도파(스탈린)와 우익(부하린)의 협력이 절정에 달했다. 실제로는 그것은 러시아 공산당의 토대에 기회주의와 초좌익주의를 침투시켰으며 그로 인해 공산주의는 뼈아픈 패배와 혼란을 겪게 된다.

제6차 대회는 독일 패배 직후인 1924년에 개최된 제5차 대회와 많은 유사점을 가지고 있다. 1924년 제5차 대회는 패배를 인정하지 않았다. 반대로 혁명은 전진하고 있다고 선언했다. 1928년에도 중국 혁명에 대해서 똑같은 오류가 저질러졌다. 그리고 스탈린은 제5차 대회의 기간에 "사회민주주의는 파시즘의 가장 온건한 당파이다"라는 기발한 발견을 했다. 거기에다 1928년 제6차 대회에서는 사회민주주의와 파시즘이 한 동전의 앞뒤와 같다는 "사회파시즘"이라는 진기한 이론을 내놓았다. 여러 "볼셰비키 지부들"의 토대가 붕괴되어 가고 있는 바로 그 때에 제5차 대회는 "볼셰비키화," 즉 획일주의의 승리를 자축하고 있었다. 그러나 1928년 "통일된 코민테른"이라는 무대 뒤에서 치열한 내부 투쟁이 벌어지고 있었다. 제5차 대회는 온갖 관료적·중도주의적 수단을 동원하여 좌익이 성장하려는 약간의 조짐이라도 보이면 철저히 분쇄했다. 동시에 오른쪽으로 움직이는 것을 늦추지 않았다. 제6차 대회는 돌연 모험주의적 결론을 승인함으로써 "일국 사회주의"라는 수정주의적 이론을 신성화했으며, 지구의 4분의 3의 혁명들의 운명을 지배하게 될 철의 법칙으로서 "프롤레타리아와 농민의 민주주의 독재"(즉, 케렌스키 지지와 국민당 입당이라는 비극) 강령을 정립했다.

부하린이 제15차 당대회에 와서야 비로소 반대했던, "우익의 위협"에 대한 투쟁은 제6차 대회에서 시작되었는데, 그 투쟁은 관념적이고 아무도 지칭하지 않는 것이었다. 아마도 그것이 가치 있다면 오로지 우익의 국제적 지도자인 부하린 자신에 의해서 대회의 연단에서 선포되었다는 사실 뿐이다. 이런 식으로 지배 블록의 형식적인 통일이 유지되었으며, 이 형식적 통일은 극심한 내부 투쟁을 은폐하기 위해 존재했다. 스탈린이 열심히 부하린 일파의 기반을 약화시키고 "부하린의 대회"와 거의 같은 시기에 그 자신의 비공식 대회를 조직할 바로 그 즈음에, 스탈린은 러시아 당 지도부 내부에 의견 대립이 있다는 소문에 대해 "트로츠키주의적 비방"이라고 비난했다. 이 사실은 흥미있는 일이다. 스탈린 자신이 당대회의 원로회의에 제출한 특별 보고서에서 그는 러시아 정치국 내의 의견 차이에 대한 모든 소문들을 부인했다. 스탈린은 정치국이나 중앙위원회에는 우익 인사나 우익적 입장은 전혀 없다고 힘주어 부정했으며, 그 주장을 확실히 하기 위해 자신과 다른 정치국 성원들이 서명한 결의문을 제출했다. 그 내용은 다음과 같다.

아래에 서명한 소련공산당(C.P.S.U.) 중앙위원회 정치국 국원들은 당대회의 원로회의 앞에 다음과 같이 서명한다. 즉, 아래의 모든 사람들은 항간에 떠도는 소련공산당 중앙위원회 정치국원들 사이에 의견 대립이 있다는 소문들은 절대 사실이 아님을 선언한다.

말할 것도 없이, 집합한 꼭두각시들은 스탈린과 부하린이 공동으로 연출한 코민테른의 이 우스꽝스러운 사기극을 경건하고 만족스럽게 경청했다.

파국은 오래지 않아 찾아왔다. 순식간에 제6차 대회의 거의 모든 지도적 대표자들은 조직 붕괴를 겪거나 철저히 축출되거나 혹은 굴욕적인 항복을 함으로써 추방을 모면했다. 마치 5차 대회의 지도자들이 아주 짧은 동안 권좌에 남아 있었던 것과 마찬가지로 제6차 대회의 "볼셰비크들"도 빠른 종말을 맞이하게 되었다. 당대회 지도자이며 강령의 보고자이고 코민테른 의장인 부하린은 몇 달 뒤에 소련 내의 자본주의 부활 분파의 지도자로 고발되었다. 러브스톤, 기트로우와 볼페는 절차도 없이 미국 부르주아지의 앞잡이로 몰려 추방되었다. 체임벌린의 앞잡이라고 트로츠키를 비난하는 것으로 생계를 꾸려 나가던 로이도 똑같은 식으로 제거되었다. 체코슬로바키아의 질렉 일파, 스웨덴의 킬붐, 독일의 브란들러(그리고 에베르트도), 프랑스의 셀리에르 일파 그리고 다른 많은 사람들이 코민테른에서 추방되거나 제명되었다.

모든 우익을 제거함으로써 1929년 10차 총회는 그 어리석음의 절정, 즉 "제3기"의 절정에 달했다. 제10차 총회는 스탈린과 몰로토프가 마음대로 만든 여러가지 새로운 사실들이 덧붙여진 6차 대회의 극단적인 귀결이었다. 그것은 단연 "제3기"의 총회였는데, "제3기"라는 개념 자체는 아이러니하게도 제6차 대회의 대의원들이었던 텔만과 노이만이 기회주의적 개념이라고 비난했던 것이었다.

"제3기"의 지지자는 "제3기"가 모든 나라의 대중을 동시에, 끊임없이 급진화시키는 특징이 있다고 설명했다. 몰로토프는 제3기가 혁명으로 끝날 것이기 때문에 제4기는 있을 수 없다고 말했다. 로소프스키는 당시 "광범한 대중의 정치적 감수성이 고양된 것은 혁명 전야의 특징적 징후이다"라고 덧붙였다. ECCI(Executive Committee of the Communist International: 코민테른 집행위원회)의 성원인 모이레바는 다음과 같이 선언했다. "최근의 폴란드 사태와 5월 사건을 통해 볼 때, 그 사건들 속에는 우리의 7월 시절을 생각나게 하는 일련의 요소들이 있다고 생각된다. 노동자 계급의 가장 진보적인 부분의 진보적 전진을 공산주의 당들이 제지할 수밖에 없었다는 사실 을 보더라도 혁명적 상황이 신속히 도래하고 있음을 알 수 있다." 볼셰비키의 "7월 시절"이 러시아 10월 봉기의 직접적인 예고였다는 것이 상기되기만 하면 이 괴상한 이야기가 되풀이되었다. 1930년에는 이 모든 환상들이 공산주의 세계에 흔들릴 수 없는 신앙조항들로서 소개되었다는 사실을 명심해야 할 것이다. 세계의 거의 모든 나라들의 대중을 끊임없이 급진화시킨다는 이 "제3기" 동안에 프랑스가 혁명 목록의 제일 선두에 있음이 엄숙히 선언되었고(1929년에!) 사회파시즘이라는 소아병이 전염되어 코민테른은 그 병으로 고통받게 되었다. 스탈린이 1924년에 만든 교묘한 공식("사회민주주의는 파시즘의 가장 온건한 당파"라는)에 동의를 표명하면서 마누일스키는 "사회민주주의와 자본가 국가의 융합은 단지 상부끼리의 결합이 아니라 전면적인 결합"이라고 말했다. 마누일스키는 심지어 레닌의 생각을 왜곡하여 노스케(Noske)가 1918년부터 이미 "사회파시스트"였다고 말했다.

1918년에 사회민주주의의 본질을 이해하지 못했기 때문에 헝가리 혁명을 실패로 이끌었던 주요 전략가인 벨라 쿤은 이제 10년 후에 더욱 잘못된 설명으로 과거에 받은 타격에서 회복하려 했다. "사회파시즘은 자본주의가 이탈리아보다 더 발달한 나라들에서 파시즘이 발달한 형태이다. … 이 발전의 시대에 사회수정주의는 사멸하게 된다. 그것의 일부는 사회데마고그적인 요소들로 변하고 일부는 파시즘의 대중 폭력으로 전환된다." 마누일스키는 시공을 초월해 모든 사람들에 적용되는 것이 결코 아닌 "통일전선" 정책에 관련된 결론들을 여기에서 도출해 냈다." … 오늘날 우리는 더욱 강대해졌으며 노동자 계급의 대다수를 위한 투쟁에서 더욱 공격적인 방법들을 쓰기 시작했다." 이 인용문을 보면 말단 관료들이 그 문제에 공헌할 수밖에 없었는 지를 충분히 상상할 수 있다.

"제3기"와 그 모든 계율을 구축하기 위한 공식적인 조치들은 모두 오류였다. 그러나 이것이 코민테른의 노선이 180도 전환하게 된 이유가 없다는 뜻은 아니다. 어떤 원칙적 근거도 갖지 못했고 자신의 명료한 강령도 없는 중도파는 많은 사건과 비판의 압력에 의해 좌익으로 전환해 갔다. 진정한 기초가 없었으므로 중도파는 인위적 권위에 그 기초를 둘 수밖에 없었다. 자신의 명성을 유지하기 위해서, 즉 좌익으로 허겁지겁 전환한 것을 정당화하기 위해서, 더욱 엄밀히 말한다면 과거의 노선에 대한 비판의 여지를 남기지 않고 노선 변화를 합리화하기 위해서 "제3기"가 성립된 것이다.

그 선언에 의해서 중도파는 과거에 누구와도 통일전선을 형성하지 않았던 것은 물론이고 장제스와 퍼셀과 "상층 통일전선"을 형성한 것도 정당화할 수 있었다. 양쪽 경우 모두를 하나의 멋진 이론으로, 즉 "시기"를 자의적으로 설정함으로써 정당화시킬 수 있었다. "제2기"에서는 이 편리한 도그마에 근거하여 영국 제국주의로부터 "소련을 방어하기 위한 투쟁"을 위해 공인된 파업 파괴자들과 통일전선을 형성했다. 반대로 "제3기"에는 퍼셀로부터 공장의 사회주의 노동자들까지 모두를 파시스트로 규정하여 공산주의자는 그들과 아무런 관계도 맺지 못하게 되었다. "제3기"라는 공식은 중도파가 자신의 커다란 실책과 범죄 그리고 사상적 혼란을 은폐하기 위한 수단에 불과한 것이었다.

"제3기"는 과거에도 그러했고, 그리고 그 잔재가 존재하는 한에서는 중도파의 실패와 부패의 상징물로 남을 것이다. "제3기"가 선언된 이후 3년 동안 많은 패배들이 잇달았다.

바로 이 시기에 공산당들은 "사회 파시즘"이라는 도그마에 의해 사회민주당 노동자들과 통일전선을 형성할 수 없었기 때문에 독일 파시즘은 아무런 제지도 받지 않고 성장해 갈 수 있었다. 혁명 투쟁의 목록에 프랑스가 선두에 오를 것이라는 몰로토프의 환상적 예견에 의해 방향을 잃고 있던 코민테른은 스페인 봉기에 의해 불시에 일격을 당했다. 코민테른이 마비 상태에서 겨우 벗어났을 때, 스페인 공산당은 코민테른 정책의 편협한 종파주의와 통일전선 전술 거부에 의해서 무기력해졌다.

미국에서는 공산당의 지도에 따라 움직이고 있던 수십만 노동자들을 무책임하게 방기해버린 잘못된 전술을 사용함으로써, 대격변이 제공한 전대미문의 기회들이 날아가버렸다. 영국, 프랑스, 체코 등 한마디로 모든 주요 국가에서 "제3기"의 이론과 실천은 공산주의 운동을 좌절시켰고 공산주의 운동을 혼란과 마비 상태로 몰아넣었으며 대중으로부터 고립시켰다. 만일 국제 사회민주주의가 오늘날 커다란 힘을 가지고 있고 수백만 노동자들에 대한 지배력을 계속 보유하고 있다면, 그것은 오로지 스탈린주의의 대실책 덕분인 것이다.

부르주아지에 대항하기 위한 통일전선을 형성하려는 대중의 뜨거운 열정은 "아래로부터의(하층) 통일전선," 즉 "적색 통일전선"(즉, 공산당에 속하지 않는 노동자들이 스스로 공산당의 지도를 받아들이는 형태의 통일전선)을 고집하는 공산당의 관료적 주장에 의해 거절되었다. 스탈린주의자들은 공산당뿐 아니라 사회민주당 노동자들의 파시즘에 대한 증오를 전혀 활용하지 못했다. 반대로 그들은 "사회 파시즘" 같은 허무맹랑한 이론에 의해 그리고 프로이센의 악명높은 "적색" 국민투표에 의해 히틀러 일당과 동맹함으로써 사회민주당 노동자들을 배신했다. 사회민주주의 노동자들의 자본가에 대한 저항 의지는, 통일을 파괴하고 적색 노조 프락션을 형성하려는 종파주의적 정책에 의해 더욱 약화되었다.

좌익 반대파가 예언한 바와 같이, 노조뿐 아니라 정치영역에서 코민테른이 대중으로부터 괴리된 것은 공산당의 전례없는 사상적·도덕적 타락과 발맞추어 진행되었다. 이러한 현상은 오랫동안 계속될 수 없었으며 반드시 소련 내부에서든 외부에서든 발생할 무시무시한 충돌로 귀결될 것이었다.

소련에서 누적된 이러한 타락과 부패는 코민테른 전체를 위협했을 뿐 아니라 테르미도르 및 보나파르티즘 — 즉 관료적 국가자본주의 반혁명 — 과 나란히 병행했다.

9. 테르미도르와 보나파르티즘

18세기 말 프랑스 대혁명은 오늘날 노동자 계급이 본받을 만한 훌륭한 교훈들을 제공한다. 어떤 혁명도 타락에서 면제되도록 되어 있지 않다. 러시아 혁명의 몰락을 예방할 수 있도록 예정되어 있는 것은 아무것도 없었다. 혁명가는 러시아 혁명의 타락에 반대하는 입장에 섰다. 그가 위험의 본질과 그 위험을 피하기 위한 방법들을 생각할수록 혁명가들의 경계는 더욱 예리해졌다.

프랑스 혁명은 두 번의 패배를 겪었다. 테르미도르 반동과 보나파르트 독재의 두 시기가 그것이다. 제9차 테르미도르(1794년 7월 27일)에 혁명적 자코뱅인 로베스피에르, 생쥐스트, 쿠통, 레바 등 — "프랑스 혁명의 볼셰비키" — 은 우익 자코뱅과 동요 분자들, 그리고 반동 왕당파의 연합에 의해 분쇄되었다. 다음날 21명의 굴복하지 않은 자코뱅을 처형한 기요틴(단두대)은 더 이상의 사람은 처형하지 않았다. 테르미도르 시기는 몇 년 후 나폴레옹이 권좌에 오름으로써 그 절정에 도달했다.

테르미도르 반동은 그 시대의 혁명 정당인 자코뱅 당의 퇴보와 붕괴로 인해 가능했다. 테르미도르 반동은 인민대중의 일부가 "평화와 안정"을 갈망했기 때문에, 그리고 무엇보다도 운동가들이 혁명 투쟁에 지치고 우익으로 이탈한 것 때문에 촉진되었다. 또한 대중의 보복을 받지 않기 위해 혁명적 언행에 적응하고 심지어 그것을 모방하려 했던 왕당파 반동 세력의 음험한 압력에 떠밀려 테르미도르 반동은 가속되었다. 혁명가들 가운데 나약한 자들은 반동계급의 사회적 압력에 굴복했다.

테르미도르 반동은 노골적인 반혁명이 아니었다. 반대로 그것은 혁명 이전과 별로 다를 바 없는 오래고 낡은 기치 아래 진행되었다. 테르미도르 주도 세력(Thermidorians)은 좌익 자코뱅을 "피트(Pitt)의 앞잡이"라고 비난했다.(마치 러시아에서 우익·중도 분파 연합이 좌익반대파를 "체임벌린의 앞잡이"라고 비난했던 것처럼.) 좌익 자코뱅은 "통일된 조국을 파괴하는 극소수의 인물들," "악의적인 귀족들"이라는 죄를 뒤집어썼다. 부지불식간에 보나파르트 반혁명 독재의 길을 닦아 주고 있던 우익 자코뱅은 자신들이 처형하고 투옥하고 추방한 사람들을 "반혁명분자"라고 비난했다.

스탈린이 장악한 뒤의 볼셰비키 당은 1917년 10월에 권력을 쟁취한 그 당이 더 이상 아니다. 그 당은 사회적·정치적 반동의 시기 속에서 사라져버렸다. 그 당의 교리는 뿌리로부터 약화되고 왜곡되고 침식되었다. 그 당은 닥치는 대로 영입된 수천, 수만의 농민들과 후진적인 노동자들에 의해서 거대한 형체없는 집단이 되어 버렸고, 결국 혁명 정당에 반드시 필요한 특성과 독립성을 상실했다. 당은 자신의 주요 기능을 당 위에 군림한 강탈적이고 관료적인 기구에 의해서 빼앗겨 버렸다. 당의 혁명적 분파인 좌익 반대파가 테르미도르 반동 때처럼 당에서 폭력적으로 쫓겨났다. 혁명적 독재를 단련하기 위해 꼭 필요한 프롤레타리아의 지도적 당이 분쇄된 것은 소련에서 테르미도르의 위험을 두드러지게 했을 뿐 아니라 보나파르티즘의 위험으로 연결했다.

테르미도르와 보나파르티즘은 반혁명의 승리를 위해 자신의 계급적 기초와 다른 활동무대를 허용하지 않는다. 프랑스 대혁명에서 9차 테르미도르와 집정부(執政府) 설치에 뒤이어 곧 보나파르티즘이 수립되었다. 그러나, 이 승계는 다른 모든 반혁명과 똑같이 전혀 운명적인 것도, 불가항력적인 것도 아니었다. 이러한 반혁명의 승계를 저지할 수 있는 가능성은 언제나 충분히 있었다. 러시아의 우익은 그 힘을 특정 계급들 속에서 갖고 있었으며, 평당원이나 당 기구 내에 갖고 있지는 않았다. 우익은 평당원 속에서 매우 쉽게 분쇄되었는데, 그것은 우익이 자신이 그 이해관계를 대표하는 계급들에 지지를 공개적으로 호소할 자세가 되어 있지 않았기 때문이다.(즉, 부농과 그에 의존하고 있는 네프맨들에게 말이다.) 우익 삼인조가 스탈린주의 중도파에게 완전히 패배했기 때문에 테르미도르 세력의 진군이 멈춘 것처럼 보였지만, 즉 좌익반대파 탄압 반동의 시기에 성장한 어둡고 후미진 농업상의 이해관계가 장애에 부딪힌 것처럼 보였다. 하지만 이렇게 보이는 이유는 스탈린 중도파 자신이 반혁명을 수행했다는 사실을 미처 못 보기 때문이다.

소련의 당내 좌우익이 모두 특정 계급의 이해관계를 대표했던 반면에, 중도파는 그렇지 못했다. 전형적인 소부르주아 세력의 정책은 사태의 변화에 따라서 때론 좌로, 때론 우로 심하게 동요했다. 구 소부르주아 세력은 좌익 반대파를 막기 위해 반동세력에 기댔고, 반우익 투쟁을 위해서는 프롤레타리아의 핵심에 기댔다. 그들은 스스로의 확고한 계급적 기초를 혼자서 찾지 못한다. 자기 나름대로 확고한 기초에 가장 근접했던 것은 스탈린 분파가 "중농"을 이상화했던 시기인데, 사실 이 계층은 확고한 계급으로 볼 만한 계층이 아니었다.

그러나, 스탈린 분파는 당료들 안에서 자신의 힘의 원천을 가지고 있었다. 스탈린주의 분파는 당 관료 자체였다. 관료적 기구는 당이 마구잡이 영입으로 부풀어 올라 무형적 집단으로 변할 때까지 당을 희석시키는 동시에 자기 자신을 평당원이 근접할 수 없는 위치까지 격상시켜 관료 체제를 구축했다. 고립 분산된 평당원은 이 체제를 바꾸기 위한 시도조차도 할 수 없었고, 이 체제가 대중의 이익을 반영하도록 변화시킬 수도 없었다. 반면에, 그 기구는 당을 질식시킨 후에 서서히 자체 내의 모든 생명력을 압살해야 했다. 우리(여기서 우리는 좌익반대파 자신)는 압살"해야 했다"라고 표현했다. 그 이유는 관료 기구가 본질상 적대 세력을 풀어놓는 것을 두려워하기 때문에 기구 내부의 논쟁을 평당원에게 공개 회부할 수가 없었기 때문이다. 결과적으로 관료 체제는 소수의 인물들이 모든 것을 결정하고 모든 것을 말하는 상태로 타락해 갔다. 이 소수의 인물들은 실제로 한 명으로 축소되었고 그의 이름은 스탈린이었다. 계급적 토대가 없는 기구는 대개 자기 보존 욕구와 자기 영속 욕구에 젖게 된다. 이 기구의 우왕좌왕하는 정책들은 그러한 목적에 종속되어 있다. 스탈린에 대한 관리들의 구역질나는 아첨, 서기국(스탈린이 서기장으로 있는)의 더욱 배타적인 활동을 위한, 군대와 비밀경찰(G.P.U.)의 개조 ― 이런 것들은 일반적으로 노동자 민주주의의 억압, 특히 당내 민주주의의 억압과 관련되어 있다. 이런 모든 것들이 스탈린주의의 특징들이었다. 그것들은 "보나파르티즘 체제의 전제조건들"을 보이고 있었다.

　　다양한 계급과 사회계층들 사이를 필사적으로 오가면서도 그 기구는 그 어느 계급·계층도 만족시키지 못했다. 이 때문에, 민중의 거의 모든 부문들, 특히 농민의 불만 중대가 소비에트 권력(프롤레타리아 독재)의 기초를 파괴할 수 있는 위험이 제기되었다. 만약 위험이 심화되어 프롤레타리아와 그 당이 나약해져서 단호하고 올바른 행동을 취할 수 없다는 것이 밝혀진다면, 아마도 반혁명은 보나파르티즘의 형태, 즉 "계급을 초월하는" 철의 인물들로 구성되고, 당분간 군사력과 관료 기구와의 밀착에 의존하는 그런 형태를 취할 것이다. 당시에는 이러한 예상이 맞아떨어지고 있었고 스탈린 분파가 보나파르트주의의 위험의 산실이라고 말할 수 있었다. 그리고 바로 이런 일이 바로 1928년 이후에 일어났다!

현상적으로 관찰해 본다면 "부농 일소"를 통해 테르미도르의 가능성을 배제했다고도 할 수 있을 것이다. 그러나, 좀더 신중히 살펴본다면, "일소된 부농"은 여전히 실질적 세력으로 남아 있었으며, 그들의 행동과 성장은 행정적으로 구축된 집단 농장의 뒤에 은폐되었다. 그뿐 아니라 스탈린파 당 관료의 잘못된 정책들이 저지른 도시와 농촌 사이 또는 노동자와 농민 사이의 관계가 오히려 촉진되어서 부농의 위험은 더욱 커졌다. 바로 이랬기 때문에 1930년대의 스탈린 테러가 더욱 극심했던 것이다. 그리고 세월이 가도 그것은 결코 누그러지지 않았다.

카를 마르크스는 이렇게 썼다. "프랑스 농민들은 국회에 의해서든 집회에 의해서든 그들 자신의 이름으로 자신의 계급적 이익을 주장할 능력이 없다. 그들은 스스로를 대표할 수 없으며, 누군가에 의해 대표되어야 한다. 동시에 그들의 대표자는 그들을 위로부터 보호해 주는 그들의 지도자로서, 그들 위에 군림하는 권위자로서, 그리고 무제한적인 통치 권력으로서 출현해야 한다. 따라서 소작 농민의 정치적 힘은 결국 독재적 의지에 공익을 복종시키는 행정 권력으로 나타나는 것이다." 그러한 집행 권력은 러시아의 경우 소비에트와 당 내부의 관료제 기구에서 나타났다. 그것이 보나파르트주의 지배 기구로 충분히 성숙하기 위해서는, 먼저 프롤레타리아 독재의 분쇄를 위해 불가피한 숙청으로써 피의 세례를 받아야만 한다. 프롤레타리아의 분쇄는 프롤레타리아 당 재건 ― 모든 내부 모순의 축적과 반혁명적 요소들의 성숙을 가능하게 했던 조건들 ― 을 분쇄함으로써 가능했다. 좌익 반대파의 모든 힘과 활동은 진정한 프롤레타리아 당 재건을 위해 그리고 재건을 앞당기기 위해 투여되었던 것이다.

그러나 좌익반대파가 패배함으로써 당의 재건, 즉 진정한 혁명적 프롤레타리아 당이 복원될 기회가 사라졌고, 그리하여 프롤레타리아도 정치적·사상적으로 분쇄되었다. 바로 이것을 디딤돌로 삼아 스탈린주의가 정치 권력을 휘두르며 프롤레타리아를 경제적으로 착취할 수 있는 국면이 열렸다. 관료적 타락은 소비에트에서부터 먼저 시작되었을지 모르지만 반혁명은 당에서부터 시작되어 소비에트로, 마침내 사회 전반으로 확산되었다.

10. 국제 좌익 반대파

국제 좌익 반대파는 모든 주요 국가들에서 조직되었다. 1930년대에 그것은 공산당 외부에 정식으로 존재했다. 모든 경우에 그 성원은 레닌주의의 기초를 수호하려다 당에서 축출된 공산주의 투사들로 구성되었다.

코민테른의 위기는 인터내셔널을 우익 반대파(브란들러, 러브스톤, 로이), 스탈린의 관료 중도파, 그리고 볼셰비키-레닌주의자들인 좌익 반대파 등 세 분파로 분열시켰다. 다른 차이점들에도 불구하고 앞의 두 분파가 일치한 기본 입장은 "일국 사회주의"라는 반동적이고 공상적인 이론이다. 이것이 우익 반대파와 중도파를 좌익반대파와 구분짓는 주요 경계선이다. 그들의 이론과는 반대로, 좌익 반대파는 마르크스의 영구혁명 이론, 즉 일단 한 나라에서 혁명이 시작되면 그것을 국제적 규모로 확장시킴으로써 세계혁명이 유지되며 발전한다는 이론을 옹호한다.

좌익 반대파는 부르주아 민주주의의 옹호자인 국제 사회민주주의에 대한 비타협적인 반대자였다. 우익은 공산주의 운동에서 사회민주주의로 넘어가는 다리이다. 미국, 중국, 그리고 체코에서 우익 반대파의 일부 또는 전체가 이미 사회민주주의 진영으로 넘어가버렸다.(요즘 고르바초프 추종 세력을 상기해 보라.) 이 분파의 잔존 세력들은 독자적으로 존재할 수 있는 확고한 기초를 갖고 있지 못했다. 우익 반대파는 자신과 본질적으로 같은 스탈린주의와 사회민주주의 사이에서 끝없이 방황하고 있다. 중도파는 좌익으로부터 사회민주주의를 보호해 주고 있다. 일정 단계에서 중도파는 자신의 기회주의와 초좌익주의를 통해 사회민주주의 지도자들이 수백만 노동자들에 대해 영향력을 유지할 수 있도록 해 왔다.

모든 투쟁 단계에서 독자적인 한 조직으로서 좌익 반대파는 러시아 혁명과 코민테른이 그 초창기에 정립한 근본 원칙들을 지켜냈다. 마르크스, 엥겔스, 레닌, 그리고 트로츠키에 의해 이론적으로 완성되고 수십 년간의 투쟁과 전쟁과 혁명에 의해 거듭 단련된 이 원칙들은 세계 프롤레타리아가 자기 자신과 인류를 해방시키기 위한 역사적 투쟁의 근본적 무기이다. 이 원칙들은 소련과 코민테른의 지도부에 의해 왜곡당하고 훼손되어 왔다. 그로 인해 공산주의 운동과 노동자 계급은 계속 패배를 겪었으며, 결과적으로 노동자 계급의 고향인 소비에트 공화국은 스탈린 일당의 반혁명으로 국가자본주의 체제로 뒤집어졌으며, 국제 혁명운동은 가장 심각한 위기로 고통받게 되었다.

좌익 반대파는 공산주의 운동을 재건하기 위한 투쟁에서 전체 노동자 계급의 현재와 미래를 위해 싸웠다. 그들의 정신, 그들의 투쟁을 비판적으로 이어받아 오늘에 되살리자.

1930년대 트로츠키와 제4인터내셔널

1929년 트로츠키는 소련에서 추방당했다. 이 당시 그는 여전히 자신을 소련공산당과 코민테른 내부에서 활동하는 분파의 지도자로 여겼다. 이것은 스탈린주의 관료가 여전히 개혁될 수 있다는 트로츠키의 분석을 반영하는 것이었다. 그래서 소련 내 좌익반대파와 여타 지역의 그 동조자들의 목표는 공산주의 운동을 올바른 길로 다시 되돌려놓는 것이었다.

하지만 이 분파는 조직될 필요가 있었다. 그래서 1930년 좌익반대파의 국제 조직인 국제공산주의자동맹이 결성됐다. 트로츠키를 지지하면 즉시 공산당에서 축출당했으므로 분파를 건설하려 했던 시도는 실제로는 1920년대 말 이후 독자적인 혁명 조직을 건설하는 결과에 이르게 됐다. 그리고 국제공산주의자동맹이 국제적 조직이었는데도 각국에서 나라에 따른 특징을 반영하는 지부가 건설됐다.

———

알렉스 캘리니코스.

트로츠키와 좌익반대파에 대한 지지는 국제적으로 매우 불균등했다. 소련 자체에선 좌익반대파는 실세 있는 조직이었다. 중국에서도 공산당의 많은 지도자들이 트로츠키를 지지했다. 이것은 스탈린의 정책이 중국에서 1925~27년 혁명기에 실패한 사실을 반영하는 것이었다. 다른 곳에서는, 특히 선진 자본주의 나라들에서 초창기 트로츠키주의 조직들은 — 예컨대 미국의 최초 트로츠키주의 조직인 미국공산주의자동맹은 — 소규모였다. 그리고 흔히 그들은 거의 우연히 결성됐다. 미국 트로츠키주의자들은 1928년 제3인터내셔널 6차대회에 제임스 캐넌과 미국공산당 및 캐나다공산당 소속의 다른 두 지도자들이 참가하면서 출범했다. 거기서 우연히 그들은 트로츠키가 코민테른 지도부를 비판한 문서의 영역본을 입수했다. 그 문서가 옳다고 확신한 그들은 좌익반대파에 가입했고 이어 공산당에서 축출당했다. 그러므로 1930년대초 초창기 트로츠키주의 운동은 매우 다양한 조직이었다.

1930년대 초엽

1930년대 초에 트로츠키주의 운동을 실세를 지닌 진정한 운동으로 전환시키기는 매우 어려웠다. 여기에는 다양한 이유가 있었다.

첫째는 서구 노동자 운동 내에서 트로츠키주의자들보다 훨씬 더 강력한 스탈린주의자들의 적대였다. 흔히 그들은 트로츠키주의자들의 집회를 물리적으로 공격했다.

둘째 요인은 탄압이었다. 소련에서 1920년대 말과 1930년대 초에 좌익반대파의 대부분이 강제노동수용소에 갇혔다. 중국에서 트로츠키주의자들은 모두로부터 공격받았다 — 공산당, 국민당, 일본 제국주의자들 그리고 서구 제국주의자들로부터.

셋째 요인은 트로츠키주의자들이 다소 통제할 수 있었던 것으로 정치적 혼동이었다. 1927년과 1928년 스탈린은 소련공산당 내 좌파와 우파 사이에서 균형을 취하던 중간적 입장을 포기하고 강제 공업화와 강제 집산화 계획에 착수했다. 많은 트로츠키 지지자들도 공업화의 가속화를 주장하고 있었기 때문에 그들은 이로 말미암아 방향감각을 잃게 됐다. 트로츠키조차 처음에는 스탈린의 전환을 좌회전으로 보았다. 그의 지지자들 여러 명이 특히 소련에선 스탈린과 화해했다. 머지않아 트로츠키는 스탈린의 조처가 그 동안 자신이 옹호해 왔던 것과 매우 다르다는 사실을 깨달았다. 하지만 이것이 정치적 양상을 바꾸지는 못했다.

넷째 난관은 트로츠키주의 조직의 규모와, 객관적 상황이 그들에게 부과한 요구 사이의 엄연한 격차였다. 독일 파시즘에 대한 트로츠키의 저작들은 그의 전체 저작들 가운데 단연 최상의 것이다. 그것들은 파시즘의 동학에 대한 기가 막힌 분석들과 함께 히틀러를 패퇴시킬 방법에 관한 명료한 전략을 제시했다.

하지만 그에게는 그 전략을 실행할 수단이 없었다. 1933년 이전에 절정기의 독일 트로츠키주의 조직은 조직원이 약 6백 명이었다. 그들은 대중적 노동자 정당들인 공산당과 사민당에 견주면 완전히 꼬마였다. 그래서 1930년대 내내 트로츠키는 당시의 위대한 투쟁들에 대한 기막힌 관찰자에 지나지 않았다.

다섯째이자 마지막 곤란은 트로츠키주의 조직 자체의 성격과 구성에 있었다. 트로츠키주의 운동은 일부 훌륭한 노동자 지도자들과 매우 똑똑한 지식인들을 끌어들였다. 그러나 그 운동이 끌어들인 사람들 가운데 많은 사람이 최악의 종류의 제멋대로인 프티부르주아 개인주의자들이었다. 1930년대 내내 트로츠키주의 조직들은 분파주의 투성이였다. 이것은 트로츠키가 그의 운동 전술상 급격한 전환을 하기를 원했을 때 그에게 큰 어려움을 안겨주었다. 그가 그러한 전환을 하고자 할 때마다 그의 여러 조직들에서 분파주의적 논쟁이 유발됐다.

이것이 왜 그토록 문제인지는 혁명 조직이 급격한 전술 변화를 할 줄 알아야 한다는 점을 이해하면 깨달을 수 있을 것이다. 그러나 사회주의자들이 전술 변화를 할 필요가 있을 때마다 분파적 논쟁이라는 수렁에 빠져 꼼짝 못하게 된다면 조직의 효율은 크게 감소될 것이다.

1930년대 중엽

1933년에서 1934년에 이르는 기간은 트로츠키에게 일종의 분기점 또는 전환점이었다. 무엇보다도 나치가 독일에서 집권했다. 세계 최강의 노동자 운동이 별로 저항도 못 해보고 궤멸적인 패배를 당했다.

이로 말미암아 트로츠키의 분석에 변화가 있게 됐다. 독일에서 나치가 승리한 데 대해 스탈린주의자들에게 중대한 책임이 있었다. 그래서 트로츠키는 소련 관료가 개혁될 수 없다고 결론 내렸다. 그들은 새로운 혁명에 의해 타도돼야 할 것이다. 이와 마찬가지로, 제3인터내셔널은 재활이 불가능하다. 그것은 제4인터내셔널로 교체돼야 할 것이다.

또 다른 중요한 변화는 1934년 이후 노동자 투쟁의 부활이었다. 프랑스는 1934년 이후 대중 파업과 공장 점거가 일어난 1936년까지 노동자 투쟁이 고양됐다. 미국도 1934년 세 번의 중요한 대중파업이 일어나, 파업과 점거 물결이 일어나기 시작했고 이를 통해 기간 산업에서 노동조합이 결성됐다. 스페인은 1936년에서 1937년까지 우익 쿠데타가 노동계급의 혁명적 대응에 부딪혔다.

원리상으로는 이러한 변화가 트로츠키주의자들에게 더 큰 기회를 안겨줘야 한다. 그래서 실제로 1934년 미국의 대중파업 가운데 하나인 미니애폴리스 시 트럭 운전사 노동조합 팀스터스의 일련의 대규모 파업 투쟁에서 트로츠키주의자들은 소규모 조직이었는데도 지도적 역할을 수행했다.

이러한 상황 변화에 직면한 트로츠키는 무슨 일을 했는가? 그는 제4인터내셔널의 창립을 선언하지 않았다. 그러한 인터내셔널의 기초를 놓기 위해 그는 여러 전술들을 구사했다.

두 가지 예를 들겠다. 첫째, 좀 덜 중요한 예부터 들어 보자. 1930년대의 이 국면에서 2.5인터내셔널로 알려져 있는 조직이 있었다. 이 조직은 사회민주당의 왼쪽에 있지만 공산당과는 거리를 두고 있던 일단의 중도주의 정당들이었다. 예컨대 영국의 독립노동당 ILP와 독일의 사회주의노동자당 SAP가 그들이었다. 트로츠키는 그들 가운데 최상의 분자들을 끌어당길 수 있다는 바램에서 이 조직과 동맹을 맺으려 했다. 불행히도 이 전술은 효과가 있기는커녕 오히려 자신의 일부 지지자들을 중도주의자들쪽으로 빼앗겼다.

둘째, 좀 더 중요한 예를 들겠다. '프랑스의 전환'이라는 말은 사회민주당에 트로츠키와 제4인터내셔널이 입당하는 전술을 사용한 데서 비롯했다. 투쟁의 부활과 파시즘의 등장으로 일어난 정치 양극화로 말미암아 많은 사회민주주의 정당들이 성장하고 급진화했다. 그러자 1934년 7월 트로츠키는 그의 프랑스 지지자들이 사회당에 입당해야 한다고 주장했다. 나중에 이 전술은 트로츠키주의 운동 일반으로 확대된다. 예컨대 미국의 트로츠키주의자들인 미국노동자당은 미국 사회당에 입당했다.

트로츠키의 논거는 다음과 같았다. 트로츠키주의 조직들은 소규모이고 프티부르주아적이며 분파주의 투성이다. 그들이 사회민주주의 정당에 입당한다면 이들 정당으로 결집하고 있는 노동계급 청년 가운데 일부를 끌어당길 수 있을 것이다. 이것은 단지 트로츠키주의 조직들이 성장할 수 있게 해줄 뿐 아니라, 또한 이 조직들을 좀 더 건강하고 좀 더 노동계급적인 조직으로 만들어 줄 것이다. 하지만 트로츠키는 이것이 단기적인 전술이지, 결코 장기적인 전략이 아님을 언제나 분명히 했다.

트로츠키의 이러한 추론은 설득력이 있었다. 그러나 실천에서 그 전술은 그다지 성공을 거두지 못했다.

프랑스 트로츠키주의자들은 엔트리 문제를 놓고 분열했다. 그리고 1935년 11월 트로츠키가 이제 사회당을 떠날 때가 됐다고 주장하자 그들은 다시 분열했다. 그들은 1934년 2월 150명에서 1936년 5월 615명으로 조금 성장했다. 하지만 그들은 분파주의 투성이였다.

이와 비슷하게, 미국 트로츠키주의자들도 사회당으로의 엔트리를 통해 1936년 700명에서 1938년 1520명으로 성장했다. 하지만 여기서도 엔트리 제안은 내부 분파 논쟁을 일으켰다. 그리고 일단 사회당에 들어가자 그들은 사회당 지도부와 신랄한 투쟁을 벌이는 데 정신이 팔렸다. 사회당 지도부는 그들을 축출하려 애썼고 마침내 성공했다. 미국 트로츠키주의자들은 이러한 내부 논쟁 때문에 1936년과 1937년 기간산업 노조 조직화를 향한 대중적 추동력이 미국에서 일어나고 있었을 때 내부에 정신이 팔렸다. 미국 트로츠키주의자들이 사회당에서 나와 만든 사회주의노동자당도 분파주의에 시달렸는데, 프랑스 조직만큼 악성은 아니었지만 그래도 심각했다. 사회당에서 나온 뒤 거의 즉시 1939~40년에 사회주의노동자당은 격렬한 분파 투쟁에 휘말렸다. 이 분파 투쟁은 소련 문제를 둘러싼 것이었다. 사회주의노동자당의 가장 중요한 지도자 가운데 하나인 맥스 샥트먼은 소련이 노동자 국가가 아니라 새로운 종류의 계급 사회인 관료집산제라고 주장했다. 그래서 1940년에 미국 SWP는 분열해, 샥트먼과 그의 지지자들이 탈당했다.

1930년대 말엽

이 모든 실패와 실망에도 불구하고 트로츠키는 끈질기게 버텼다.

1938년 9월 제4인터내셔널이 창당 대회를 열었다. 그리고 트로츠키는 말년에 매우 낙관적이었다. 1938년 10월 그는 다음 10년간에 제4인터내셔널의 강령이 수백만의 길라잡이가 될 것이라고 말했다.

트로츠키가 낙관적이었던 이유는 무엇이었을까? 첫째, 그는 자본주의의 궁극적 위기가 도래했다고 믿은 듯하다. 그래서 제4인터내셔널을 위해 쓴 《전환강령》에서 그는 인류의 생산력이 정체하고 있다고 했다. 달리 말해, 자본주의는 영구 위기 상태에 있고 더 이상 개혁의 여지가 있을 수 없다는 것이다. 그래서 사회민주주의의 물질적 토대도 없다. 그러므로 혁명의 한 가지 장애물인 사회민주주의는 와해되고 있는 중이다.

트로츠키가 그토록 낙관적이었던 둘째 이유는 혁명의 또 다른 장애물인 스탈린주의가 주요 위기를 넘기고 살아남을 수 없다고 믿었기 때문이다. 그는 소련이 퇴보한 노동자 국가라고 보았다. 그리고 스탈린주의 관료는 독특하고 우연적이고 기생적이고 허약한 구성물이라고 보았다. 그러므로 소련 관료는 몹시 불안정해 금세라도 와해될 수 있다. 그래서 트로츠키는 소련 관료가 새로운 지배계급이라는 샤트먼의 주장을 비웃으면서, 몇 달 이상 지탱하지 못할지도 모르는 사회 계층을 지배계급이라고 부르는 것은 어리석은 일이라고 했다.

트로츠키가 낙관했던 셋째 이유는 둘째 이유에서 비롯하는 것이다. 제4인터내셔널이 출범할 때 명백히 제2차세계대전의 발발은 시간문제였다. 트로츠키는 전쟁이 스탈린주의를 파멸시킬 위기를 부를 것이라고 믿었다. 그는 제1차세계대전과의 유추에서 영향받았다. 제1차세계대전이 시작됐을 때 대부분의 제2인터내셔널 정당들은 전쟁을 지지했다. 레닌·트로츠키·룩셈부르크 같은 일관된 국제주의자들은 극단적으로 고립됐다. 전쟁이 끝날 무렵 혁명이 폭발하듯 일어나 볼셰비키와 제3인터내셔널 자매 조직들은 대중적 노동자 조직으로 전환할 수 있었다. 트로츠키는 제2차세계대전이 스탈린 체제를 파괴하고 대중의 혁명적 발전에 대한 한 장애물을 제거할 것이라고 믿었다. 그리고 제1차세계대전의 혁명가들이 급성장해 대중적 제3인터내셔널이 됐듯이 제2차세계대전의 혁명가들인 트로츠키주의자들도 대중적 제4인터내셔널이 될 것이다.

실제로는 트로츠키의 분석은 대단히 잘못됐다. 첫째, 자본주의는 그가 믿었던 것보다 성장의 여지가 더 컸다. 이미 제2차세계대전 이전에 영구 무기 경제가 시작됐다. 매우 높은 수준의 군비 지출 덕택에 독일과 일본의 경제가 회복되고 있었다. 제2차세계대전 이후엔 영구 무기 경제가 훨씬 더 대규모로 발전해 일시적으로 자본주의가 안정됐다.

둘째, 스탈린주의 관료는 단지 기생 계층이 아니었다. 소련 관료는 급속히 팽창하는 국가자본주의 경제의 지배계급이었다. 제2차세계대전은 스탈린주의 관료를 괴멸하기보다는 오히려 강화했다. 소련의 전쟁 승리와 중국 혁명의 성공이 결합돼 1950년쯤 스탈린주의는 독일 엘베 강에서 태평양 연안에 이르기까지 세력을 확대했다.

트로츠키가 전적으로 틀렸던 것은 아니다. 특히 유럽 대륙의 나치 점령에 대한 무력 저항은 대규모 사회적 급진화 물결로 이어졌다. 이 일은 프랑스와 이탈리아 그리고 특히 그리스에서 일어났다. 전쟁이 끝날 무렵 스탈린은 자신이 동유럽을 차지하고 서방은 서유럽을 차지하는 거래를 서방 제국주의 열강들과 했다. 그리고 이것은 서유럽 대부분에서 공산당이 현지 지배계급과 타협해 자유주의적 자본주의의 안정을 회복하도록 허용했다. 물론 이 때는 트로츠키가 1940년 8월 스탈린주의자 비밀 요원에 의해 암살당해 죽은 지 몇 해나 지난 뒤였다.

결산 1 — 마이너스

이제 트로츠키의 제4인터내셔널 건설 노력에 대한 대차대조표를 만들어 보자. 그는 엄청나게 어려운 상황에 부닥뜨려 있었다. 우선 첫째로 그는 사회민주주의 정당들과 스탈린주의 정당들의 막강한 세력에 직면해 있었다.

둘째로 그는 패배의 시기에 활동하고 있었다. 당시의 대중 투쟁에도 불구하고 파시스트들은 1933년 독일에서, 1934년 오스트리아에서, 1939년 스페인에서 승리를 거두었다. 1940년 여름쯤에 나치는 대서양 연안에서 소련과의 국경선에 이르는 유럽 대륙을 지배했다.

트로츠키 자신이 인정했듯이 이 패배는 스탈린주의의 지배력을 실제로 강화해 주었다. 파시스트들의 전진에 직면하고 있는 노동자들의 눈에는 소련이 자신들의 유일한 요새인 것으로 보였다. 토니 클리프는 이를 예증하기 위해 자기 친구 얘기를 종종 해주곤 한다. 1930년대 팔레스타인에서 활동했던 클리프에게 친구가 한 명 있었는데, 그는 소련산 목이 긴 구두를 주문해 소포로 받으면 포장을 열어 보고 구두에 입맞춤을 했다는 것이다. 그러나 똑같은 종류의 현상에 대한 다른 많은 사례가 있다. 1930년대 영국에서 일부 상류층 가문 출신 청년들이 급진화해 공산당원이 됐는데, 그들 가운데 일부는 파시즘과 싸우기 위한 최상의 방법이라는 생각에서 소련 보안경찰 KGB의 이중첩자가 되기 위해 영국첩보기관에 들어갔다. 이러한 상황은 1930년대 노동자 계급의 최상의 분자들이 일반으로 공산당에 입당하는 결과를 낳았다.

이 점은 트로츠키에게 셋째 난점이자 최대의 곤란을 안겨줬다. 나는 앞에서도 이에 대해 언급한 바 있다. 이로 인해, 트로츠키가 자신의 운동을 위해 사용할 재료는 사회적·정치적 용어로 말해 매우 빈약했다. 트로츠키주의 운동은 분파주의에 탐닉한 채 노동자들에게 어떻게 말하는 줄 모르고 배우기를 원하지도 않는 프티부르주아 지식인들 투성이였다.

이러한 맥락에서 1938년 제4인터내셔널(FI)이 사회주의 혁명 세계당이라고 선언하고 공식 출범하는 것은 부정적인 효과를 낼 수밖에 없었다. 제3인터내셔널은 혁명에 바탕을 두고 창립돼, 다수가 대중 정당이었거나 대중 정당이 된 노동자 정당들을 결집시켰다. 그러므로 FI는 모조품 인터내셔널이었다. 그리고 FI의 지도자들인 통합서기국이 국제 혁명 지도부라는 생각은 온갖 심각한 실책들을 범하는 결과에 이를 수밖에 없었다. 트로츠키 자신은 풍부하고 위대한 경험에 근거해 일반으로 매우 훌륭한 안내를 각국 지부에 제공할 수 있었다. 그러나 그가 죽은 뒤 FI를 지도한 사람들은 아무것도 실제로 대표하지 않고 별로 경험도 없는 사람들이 전세계에 걸쳐 있는 사람들에게 혁명 조직 건설 방법을 지도하려 해왔다.

또 다른 부정적 효과가 있었다. FI 조직원들은 대리 만족을 장려받았다. 다른 나라 지부 동지들의 성공에 기대어 사는 것이 고무됐다. 영국 SWP 중앙위원 크리스 뱀버리 동지는 1970년대에 영국 FI 조직 조직원이었다. 그는 1975년 에르네스트 만델이 연설한 한 토론회에 갔던 일을 기억한다. 만델의 말은 사실상 다음과 같은 뜻이었다. '좋아. 비록 여러분이 영국에선 그리 잘하지 못하고 있지만 걱정 말라. 스페인의 우리 동지들이 곧 혁명을 지도할 테니까.' 물론 세계 다른 곳의 동지들의 활동에 의해 고무되는 것은 좋은 일이다. 그러나 FI의 경우 다른 나라 지부의 활동을 따라 하는 것이 너무도 자주 자기들 자신의 조직을 건설하는 것의 대용품이 됐다.

결산 2 — 플러스

그렇다면, 지금까지 말한 바가 트로츠키가 FI를 건설하려 했던 것은 잘못이라는 뜻인가? 그렇지 않다. 첫째, 클리프는 그의 트로츠키 전기 제4권에서 제4인터내셔널을 건설하기 위해 투쟁하는 것과 제4인터내셔널을 선언하는 것을 구별한다. 스탈린주의와 사회민주주의가 아닌 혁명적·국제적 대안을 건설하기를 트로츠키가 바랐던 것은 옳았고, 그가 이 대안이 이제 존재하노라고 1938년에 단순히 선언한 것은 틀렸다는 것이다.

둘째로, 이 모든 실패에도 불구하고 FI를 건설하려 노력하는 과정에서 트로츠키는 우리가 많은 것을 배울 수 있는 방대한 분량의 저술을 집필했다. 그리고 그는 새 세대의 혁명가들을 훈련시켰다. 이들은 모든 결함에도 불구하고 진정한 마르크스주의 전통을 보존하고 때때로 발전시켜 다음 세대들에게로 전승해 주었다. 그래서 1930년대 중엽에 트로츠키는 일기에서 자신이 당시 하고 있는 일, 곧 제4인터내셔널 건설은 심지어 그가 러시아 혁명에서 했던 역할보다도 더 중요하다고 썼다. 그리고 나도 내가 지금까지 서술한 트로츠키의 그 모든 실패와 실망에도 불구하고 매우 중요한 부분에서 그는 옳았다고 생각한다.

《배반당한 혁명》서평:
트로츠키의 반스탈린 투쟁

트로츠키가 완성한 마지막 책이 《배반당한 혁명》이다. 이 책이 쓰여진 시기부터가 매우 의미심장했다. 지노비예프, 카메네프 그리고 많은 고참 볼셰비키들을 처형했던 모스크바 재판이 열리기 얼마 전에 이 책이 완성되었다. 이 책이 출판된 것은 1937년 5월이었는데, 이 때는 라데크, 퍄타코프 그리고 소콜니코프의 재판이 이미 열렸고, 투하체프스키 등 다른 볼셰비키 장군들의 재판이 막 열리려고 할 때였다. 이러한 상황 때문에 이 책의 제목은 특별한 의미를 지니고 있었다.

사회주의를 방어하며

이 글은 《사회주의 평론》 7호(1996년 1~2월)에 실린 것이다.

트로츠키의 《배반당한 혁명》은 소련에서 사회주의가 완성되었다는 스탈린의 주장을 반박하는 것과 더불어, 러시아혁명이 타락한 것을 역사적·사회적으로 분석하는 것을 목적으로 하고 있다. 트로츠키는 역사적 유물론을 사용하여 소련의 경제부터 분석하기 시작했다. 그는 당시 소련이 이룩한 철강, 석유, 석탄 그리고 전기 생산의 거대한 성장과 전세계적으로 나타나는 경기침체를 대비시켰다. 그러나 '사회주의가 승리할 수 있는 가능성'은 실제로 승리를 거둔 것과는 구별된다. 사회주의는 자본주의보다 더 높은 경제적 발전을 필요로 한다. 1936년에 스탈린이 소련에서 사회주의가 이룩되었다고 선포했지만, 이 당시 소련은 사회주의의 완성과 너무나 거리가 멀었다.

스탈린의 관료주의는 성과급제, 스타하노프주의 그리고 차등임금제 등을 도입해서 노동자들을 혹사했다. 이것은 다른 어떤 자본주의보다도 더 극단적이었다. 반면에, 관료들에게는 특별 상점, 사치품, 교육 등 갖가지 특권이 주어졌다. 당연히 경제적 불평등이 증가했다.

트로츠키는 사회적 불평등에 대한 판단 기준은 그 사회에서 여성이 차지하는 지위라고 주장했다. 소련에서는 여성의 해방이 실현되지 않았으며, 여성 노동자들은 관료들과 갈등을 빚고 있었다. 부르주아적 가족이 다시 등장했고, 매춘이 널리 퍼졌다. 부르주아 가족에 대한 칭송이 이루어지면서 여성에 대한 억압이 강화되었다. 부르주아 가족이 부활한 것은 관료들의 권력이 강화된 결과였다.

정신적인 삶도 고갈되었으며, 젊은이들은 권위주의와 위선에 굴복했다. 스탈린의 시대는 "예술사에 평범한 재능의 예술인, 관변 예술인, 아첨꾼 예술인이 판을 쳤던 시기"'로 전락했다.

트로츠키는 이러한 거대한 전체주의적 국가는 사회주의와 결코 양립할 수 없다고 말했다. 레닌은 《국가와 혁명》에서 '국가의 소멸'이라는 마르크스주의적 정식을 되살렸다. 그런데 스탈린 시대에는 국가가 소멸하기는커녕 오히려 더 강화되었다.

적군도 트로츠키가 노동자 권력을 방어하기 위해 창설한 그 적군과는 거리가 먼, 가장 반동적인 기구가 되었다. 스탈린은 사회주의라는 사상 그 자체를 오염시켰다. 사회주의는 노동자 계급의 자기해방이다. 그러나 스탈린 정권은 노동자 계급을 억압했다. 사회주의는 전반적인 평등을 향한 끊임없는 전진이다. 그러나 스탈린주의는 메스꺼운 특권을 확립했다. 사회주의는 개성이 완전히 꽃피는 것이다. 그러나 스탈린주의는 모든 개인을 획일적으로 만들었다. 사회주의는 개인들 사이의 사욕 없고 인간적인 관계를 의미한다. 그러나 스탈린주의는 인간 관계를 탐욕과 거짓말 그리고 사기로 물들였다.

트로츠키는 누구보다도 날카롭게 이런 점을 비판했다. 그런데도 그는 소련을 여전히 노동자 국가라고 여겼다. 관료들이 정치적으로 프롤레타리아를 억압하지만 10월혁명의 기본적인 사회적 성과들 — 국가 소유와 계획경제 — 은 여전히 그대로 남아 있었기 때문이다.

그리고 비록 관료들이 소련 사회에서 유일하게 특권적이고 지배하는 계층이라 할지라도 지배계급은 아니라고 생각했다. 그가 보기에, 관료들은 하나의 계급이 아니라 기생적인 계층이기 때문에, 소련에서

---

* 트로츠키, 《배반당한 혁명》, 갈무리, 199쪽.

이들을 제거하는 것은 사회혁명이 아니라 정치혁명이라고 생각했다.

트로츠키가 스탈린주의 관료들이 지배계급이라는 견해를 받아들이지 않은 것은 그 체제가 오래 지속되지 못할 것이라는 전망 때문이었다. "만약 우리가 보나파르트의 소수 독재자들이 불명예스럽게 몰락하기 몇 달 또는 몇 년 전에 이들을 새로운 지배계급의 특권층이라고 한다면 우리 스스로가 우스꽝스러운 입장을 가지게 되는 것 아닌가?"

그럼에도 불구하고 트로츠키가 《배반당한 혁명》에서 스탈린주의 정권에 대해 분석한 것은 매우 중요한 장점을 지니고 있다.

무엇보다도 이 책은 스탈린 체제를 역사유물론에 근거하여 분석하고 있기 때문에 철저히 마르크스주의적이다. 이 책은 당시의 소련이 직면한 객관적인 경제·사회·정치적 상황 — 국내적으로뿐 아니라 국제적으로 — 을 출발점으로 삼았다. 이러한 점 때문에 이 책은 스탈린주의를 스탈린의 개성의 산물로 설명하는 것과는 근본적으로 달랐다. 그것은 흐루쇼프가 스탈린주의를 '개인 숭배'로 설명한 것이나, 자유주의자·사회민주주의자 또는 무정부주의자 들이 그것을 볼셰비키의 사상과 조직이 낳은 필연적 결과라고 말한 것과도 근본적으로 달랐다.

또 이 책의 분석은 철저하게 국제주의적이다. 러시아혁명이 타락하고, 그 과정에서 스탈린주의가 부상하게 된 결정적인 요인이 자본주의의 국제적인 성격에 있다는 점에서 이 분석은 영구혁명론에 뿌리를 두고 있었다.

마지막으로, 《배반당한 혁명》은 사회주의와는 전혀 상관이 없는 스탈린주의 체제에 대한 비타협적인 비판이었다. 이 책은 관료들에 대한 고발장이었다. 그리고 이 책은 철저하게 혁명적이다. 왜냐하면 스탈린주의와 투쟁하는 과정에서도 사회민주주의와는 조금도 타협하지 않았기 때문이었다. 또 트로츠키는 스탈린주의에 반대하면서도 샥트먼이나 이스트먼, 또는 버넘처럼 스탈린 공포증에 빠져서 자국의 부르주아를 지지하는 반(反)공산주의로 나아가지도 않았다.

그래서 소련에 대한 트로츠키의 분석에는 트로츠키주의의 주요한 특징 ─ 스탈린주의와 세계 자본주의에 모두 반대하는 혁명적 마르크스주의 ─ 이 담겨 있다.

그러나 스탈린주의 러시아에 대한 트로츠키의 분석에는 심각한 약점도 존재했다. 이것은 역사적으로 전례가 없는 상황에 직면했을 때 흔히 저지를 수 있는 오류이기도 하다. 당시에 신생 노동자 국가는 내전에서 살아남았지만 거대한 적들에 포위당해 있었다. 트로츠키는 당시의 상황으로부터 떨어져서 탐구할 여유가 없었다.

'타락한 노동자 국가'론은 왜 잘못되었나?

트로츠키는 관료주의가 소련 사회를 지배하고 있더라도 소련이 노동자 국가라고 주장했다. 여기에서 근본적인 문제가 제기된다. 노동자가 통제하지 않은 국가가 과연 노동자 국가일 수 있을까?

트로츠키는 노동자 국가에 대해 꽤 상이하면서도 서로 모순되는 두 가지 정의를 내 놓았다. 첫 번째는 노동자 국가의 기준은 프롤레타리아가, 아무리 제한적이라 할지라도, 국가 권력을 직접 또는 간접으로 통제할 수 있어야 한다는 점이다. 즉, 이것은 프롤레타리아가 혁명이 없이 단지 개량만으로 관료주의를 제거할 수 있을까 하는 문제이기도 했다.

트로츠키의 두 번째 정의는 이것과 근본적으로 다르다. 국가기구가 대중으로부터 어느 정도 독립적이라 할지라도 또 관료주의를 없애는 유일한 길이 혁명이라고 할지라도 생산수단이 국가 소유인 한에서는 그 국가는 노동자 국가이고 프롤레타리아는 지배계급이라는 것이다.

트로츠키가 소련을 '타락한 노동자 국가'라고 본 것을 비판하면서 토니 클리프는 이러한 두 기준이 갖고 있는 모순을 이렇게 지적했다.

첫째, 노동자 국가에 대한 두 번째 정의는 그의 첫 번째 정의를 부정한다는 것이다.

둘째, 두 번째 정의가 옳은 것이라면, 《공산당 선언》에 나오는 … "혁명에서 노동자 계급이 취하는 첫 번째 조치는 프롤레타리아를 지배계급의 위치로 끌어올리는 것이다."라는 말도 틀린 이야기가 된다.

셋째, 국가가 생산수단의 소유자인데도 노동자들이 그에 대한 통제권을 갖고 있지 못하다면, 노동자들이 생산수단을 소유하지 않고 있다는, 즉 노동자들이 지배계급이 아니라는 뜻이 된다.*

———

* 토니 클리프, "'타락한 노동자 국가'에 대한 비판적 검토', 《소련 국가자본주의》, 책갈피, 275쪽.

러시아를 타락한 노동자 국가라고 정의하면 마르크스주의 국가론과 직접 모순되는 결론을 얻게 된다. 트로츠키가 정치혁명과 사회혁명이라고 불렀던 것을 분석하면 이 점이 더 분명해진다.

1830년과 1848년의 프랑스혁명과 같은 부르주아 정치혁명 동안에 정부 형태는 다소 변했지만 국가의 형태 — 무장한 군대와 감옥과 같은 특별한 기구 — 는 자본가 계급에게 봉사하는 형태 그대로 남아 있었다. 독일에서 히틀러의 승리는 또 다른 예이다. 히틀러는 정부기구에 있는 사람들을 대거 숙청했지만 국가기구는 근본적으로 전혀 건드리지 않았다.

따라서 설사 노동자 국가에서 정치혁명이 일어나더라도 노동자 국가기구는 그 이전과 마찬가지로 계속 존재해야 한다. 만약 러시아가 노동자 국가라면 그래서 노동자 당이 정치혁명을 수행한다면 그 당은 현존하는 국가기구를 이용할 수 있고 또 이용할 것이다. 다른 한편 부르주아가 권력을 장악한다면 이들은 현존 국가기구를 이용할 수 없기 때문에 이 국가를 분쇄하고 그 잿더미에서 다른 국가를 세우지 않으면 안 된다.

러시아에서는 이러한 조건들이 충족되었는가? 혁명정당이 비밀경찰이나 관료주의 또는 상비군을 이용할 수 없다는 점은 너무나 명확하다. 혁명정당은 기존의 국가를 분쇄하고 그 대신에 소비에트와 민병대로 그것을 대체해야 한다. 이와 반대로 부르주아가 권력을 장악한다면 이들은 비밀경찰이나 상비군 등을 이용할 수 있을 것이다. 트로츠키는 혁명정당이 "먼저 노동조합과 소비에트에서 민주주의를 회복시킬 것이다."라고 말하면서 마르크스주의 국가론을 이렇게 적용시키는 것을 부분적으로 피해 갔다. 그러나 러시아에서는 민주주의가 회복될 노동조합도 소비에트도 존재하지 않았다. 문제는 국가기구를 개혁하는 것이 아니라 국가를 분쇄하고 새로운 국가를 세우는 것이었다.

이처럼 프롤레타리아가 권력을 장악하기 위해 현존하는 국가기구를 분쇄해야 하는 반면 부르주아지는 그것을 이용할 수 있다면, 러시아는 더 이상 노동자 국가가 아니다. 설사 현존하는 국가기구를 프롤레타리아와 부르주아지가 모두 이용할 수 있다 할지라도 러시아는 노동자 국가가 아니다. 왜냐하면 프롤레타리아와 부르주아지가 똑같이 국가기구를 자신의 승리를 위한 도구로 이용할 수 있다고 믿는 것은 국가가 계급지배의 수단이라는 고전 마르크스주의의 국가론과 정면으로 배치되기 때문이다.

소유형태가 아니라 생산관계가 중요하다

마르크스주의는 사적 소유를 생산관계로부터 독립된 것으로 여기는 것은 초역사적 추상이라고 생각한다. 인간의 역사는 노예제, 봉건제, 자본주의 등 구체적인 생산관계 안에서 사적 소유를 보여 주었을 뿐이다. 예컨대 자본주의의 생산과정에서 사람들 사이의 관계를 표현하는 모든 범주들 — 가치, 가격, 임금 등 — 은 부르주아의 사적 소유를 보여 주는 요소들이기도 하다. 즉 자본주의의 사적 소유를 역사적·사회적으로 규정하고 그것을 다른 종류의 사적 소유와 구별되게 하는 것이 바로 자본주의 체제의 운동법칙이다.

마르크스는 사적 소유를 생산관계와 분리하여 정의하는 프루동의 시도를 비웃었다. 프루동은 '부(富)'라는 전체적이고 법률적인 개념을 경제적 관계와 섞어 버렸다.

그러면 소련에서 나타난 관료주의를 살펴 보자. 트로츠키는, 러시아에서 재화의 만성적인 부족 때문에 구매자들이 줄을 서야 했고, 관료주의의 기능이 그 줄을 세우고 감시하는 것이라는 점을 지적했다. 하지만 이것은 사실인가? 관료주의는 분배 과정에서만 헌병으로 등장하는가 아니면 생산과정 전체에서도 등장하는가? 이것은 이론적으로도 중요한 문제이다.

우리는 이 문제를 해결하기 위해서는 마르크스가 생산관계와 분배 사이의 연관을 지적한 말을 출발점으로 삼을 수 있다.

아주 피상적인 분배 개념으로 생각할 때는, 분배란 것이 생산물의 분배인 것처럼 생각된다. 그리고 그것이 생산으로부터 멀어져 보일수록, 독립된 것처럼 보일수록 더 그렇게 생각된다. 그러나 분배란 것은 생산물의 분배를 뜻하기에 앞서, 그것은 첫째 생산수단의 분배를 뜻한다. 또 두 번째로는, 동일한 사실의 또 다른 표현이지만 사회 구성원들에게 여러 종류의 생산 활동을 분배해 주는 것(개개인들을 어떤 생산 조건에 종속시키는 것)을 뜻하는 것이다. 생산물의 분배란 분명 이러한 분배의 결과이며, 이 분배는 생산과정과 밀착한 상태에서 생산의 조직 자체를 결정하는 것이다.[*]

------

*   마르크스. 《소련 국가자본주의》, 283쪽에서 재인용.

소련에서 관료들은 생산물의 분배를 감독했을 뿐 아니라 인민들 사이에서 생산 활동을 분배하는 것도 감독했다. 또 이들은 분배만을 독점적으로 통제한 것이 아니라 생산수단에 대한 통제권도 독점하고 있었다. 즉 소련의 관료는 트로츠키의 말과 달리, 분배 과정에서만 나타난 헌병이 아니었다. 그들은 생산수단은 물론이고 노동자 계급에 대한 통제권까지 가지고 있는 **지배계급**이었다.

그런데도 이 책을 번역한 김성훈 씨는 소련의 관료집단이 "특정 상황에서 진보적인 역할을 수행할 수밖에 없었다"고 주장한다. 소련 안에서는 가장 반동적인 관료주의가 소련 밖에서는 진보적인 역할을 수행할 수 있다는 주장은 '타락한 노동자 국가'론이 갖고 있는 가장 커다란 약점이다. 김성훈 씨는, 트로츠키의 주장에 기대어, 소련의 관료가 동유럽과 아시아의 일부 지역에 소련과 비슷한 국가를 세운 것을 나폴레옹의 진보적 역할에 비유하고 있다. 하지만 이것은 적절하지 못한 역사적 비교이다. 나폴레옹의 군대가 봉건제를 없애고 부르주아적 소유관계를 확립한 것은 진보적인 행위였지만, 스탈린의 적군이 동유럽에 진격하여 노동자 투쟁의 잿더미 위에 이른바 '사회주의' 국가를 건설한 것은 바로 제국주의적 행위였다. 1956년 헝가리에서도, 1968년 체코의 프라하에서도 소련의 적군은 바로 제국주의 군대로 행동했다.

---

* 김성훈, 《배반당한 혁명》, 갈무리, 21쪽, 역자 서문.

국가자본주의와 소련

자본주의에 대한 마르크스의 분석은 착취하는 자와 착취당하는 자, 착취자와 착취자 사이의 관계에 관한 이론이다. 자본주의 생산 양식의 주요한 두 가지 특징은 다음과 같다. 노동자들은 생산수단 으로부터 분리되어 있기 때문에 자신의 노동력을 팔 수밖에 없고, 그 과정에서 노동력은 상품이 된다. 개별 자본가들은 다른 자본가 와의 경쟁 때문에 잉여가치를 끊임없이 다시 투자하지 않으면 안 되 는데 이것이 바로 자본의 축적이다.

이러한 특징들은 제1차 5개년계획 동안에 소련에서 그대로 나타 났다. 농업 집산화는 마르크스가 《자본론》의 '자본의 원시적 축적' 이라는 장에서 분석한 본원적 축적과 너무나 유사하다. 두 경우 모 두에서 직접 생산자는 자신들의 토지에서 쫓겨나 자신의 노동력을 팔지 않을 수 없었다.

요컨대 제1차 5개년계획 동안 러시아의 생산양식이 자본주의로 변했다. 제1차와 제2차 5개년계획 동안에 소비는 축적에 완전히 종 속되었다. 그래서 총산출량에서 소비재가 차지하는 비중이 1927~ 1928년에 67.2%에서 1940년에는 39.0%로 떨어졌으며, 같은 기간에 생산재의 비중은 32.8%에서 61.0%로 증가했다. 이것은 1921~1928 년의 상황과는 상반된 것이었다. 이 때에는 사회가 관료주의적으로 뒤틀리기는 했어도 소비가 축적에 종속되지는 않았다.

관료적 국가자본주의 이론을 발전하는 데 결정적 계기가 된 것은 동유럽에서 스탈린의 위성국가들이 생긴 것이다. 만약 국가소유와 계획 그리고 대외무역에 대한 국가의 통제 등을 노동자 국가의 기준으로 삼는다면, 의심할 여지 없이 러시아와 그 위성국가는 노동자 국가이다. 이것은 동유럽에서 노동자 혁명이 있었다는 것을 뜻한다. 왜냐하면 마르크스주의에서 노동자 국가는 노동자 계급의 자기 해방인 사회주의 혁명에 의해서만 가능하기 때문이다.

하지만 스탈린주의 정당들은 노동자 혁명은커녕, 국수주의적인 자국 정부와의 협상에 기초하여 권력을 장악했다. 그러한 정책이 프롤레타리아 혁명의 흐름을 재촉할 수 있을까? 만약 그렇다면 국제사회주의의 역사적 정당성은 무엇인가?

스탈린의 위성국가들을 노동자 국가라고 생각하는 것은 노동자 혁명 없는 사회주의를 가정하는 것이다. 또 노동자 계급의 국제적 연대 없이도 국제적인 규모의 사회주의가 가능하다는 논리이다.

《배반당한 혁명》의 번역자인 김성훈 씨는 민족주의 좌파의 진보적 역할에 붉은 색을 칠해 줌으로써 이런 주장을 뒷받침하고 있다. "스딸린의 지지를 등에 업고 북한에 등장한 김일성 정권은 스딸린의 소련 체제를 따라 사적 소유를 철폐하고 집단적 소유를 실시하였다. … 러시아 10월 혁명의 성과가 소련의 영향력 확대로 인해 북한을 변화시킨 것이다."* 그 아래에서 김성훈 씨는 북한에서는 "노동자계급의 혁명이 없는" 와중에서도 노동자 국가가 성립되었다고 주장한다.

만약 북한을 포함한 소련의 위성국가들이 노동자 국가라면 마르크스와 엥겔스가 사회주의 혁명은 "노동자 계급의 자기 해방의 역사"

---

* 김성훈, 《배반당한 혁명》, 26쪽.

라고 말한 것은 폐기되어야 할 것이다.

트로츠키가 스탈린주의 정권에 대해서는 어느 마르크스주의자들보다 더 많이 공헌했지만 그의 분석은 중대한 한계로 고통받았다. 그는 생산관계 대신에 소유형태에만 관심을 집중함으로써 그 체제의 동력을 제대로 밝히지 못했다. 이것은 내용보다 형식에 더 집착했기 때문이다. 관료적 국가자본주의 이론은 이러한 약점들을 모두 극복했다.

그러나 세계체제로서의 자본주의를 분석한 트로츠키의 영구혁명론이 없었다면, 나중에 그의 지지자들이 러시아를 관료적 국가자본주의로 규정하는 것은 가능하지 않았을 것이다. 국가자본주의 이론이 《배반당한 혁명》보다 한 발 앞으로 나아갈 수 있었던 것은, 소련에 가해지고 있던 세계 자본주의의 압력을 설명하려고 했기 때문이다. 이것은 트로츠키 — 영구혁명론을 정립했고, '일국사회주의'론에 반대했으며, 스탈린의 관료주의에 맞서 헌신적으로 투쟁했던 — 라는 거인의 어깨를 딛고 세상을 바라봄으로써 가능했다.

스탈린주의 정권에 대한 비판을 향하여

스탈린주의 정권이 자본주의보다 더 진보적이라는 트로츠키의 가정은 러시아에서 생산력이, 거의 대부분의 자본주의 나라들에서 정체와 쇠퇴가 나타나고 있는 것과 대조적으로, 매우 역동적으로 발전하고 있다는 주장으로 요약된다. 물론 마르크스주의에서 상대적인 진보는 무엇보다도 생산력을 더 발전시킬 수 있는 능력으로 표현된다.

1956년에, 제4인터내셔널의 지도자 에르네스트 만델은 소련의 생산력이 자본주의가 성취할 수 있는 것을 뛰어넘어 빠르게 발전할 수 있다고 주장했다. 같은 해에 아이작 도이처도 10년이 지나면 소련의 생활수준이 서유럽을 능가할 것이라고 예측했다.

그러나 국가자본주의적 분석은 그와 정반대의 지적을 했다. 관료주의는 생산력의 발전에 계속 장애가 되고 있으며 시간이 흐를수록 더 커다란 장애가 될 것이다. 1948년에 《스탈린주의 러시아의 성격》에서 토니 클리프는, 관료주의는 노동생산성을 높여 러시아를 산업화하는 것이 목적이며 그 과정에서 첨예한 모순에 직면할 것이라고 지적했다.

> 관료주의의 역사적 과제는 노동생산성을 증가시키는 것이다. 이렇게 하는 과정에서 관료주의는 더 깊숙한 모순에 빠진다. 노동생산성이 어느 수준 이상으로 증가하기 위해서는 대중의 생활수준도 증가해야 한다. 영양실조에 걸리고, 주거조건이 형편없으며, 교육을 받지 못한 노동자들은 현대적 생산을 감당할 수 없기 때문이다.

관료주의가 어느 지점까지는 강제에 의해 노동생산성을 증가시킬 수 있지만 이것이 언제까지나 계속될 수는 없었다. 《소련 국가자본주의》에서 토니 클리프는 스탈린주의 정권이 경제의 모든 부문에서 브레이크 역할을 하고 있음을 상세히 보여 주었다. 산업의 규모가

비록 35년 동안 거대하게 확장되었을지라도 성장률은 눈에 띄게 쇠퇴했다. 그리고 1930년대에는 서방보다 더 빨리 발전하던 생산성이 1970년대말부터, 주요 경쟁자인 미국보다 상당히 낮은 수준을 유지하고 있었다.

또 소련의 관료주의는 낭비와 비효율이 심했고 그 결과는 생산물의 질이 떨어지는 것으로 나타났다. 낭비의 몇 가지 원천은 《소련 국가자본주의》에 잘 나타나 있다. 다른 곳에서는 더 싸게 생산할 수 있는 재화들을 기업들이 자체적으로 생산해야 하는 칸막이 제도, 공급물을 비축해 두는 행위, 경영주들이 기술혁신에 저항하는 경향, 질 대신 양에 대한 강조, 유지의 소홀, 허위 보고와 복지부동 등이다. 하지만 낭비와 비효율은 관료적 국가자본주의의 결과이지 원인이 아니다.

시간이 흐름에 따라 관료적 국가자본주의의 모순은 더욱 깊어졌다. 이제는 세계 자본주의가 위기를 겪는 과정과 더 이상 구별되지 않았다. 소련에서도, 마르크스가 말한 대로, 사회 관계가 생산력 발전에 장애가 됨으로써 사회혁명의 시기가 시작되고 있었다.

스탈린 정권의 사후

스탈린 정권의 몰락은 진실이 드러나는 순간이었다. 1989년 가을과 겨울에, 스탈린의 군대에 의해 성립되었던 동유럽 정권들이 몰락하고 뒤이어 소련의 '공산주의'가 몰락했을 때, 스탈린 정권의 성격이

보다 명확히 드러났다.

스탈린주의 정권을 사회주의 또는 '타락한 노동자 국가'라고 정의하는 것은 그 국가가 자본주의보다 더 진보적이라고 생각하는 것이다. 트로츠키가 "마르크스의 《자본론》에서가 아니라 지구 표면의 6분의 1을 차지하는 공업지역에서 이것이 증명된 것이다. 그리고 유물론의 언어로써가 아니라 강철, 시멘트, 전기라는 언어로써 승리를 표현하였다."* 하고 말했다. 하지만 사람들은 동유럽과 소련에서 1970년대말과 1980년대 초에 나타난 정체와, 이들 국가와 선진국 사이의 격차가 커진 이유 그리고 이들 국가에서 심화되고 있는 위기를 설명할 수 없었다.

소련에서 연간 국민총생산의 증가율은 다음과 같았다. 제1차 5개년계획 기간에는 19.2%였고, 1950~1959년에는 5.8%, 1970~1978년에는 3.7%, 1980~1982년에는 1.5%로 하락했다. 지난 3~4년 동안에는 마이너스 성장을 이룩했다.

만약 노동생산성이 서방보다 동유럽과 소련에서 더 역동적이라면 사람들은 이들 국가의 지배자들이 왜 시장을 탈출구로 삼으려고 했는지 이해할 수 없을 것이다. 통일될 무렵 동독 경제는 서독에 비해 매우 뒤처졌다. 통일이 된 이후에도 상황은 계속 나빠졌다. 1989년에 동독에서 고용된 노동자 수는 1천만 명이었다. 반면 지금은 6백만 명이다.

소련이 아무리 타락했더라도 노동자 국가라고 한다면, 노동자들

---

* 트로츠키, 앞의 책, 45~46쪽.

은 당연히 소련을 방어해야 한다. 때문에 트로츠키는 소련이 자본주의로부터 공격을 받는다면, 관료들이 아무리 타락하고 부패했더라도 소련의 노동자들은 소련을 방어하기 위해 투쟁해야 한다고 생각했다. 김성훈 씨도 이러한 입장을 받아들여, 한국전쟁 — 양대 제국주의의 대리전에 불과했던 — 에서 북한을 군사적으로 방어해야 한다고 주장한다. 또 소련의 관료들은 어쩔 수 없이 진보적 역할을 수행하기 때문에, 비판적 지지를 보내야 한다고 말한다.

하지만 이러한 입장을 받아들인다면, 옛 소련이나 동유럽의 노동자 계급은 관료들과 근본적인 투쟁을 벌일 수가 없다. 그리고 고르바초프가 아르메니아나 아제르바이잔의 민족해방 운동을 무력으로 진압한 것도 제대로 비판할 수가 없다. 더 극단으로는 1956년 헝가리혁명이나 1968년 체코 노동자들의 투쟁을, 마치 아이작 도이처처럼, "서방 부르주아지의 책동에 의한 반란"이라고 비난하며 적군이 무자비하게 진압하는 것을 지지할 수도 있다. 천안문항쟁에서도 마찬가지 이유로 바리케이드 저편에 서게 될 것이다.

또 트로츠키는 소비에트 관료주의를 노동조합 관료주의에 자주 비유했다. 따라서 노동조합을 지배하는 관료들이 아무리 반동적일지라도 노동자들은 항상 그들의 진보적인 조치들을 지지하고 또 부르주아로부터 이들을 방어해야 한다고 주장했다.

하지만 1989년의 사태에서 동유럽의 노동자들은 자신들의 국가를 방어하지 않았다. 만약 스탈린주의 국가들이 노동자 국가라면 왜 그 체제를 방어한 자들이 고작 루마니아와 동독의 보안 경찰들이었는지 설명할 수 없다. 또 그 나라들에서 노동자 계급이 왜 그토록 격렬하게 투쟁을 벌였는지도 이해할 수가 없다.

만약 동유럽과 소련의 정권들이 사회주의였고, 1989년 이후에 자본주의가 회복된 것이라면, 그러한 회복이 어떻게 그처럼 손쉽게 이뤄졌는가? 이것은, 하나의 생산양식에서 다른 생산양식으로 이행하기 위해서는 내전을 동반할 것이라는 트로츠키의 주장과도 맞지 않는다. 동유럽의 1989년 혁명은 사실 대규모의 폭력이 거의 등장하지 않았다. 또 하나의 사회질서가 다른 사회질서로 이행하는 것은 국가기구가 다른 형태로 대체되는 것을 반드시 수반한다. 그러나 1989년의 동유럽에서는 국가기구가 거의 타격을 받지 않았다.

김성훈 씨는 1989년 동유럽과 1991년 12월 소련에서 벌어진 일련의 일들이 사회주의에서 자본주의로의 복귀라고 생각하고 있다. 그래서 그는 1991년 8월 '사회주의' 쿠데타가 일어났을 때, 노동자 계급이 쿠데타 세력과 힘을 합쳐 자본주의로 복귀하려는 세력들을 몰아냈다면 인류 역사는 달라졌을지도 모른다고 지적하고 있다.[*] 그가 옛 소련과 동유럽 국가들이 자본주의로 복귀한 증거로 들이미는 것은 바로 집단적 소유가 사적 소유로 바뀌었다는 점이다. 이것은 법적인 소유형태만을 보는 것이다. 생산수단을 둘러싼 인간들 사이의 관계, 즉 계급관계가 훨씬 더 중요하다.

---

[*] 그는 이러한 잘못된 생각 때문에 사실 자체에 대한 왜곡까지 했다. 쿠데타 당시이 쿠데타에 반대한 세력들은 그가 말하는 파시스트, 군국주의자, 차르주의자암시장 상인, 자유주의자 등이 아니라 실제로 노동자와 인민이었다. 그래서우리는 1991년 8월에 나온 《소련의 '사회주의' 쿠데타》에서 쿠데타의 실패는 소련노동자와 인민의 승리라고 지적했다.

만약 반혁명이 일어나 자본주의로 복귀한 것이라면, 지배계급이 다른 지배계급으로 바뀌어야 했을 것이다. 하지만 현실에서는 예전에 사회의 상층부에 있던 사람들이 계속 남아 있는 것을 볼 수 있다. 사회주의에서 경제와 사회 그리고 국가를 다스린 특권층의 구성원들이 지금은 시장에서 같은 일을 하고 있다. 마이크 헤인즈는 '계급과 위기 — 동유럽에서의 이행'이라는 논문에서 이렇게 적고 있다.

> 이곳 지배계급의 성격에 어떤 근본적 변화가 일어나고 있다는 증거는 어디에서도 찾아볼 수 없다. 실제로 일어난 변화가 너무나 적다는 것은 정말 놀라운 일이다. 장군을 해임하고 대령을 승진시키는 것은 사회 혁명과는 무관하다. 국유기업을 그것을 경영하는 사람들에게 매각하는 것이나 그것을 같은 종류의 사람들의 통제에 맡겨 재국유화하는 것도 사회 혁명과는 아무런 관계가 없다.*
> 이 계급사회들은 공통의 생산양식에 뿌리를 두고 있으며 여기에서 변화하고 있는 것은 본질이 아니라 형식일 뿐이다.**

　　크리스 하먼은 이 발전을 '게걸음' — 자본주의의 한 형태에서 다른 형태로, 관료적 국가자본주의에서 다국적 자본주의로의 이행 — 이라고 적절히 묘사했다.

　　마지막으로, 만약 소련과 동유럽 국가들이 사회주의 경제·사회 질

---

* 　마이크 헤인즈, 《소련의 해체와 그 이후의 동유럽》, 갈무리, 175쪽.

** 　같은 책, 248쪽.

서였다면 어떻게 자본주의 시장경제가 그 토대 위에 이식될 수 있었을까? 아마도 오렌지 나무 위에 레몬 나무를 이식하거나 그 반대로 하는 것은 가능할 것이다. 왜냐하면 그 둘은 같은 과(科)에 속하기 때문이다. 하지만 오렌지 나무 위에 토마토를 이식할 수는 없다. 동유럽에 스탈린주의 정권이 확대된 것이 '타락한 노동자 국가'론에 대한 의문을 제기했다면, 스탈린주의 정권의 몰락은 그 이론이 틀렸다는 것을 명쾌하게 입증해 주었다. 두 경우 모두 현실의 시험을 견뎌 낸 것은 국가자본주의 이론이었다.

스탈린주의의 본질을 분석하는 것은 아무도 살지 않는 땅을 개척하는 것과도 같은 작업이었다. 트로츠키는 스탈린의 '일국사회주의론'을 반대하는 데 결정적인 역할을 했다. 스탈린주의 정권에 대한 그의 마르크스주의적 접근은 관료적 국가자본주의론의 발전에 결정적인 밑거름이 되었다. 《배반당한 혁명》에서 우리가 건져야 할 것은 바로 그 정신이다. 그러므로 트로츠키의 주장 가운데 일부를 반박하더라도 그의 혁명적 정신은 전혀 훼손되지 않는다.

트로츠키 사후에 이루어진 역사적 발전은 '타락한 노동자 국가'론이 사회주의를 노동자 계급의 자기해방이라고 정의하는 혁명적 마르크스주의 전통과 양립할 수 없는 것임을 보여 주었다. 소련과 동유럽에서 이루어진 가짜 사회주의의 종말은 10월혁명의 진정한 전통인 레닌과 트로츠키의 혁명적 정신이 회복될 수 있는 기회를 열어젖혔다.

트로츠키의 혁명 정신을 잇는 올바른 길

《사회주의 평론》 7호에 실린, 트로츠키의 《배반당한 혁명》에 관한 서평을 흥미 있게 보았다. 기회가 닿아서 직접 그 책을 읽게 되었는데, 서평에서도 몇 가지 지적했지만 번역자의 주장에 대해 좀 더 꼼꼼한 비판이 필요할 것 같다.

번역자 김성훈 씨는 관료적으로 퇴보했다는 점만 빼면 옛 소련이 본질에서 10월혁명의 연장선상에 있다고 본다. 소련 사회의 관계들이 "집단적 소유"에 바탕을 두고 있었다는 이유에서 말이다.

하지만 1917년 10월혁명의 성과로 러시아 노동자 계급이 획득한 '집단적 소유형태'는 1980년대 중엽에서 1991년말에 걸친 소위 '자본주의로 복귀' 훨씬 전인 1920년대 말과 1930년대 초 사이에 이미 자본주의로 복귀했다. 트로츠키는 노동자 국가가 '자본주의로 복귀'하기 위해서는 자본주의가 노동자 국가로 전화할 때와 마찬가지로 반

최일붕. 앞의 글 《배반당한 혁명》 서평에 대한 독자편지.

혁명과 내전이 필요하다고 지적했다. 바로 그러한 일이 1920년대 말과 1930년대 초 사이에 소련에서 일어났다.

김성훈 씨는 트로츠키를 좇아 소련의 '집단적 소유 형태'에 노동자 민주주의가 결여됐다고 했는데, 그의 주장은 소련 노동계급에게 사회혁명은 필요치 않고 단지 정치혁명만이 필요하다고 한 트로츠키의 주장과 모순된다. 생산수단에 대한 통제권은 그대로 관료에게 맡겨 둔 채 국가권력만 관료로부터 빼앗아 온다는 생각은 공상에 지나지 않는다. 노동자 계급은 국가권력을 장악하기 위해 지배자들의 경제력도 동시에 장악해야 한다는 것이 레닌과 트로츠키의 일관된 믿음이었다. 소련 문제에 관한 한 트로츠키는 정치와 경제를 기계적으로 분리하는 실책을 범했다.

또 노동자 민주주의의 결여는 소외된 노동을 뜻한다. 노동자들이 생산수단과 생산방법과 생산물 들에 대한 통제력을 갖지 못한다는 뜻이다. 이것은, 마르크스도 지적했듯이, 자본주의의 본질적 특징에 속한다.

민주주의의 부재와 소외된 노동은 노동자 계급이 경제를 계획할 수 없음을 뜻한다. 그것은 마르크스적 의미에서 '계획경제'가 아니다. 소련의 '계획경제'는 관료의 계획경제였는데, 그나마 세계자본주의 체제의 경쟁적 축적 논리에 좌우되었으므로 이 점에서도 마르크스주의적 계획경제가 아니었다. "구체적이지 못하고 정확하지 못한 소련의 계획경제"는 소련이 세계 자본주의 체제의 일부로서 그 논리를 그대로 따르고 있었음을 뜻한다.

낭비와 비능률 역시 세계 자본주의의 논리에 대한 종속에서 비롯한다. 중공업과 경공업 성장이 비례하지 않아 경제의 불균형을 심화시켰고 이로 말미암아 낭비와 비능률이 증대했던 것이다. 그런데 소련이 중공업에 치중할 수밖에 없었던 것은 서방(특히 미국)과의 군비경쟁 압력 때문이었다.

소련과 서방 사이의 시장 경쟁은 군비 경쟁보다 주된 경쟁 형태는 아니었다. 하지만 《자본론》 3권에서 마르크스는 자본주의 경쟁이 반드시 상품만을 매개로 할 필요는 없고 다른 형태를 취할 수 있음을 인정했다. 중요한 점은 소련 노동자들이 포항제철이나 한국전력 또는 한국통신에 고용된 노동자들과 꼭 마찬가지로 '자유' 임금노동자들이었고 이들의 임금노동은 세계적 차원에서 추상적 노동(량)으로 환산됐다는 사실이다. 옛 소련의 무기들이 국제 시장에서 미국제 무기와 경쟁하지는 않았지만, 그 무기들을 만드는 소련 노동자들의 노동생산성은 미국 노동자들의 그것과 의식적으로 비교되었다.

낭비와 비능률을 소련 경제의 문제점으로 강조하는 사람들은, 그렇다면 도대체 어떻게 소련이 1930년대 이후 40년 동안 경이로운 경제성장을 이룰 수 있었는지 설명하지 못한다. 마치 남한 경제에서 지금 낭비와 비능률로 취급되고 있는 것이 1960~1970년대에는 전혀 문제가 안 되었듯이 소련에서도 마찬가지였다. 소련 관료에게 낭비와 비능률은 적어도 1970년대 이후의 세계경제 위기 전까지는 전혀 문제가 안 되었다.

소련에 들이닥친 위기는 세계경제가 가하는 경쟁압력으로 인한 축적의 위기였다. 고르바초프는 소련 경제 전체의 능률(효율)과 노동생산성을 높이기 위해 시장경제를 도입했다. 그가 도입한 것은 '자본주의'가 아니라 — 자본주의는 이미 있었다 — **시장**이었다. 김성훈 씨는 자본주의를 시장경제로 환원하고 있고, 시장경제 자체를 자본주의와 동일한 것으로 여기고 있다. 그러나 자본주의는 임금노동에 대한 착취를 바탕으로 생산을 위한 생산, 축적을 위한 축적이 계속 이루어지는 생산관계들로서, 시장경제는 그것이 성립하기 위한 필요조건에 지나지 않는다.

김성훈 씨는 보수파 쿠데타를 지지했어야 한다는 자신의 주장을 정당화하기 위해 코르닐로프 쿠데타에 대한 볼셰비키의 전술을 끌어들이고 있는데, 이것은 터무니없는 아전인수이다. 오히려 볼셰비키의 그 전술은 그 정반대, 즉 보수파 쿠데타에 맞서 고르바초프를 (비판과 함께) 방어했던 소련 노동자·민중과 국제사회주의자들의 전술이 옳았음을 선례로서 보여 준 것이다.

만일 보수파 무력정변이 성공했다면, 그것을 소련 노동자들이 지지했건 반대했건 간에 그 다음 표적은 바로 소련 노동자들이었을 것이다. "트로츠키주의를 자처하는 것과 트로츠키의 분석을 현실에 적용할 수 있는 능력을 가지고 있는 것은 전혀 별개의 사안임을 확인할 수 있"는 것은 오히려 김성훈 씨한테 적용된다. 김성훈 씨야말로 추상적인 민주주의 개념을 갖고 있다. 트로츠키는 자유민주주의의 정치적 기본권들이 존재하는 것이 노동자 운동에 비할 데 없이 유리함을 아주 잘 알고 있었다. 만일 김성훈 씨가 '파시즘과 공동전선'에 관한 트로츠키의 글을 읽어 보았다면, 남한의 경제성장을 찬양하면서 시장경제가 권위주의와 결합돼야 한다고 주장했던 파블로프 따위의 반동적 쿠데타를 지지하는 잘못을 저지르지는 않았을 것이다.

소련 좌파의 명망가들(이를테면 보리스 카갈리츠키)은 김성훈 씨와는 달리 국가비상위원회의 쿠데타를 지지하는 정신 나간 짓은 하지 않았지만, 그렇다고 그것에 분명히 반대하는 선동도 하지 않았다. 바로 이 기권주의적 실책으로 이득을 본 것은 옐친이었다. 옐친이 서방 초국가기업들과 정치지도자들의 지지를 받았고 시장경제의 숭배자였다는 점이 그가 탱크 위에서 한 선동을 노동자들이 지지하지 말아야 할 이유가 되지는 못한다. 트로츠키는 무솔리니에 맞서 에티오피아의 전제군주 하일레 셀라시를 지지했으며, 볼셰비키는 1905년 정교회 사제인 가폰 신부를 지지했다. 물론 트로츠키와 볼셰비키는 기회주의자들이 아니었으므로 비판도 결합시켰지만 말이다. 마찬가지 입장에서 전세계 국제사회주의 조직들은 옐친을 비판적으로 지지했던 것이다. 수많은 대중이 옐친의 반쿠데타 투쟁을 지지했다는 점에서 말이다.

김성훈 씨는 쿠데타에 맞서는 진정한 대중 동원이 없었다고 사실을 왜곡하고 있다. 하지만 거대한 반대운동과 그 분위기가 없었다면 어떻게 국가비상위원회가 스스로 투항할 수 있었을까. 실제로 곳곳에서 노동자들과 민중이 탱크를 가로막고 탱크 위에 올라가 사병들과 우호적으로 토론하고 그들을 자기 편으로 끌어들였으며, 만일 사병이 반동적 태도를 고수하면 그를 탱크에서 끌어내려 수치심을 안겨 주었다.

김성훈 씨는 쿠데타가 소련 노동자 대중의 지지를 받지 못했음을 인정하면서도, 지지받을 수도 있었음을 암시하기 위해 모스크바 소비에트가 쿠데타를 지지했던 사실을 지적하고 있다. 하지만 스탈린주의 러시아에서 '소비에트'는 10월혁명 당시나 그 직후의 소비에트와 조금도 닮은 데가 없었다. 스탈린 이후 소련에서 소비에트는 공산당의 거수기에 지나지 않았다.

김성훈 씨는 자신이 지지하는 전술이 성공할 가능성이 크지 않았으며, 성공했다 해도 "이후의 상황이 어느 쪽에 더 유리하게 진행되었을지는 아무도 모를 일"이라고 말한다. 그렇다면 무엇 때문에 그렇게 불확실한 전술을 지지해야 할까? 전술 수립의 대원칙은 그것이 대중의 자주적 행동·활동·운동을 고무함으로써 대중의 의식과 조직을 고양시킬 것인가 하는 점이다. 볼셰비키가 코르닐로프의 쿠데타에 맞서 케렌스키를 방어했을 때 그들은 대중의 지지를 한껏 누릴 수 있었다. 그리고 이 때 얻은 자신감과 입증된 케렌스키 정부의 무능에 대한 확신을 발판으로 러시아 대중은 10월혁명으로 도약할 수 있었다. 김성훈 씨의 '전술'은 1차대전 직후 유럽혁명 와중에서 마치 이전 사회주의자 필수드스키가 주도한 군사 쿠데타를 지지한 일부 폴란드 공산주의자들처럼 자기 무덤을 파는 자살행위로, 종파주의를 멀리하고 대중 속에 뿌리 내리기를 모색하는 진지한 사회주의자한테는 일고의 가치도 없는, 한마디로 광기에 지나지 않는다.

이제 김성훈 씨는 이렇게 물을 것이다. '그래, 그래서 소련 노동자들이 얻은 것이 무엇인가? 의식과 조직을 성취하기는커녕 서방 자본과 그 현지 대리인 좋은 일만 시키지 않았는가? 노동자들의 생활수준은 대폭 하락했고 정치·경제·사회의 혼란은 믿기 어려울 정도 아닌

가. 이것이 당신들이 바라던 결과인가?'

　앞에서도 지적한 소련 좌파의 기권주의적 정책과, 이념적 혼란과 조직의 소규모성으로 말미암아 투쟁의 성과는 오롯이 옐친이 가로챘다. 이 나라에서도 1987년 6월항쟁의 성과를 1노3김이 가로챘다. 그렇다고 그 의의를 깎아내릴 수는 없다. 민주노총과 한총련 그리고 혁명적 좌파가 운동으로부터 탄생했다는 성과가 있기 때문이다.

　마찬가지로 러시아에서도 노동자 운동의 성장이라는 성과가 존재한다. 1992년 봄과 1993~1994년 사이의 겨울에 파업 물결들이 러시아를 휩쓸었다. 1991년 8월 하순 쿠데타를 둘러싼 투쟁을 국가비상위원회와 고르바초프와 옐친 사이의 상층부 갈등으로만 보는 김성훈 씨는 이 점을 간과하고 있다. 1994년 12월 6일에는 50만 광원들이 1일 총파업을 했다. 트로츠키주의자들의 후손들이 살고 있는 보르쿠타에서는 이 파업이 닷새 동안이나 지속했다. 이듬해 1~2월에는 놀랍게도 대중적 단식투쟁 물결이 있었다. 2월 10일에는 TV와 라디오 방송사 노동자들이 무려 60개 도시에서 1일 총파업을 벌였다. 나흘 뒤인 14일에는 164개 대학 학생들이 하루 동안 동맹휴업을 했다. 3월 1일에는 모스크바의 앰뷸런스 노동자들이 무기한 파업에 들어갔고 수십만 광원들이 5~6일 동안 파업했다. 뒤이어 학생과 노동자와 교사 들이 의회 입구를 봉쇄하면서 시위를 벌였다. 석유회사 노동자와 항공사 파일럿 들도 파업했다. 결국 정부는 4월에 굴복하고 말았다. 하지만 위기에 내몰린 지배계급은 여전히 생산성을 높이는 시도를 하며 인플레로 실질임금을 감축하고 해고로 실업을 증대시키고 있다.

경제 위기와 여기서 비롯한 사회·정치 혼란은 옐친이 아니라 국가 비상위원회가 정권을 잡았어도 마찬가지였을 것이다. 이미 고르바초 프 때도 위기였으며, 김성훈 씨도 지적했듯이 고르바초프 개혁을 낳은 고르바초프 전(前)시기의 위기도 있다. 반면에, 러시아 노동자 운동 안에 러시아 사회의 본질을 제대로 알고 러시아 사회에 위기에 대한 진정한 대안을 제시할 수 있는 일정 규모의 마르크스주의 조직이 존재한다면 적어도 나치와 공산 잔당들이 지금처럼 설치지는 못할 것이다.

김성훈 씨가 무엇보다 먼저 깨달아야 할 것은 고르바초프에서 옐친으로의 변화가 생산양식의 변화가 아니라, 동일한 생산양식 내에서 하나의 **착취방식**에서 다른 착취방식으로의 변화라는 사실이다. 그리고 서방 지배자들은 고르바초프의 실각이 확실한지와 옐친이 보수파에 맞서 단호하고 승산 있는 투쟁을 할 태세가 되어 있는지를 (장시간의 국제전화를 통해서) 확인하고 나서야 비로소 옐친을 지지하고 나섰던 것처럼, 그들은 상황이 급변하면 주가노프도 지지할 수 있으며 심지어 최악의 상황에선 그들 중 일부가 지리노프스키도 지지할 수 있음을 알아야 한다.

하지만 그들 가운데 어느 누구도 결코 바라지 않는 것은 러시아 노동자들이 정권을 잡는 것이다. 그런데 바로 이것이야말로 러시아 사회가 야만 상태로 더 깊숙이 빠져들지 않을 수 있는 유일한 대안 이다. 김성훈 씨는 스탈린주의 잔당들이 옐친보다는 그래도 더 나은 생산양식을 대표한다는 잘못된 믿음 때문에 이 목표로 가는 길을 제대로 찾지 못할 것이다. 게다가 서방 제국주의에 맞서 러시아 제국

주의를 지지하는 김성훈 씨는 발트해 연안 3국 등 옛 소련 내 소수민
족의 민족자결조차 '자본주의 복귀 세력'의 요구라며 기각한다. 그가
앵무새처럼 그 문구를 암송하는 트로츠키는 소수민족의 자결권을
옹호했는데 말이다.

국제주의 전통 자료집

Ⅲ. 1917년 10월 러시아 혁명과 그 유산

지은이 | 알렉스 캘리니코스, 크리스 하먼 외 지음
엮은이 | 이정구

펴낸곳 | 도서출판 책갈피
등록 | 1992년 2월 14일(제2014-000019호)
주소 | 서울 성동구 무학봉15길 12 2층
전화 | 02) 2265-6354
팩스 | 02) 2265-6395
이메일 | bookmarx@naver.com
홈페이지 | http://chaekgalpi.com

첫 번째 찍은 날 2018년 8월 27일
다섯 번째 찍은 날 2019년 9월 20일

값 12,000원
ISBN 978-89-7966-146-0 04300
ISBN 978-89-7966-155-2 (세트)